东南学术文库
SOUTHEAST UNIVERSITY ACADEMIC LIBRARY

房屋征收法律制度研究

A Study on the Legal System of House Takings

顾大松 ◆ 著

东南大学出版社
·南京·

图书在版编目(CIP)数据

房屋征收法律制度研究/顾大松著. —南京：东南大学出版社,2017.12
 ISBN 978-7-5641-7479-8

Ⅰ.①房… Ⅱ.①顾… Ⅲ.①房屋拆迁-土地征用-补偿-研究-中国 Ⅳ.①D922.181.4

中国版本图书馆 CIP 数据核字(2017)第 271968 号

房屋征收法律制度研究

出版发行：	东南大学出版社
社　　址：	南京市四牌楼 2 号　邮编：210096
出 版 人：	江建中
网　　址：	http://www.seupress.com
经　　销：	全国各地新华书店
排　　版：	南京星光测绘科技有限公司
印　　刷：	江阴金马印刷有限公司
开　　本：	700mm×1000mm　1/16
印　　张：	16.5
字　　数：	420 千字
版　　次：	2017 年 12 月第 1 版
印　　次：	2017 年 12 月第 1 次印刷
书　　号：	ISBN 978-7-5641-7479-8
定　　价：	75.00 元

本社图书若有印装质量问题，请直接与营销部联系。电话：025-83791830

编委会名单

主 任 委 员：郭广银
副主任委员：王保平　刘　波　周佑勇
委　　　员：(以姓氏笔画为序)
　　　　　　　王廷信　王　珏　王保平　田海平
　　　　　　　仲伟俊　刘　波　刘艳红　江建中
　　　　　　　陈志斌　陈美华　李霄翔　周佑勇
　　　　　　　赵林度　袁久红　徐康宁　郭广银
　　　　　　　凌继尧　樊和平
秘 书 长：江建中
编务人员：甘　锋　刘庆楚

身处南雍　心接学衡
——《东南学术文库》序

每到三月梧桐萌芽,东南大学四牌楼校区都会雾起一层新绿。若是有停放在路边的车辆,不消多久就和路面一起着上了颜色。从校园穿行而过,鬓后鬓前也免不了会沾上这些细密嫩屑。掸下细看,是五瓣的青芽。一直走出南门,植物的清香才淡下来。回首望去,质朴白石门内掩映的大礼堂,正衬着初春的朦胧图景。

细数其史,张之洞初建两江师范学堂,始启教习传统。后定名中央,蔚为亚洲之冠,一时英杰荟萃。可惜书生处所,终难避时运。待旧邦新造,工学院声名鹊起,恢复旧称东南,终成就今日学府。但凡游人来宁,此处都是值得一赏的好风景。短短数百米,却是大学魅力的极致诠释。治学处的静谧景,草木楼阁无言,但又似轻缓倾吐方寸之地上的往事。驻足回味,南雍余韵未散,学衡旧音绕梁。大学之道,大师之道矣。高等学府的底蕴,不在对楼堂物件继受,更要仰赖学养文脉传承。昔日柳诒徵、梅光迪、吴宓、胡先骕、韩忠谟、钱端升、梅仲协、史尚宽诸先贤大儒的所思所虑,求真求是的人文社科精气神,时值今日依然是东南大学的宝贵财富。给予后人滋养,勉励吾辈精进。

由于历史原因,东南大学一度以工科见长。但人文之脉未断,问道之志不泯。时值国家大力建设世界一流高校的宝贵契机,东南大学作为国内顶尖学府之一,自然不会缺席。学校现已建成人文学院、马克思主义学院、艺术学院、经济管理学院、法学院、外国语学院、体育系等成建制人文社科院系,共涉及6大学科门类、5个一级博士点学科、19个一级硕士点学科。人文社科专任教师800余人,其中教授近百位,"长江学者"、国家"万人计划"哲学社会科学领军人才、全国文化名家、"马工程"首席专家等人文社科领域内顶尖人才济济一堂。院系建设、人才储备以及研究平台等方面多年来的铢积锱累,为东南大学人文社科的进一步发展奠定了坚实基础。

在深厚人文社科历史积淀传承基础上,立足国际一流科研型综合性大学之定位,东南大学力筹"强精优"、蕴含"东大气质"的一流精品文科,鼎力推动人文社科科研工作,成果喜人。近年来,承担了近三百项国家级、省部级人文社科项目课题研究工作,涌现出一大批高质量的优秀成果,获得省部级以上科研奖励近百项。人文社科科研发展之迅猛,不仅在理工科优势高校中名列前茅,更大有赶超传统人文社科优势院校之势。

东南学人深知治学路艰,人文社科建设需戒骄戒躁,忌好大喜功,宜勤勉耕耘。不积跬步,无以至千里;不积小流,无以成江海。唯有以辞藻文章的点滴推敲,方可成就百世流芳的绝句。适时出版东南大学人文社科研究成果,既是积极服务社会公众之举,也是提升东南大学的知名度和影响力,为东南大学建设国际知名高水平一流大学贡献心力的表现。而通观当今图书出版之态势,全国每年出版新书逾四十万种,零散单册发行极易淹埋于茫茫书海中,因此更需积聚力量、整体策划、持之以恒,通过出版系列学术丛书之形式,集中向社会展示、宣传东南大学和东南大学人文社科的形象和实力。秉持记录、分享、反思、共进的人文社科学科建设理念,我们郑重推出这套《东南学术文库》,将近些年来东南大学人文社科诸君的研究和思考,付之枣梨,以飨读者。知我罪我,留待社会评判!

是为序。

《东南学术文库》编委会
2016 年 1 月

中文摘要

我国历史上的房屋拆迁立法以推动经济社会发展为目的,曾得到被拆迁人的普遍欢迎。但是在市场经济时代,侧重开发模式并与政府土地财政目标结合的城市房屋拆迁活动,对被拆迁人的合法权益造成了严重侵害,也推动了房屋征收立法进程。《国有土地上房屋征收与补偿条例》(以下简称《征收条例》)的出台,为均衡配置房屋征收的保护与发展双重目的奠定了基础,应包括三方面:"全面落实被征收人的合法权利,尊重、保障其基本人权;重点完善房屋征收的公共利益促进机制;建立被征收人共享发展成果的补偿机制。"

《征收条例》推动了房屋征收立法从规则到原则的技术进步,初步确立了房屋征收的必要性原则与公正原则。《中华人民共和国宪法》《立法法》则为征收法律体系的完善贡献了法律保留原则。被征收房屋承载的"居者有其屋"属性,在我国加入并批准《经济、社会与文化权利国际公约》后升华为国际人权法上的适足住房权保障原则。上述四项法律原则,作为法律价值理念与制度设计、实践操作之间的桥梁,已经或将会推动我国征收法制的发展与完善。

在推动《征收条例》出台的《物权法》立法过程中,有关征收条款的争论,揭示了房屋征收制度的公私法交叉属性。房屋征收作为依法剥夺被征收人房屋所有权及土地使用权并给予补偿的活动与制度,主要目标在于取得征收范围的土地,因此房屋征收决定具有创设物权的私法效力,该效力在补偿确定时发生。公平标准决定了"市场"而非"行政"主导征收补偿的完成。因此,征收补偿法律关系具备平等、自愿的私法属性。

公共利益的个性决定了房屋征收的类型化。作为推动公益事业建设的一般征收,为确保其目标达成及践行征收公正原则,应有用地人的参与,由其启动征收程序,承担补偿义务,而征收补偿的私法属性,则要求以协商方式主导征收补偿的确定,行政或司法的纠纷解决机制也当基于补偿的私法属性设计。特殊征收类型中,包括"危旧房"改造、"城中村"改造的区段征收主要以改善被征收人居住条件为目标,而扩张征收类型,则是房屋所有权人为避免一般征收范围过大的损害而启动的房屋征收。

为推动法定公平补偿标准的落实,被征收房屋的财产范围应当显化其土地因素。在被征收房屋财产价值的确定机制方面,应当坚持法定的市场价格法,同时以《征收条例》的调整为契机,探索第三方评估之外的自我估值与市场交易方式。功能主义的征收补偿理论及房屋征收公正原则,共同揭示了公平补偿标准的不足。因此,在我国土地征收中已有的"留地安置""金包银""地票"模式等行政创新基础上,需进一步探讨房屋征收过程中由被征收人共享土地发展权益的补偿机制。

关键词: 房屋征收　法律制度　均衡　保护　发展　类型

Abstract

Aiming at promoting the development of economy and society, the legislation of house removal received universal welcome in our history. But in the era of market economy, the house removal activities, which stress an urban house development mode in combination with the land-based financial objectives of the government, have not only seriously hurt the legitimate rights and interests of the house owners, but promoted the legislation of the house takings. The enactment of the House Takings Statute has laid firm foundation for the realization of a dual purpose: to balance both the protection and the development of house takings. It should include three aspects: an all-round implementation of the house owners' lawful rights as well as a respect and protection of their basic human rights; a perfection of the house takings mechanism that promotes the public interest; an establishment of a compensation mechanism which enables the house owners to share the land development rights.

The House Takings Statute has promoted the technical advances ranging from rules to principles in the house takings, which initially established the principles of necessity and justice in house takings. Meanwhile, The Constitution and The Legislation Law have contributed to the improvement of the legal system with law reservation principle. Since China's acceding to and ratifying the Economic, Social and Cultural

Rights Pact, the home ownership affiliated to the levied house has been elevated to the principle of protecting the right to adequate housing in international human rights law. The four law principles, as a bridge between legal values and system design and the practical operation, have promoted or will promote the development and perfection of China's takings law.

In the legislative process of Property Law to promote the House Takings Statute, the debating about the terms of takings has revealed its cross-property of being both the public and private law in the activities of house takings. House takings, as the activity and system authorized by law to deprive house owners of their ownership and land use right and give them compensation in return, aims to obtain the land, so the determination of house takings has the private law effect of creating property right, one that occurs when the compensation is certain. The standard of fairness ensures that it is the "market" rather than "administration" that plays a leading role in the completion of compensation for expropriation. Therefore, the legal relationship of compensation for expropriation has private laws properties such as being equal and voluntary.

The personality of public interests determines the typification of house takings. To ensure the realization of the goal and the justice, the general expropriation activity which promotes the public utility development should at the start get the people using the land involved in the expropriation and compensation procedures. They also have to undertake these obligations. Whereas the private property of compensation for expropriation requires that the determination for the compensation of expropriation be settled by negotiation. Even the dispute-resolving mechanism through administration and judicature is also based on the property of private law for compensation. In special expropriation types, including "inhabitable houses" transformation and "downtown villages" alteration, the main purpose is to improve the living conditions of the inhabitants, while the expansion of expropriation is a type started by house owners who want to avoid the damage caused by excessive range of general expropriation.

To promote the implementation of the statutory standard of fair compensation, the land factor should be stressed in the property range of the house takings. As to the mechanism of determining the value of the levied house, the market pricing of the statutory law must be followed; meanwhile, with the opportunity of adjusting Impose Regulations, try to explore beyond the third-party assessment of self-valuation and market transactions. Functionalist theory of compensation for expropriation and house takings justice work together to reveal the lack of fair compensation; therefore, based on the existed land takings modes, such as "to stay in placement", "Gold Package Silver", "land voucher", and other administrative innovations in land takings, the compensation mechanism which enables the house owners to share interests of land development must be further explored.

Key words: House takings; Legal system; Balance; Protect; Develop; Classification

目 录

导言 ……………………………………………………………… (1)
  一、问题的缘起 ………………………………………………… (1)
  二、研究现状 …………………………………………………… (2)
  三、研究意义 …………………………………………………… (4)
  四、研究方法 …………………………………………………… (5)
  五、研究架构 …………………………………………………… (5)

第一章　发展与保护：房屋征收法制的双重目的 …………… (7)
  第一节　重视发展的房屋拆迁立法历史 ……………………… (7)
    一、早期以国家建设为重心推进经济社会发展的房屋拆迁立法
    ……………………………………………………………… (7)
    二、后期以房地产开发为重心推进经济发展的房屋拆迁立法
    ……………………………………………………………… (9)
  第二节　强调权利保护的房屋征收立法进程 ………………… (12)
    一、提升房屋征收立法位阶，强化被拆迁人权益的法律保护 …… (12)
    二、明确公共利益具体标准，限定房屋征收的财产权边界 ……… (14)
  第三节　均衡配置房屋征收法制的双重目的 ………………… (16)
    一、全面落实被征收人的合法权利，尊重、保障其基本人权 …… (17)
    二、重点完善房屋征收的公共利益促进机制 ……………… (18)
    三、建立被征收人共享发展成果的补偿机制 ……………… (20)

第二章　规则到原则：房屋征收立法的技术进步 ……………………（22）
第一节　通过法律原则发展征收法制 ……………………………（22）
第二节　房屋征收法律保留原则 …………………………………（25）
一、房屋拆迁立法的失序与混乱 …………………………………（25）
二、房屋征收法律保留原则的确立及内涵 ………………………（26）
三、法律保留原则下房屋征收立法的缺失 ………………………（27）
第三节　房屋征收必要性原则 ……………………………………（30）
一、作为公法"帝王条款"的必要性原则 …………………………（30）
二、房屋征收必要性原则的依据 …………………………………（31）
三、房屋征收中必要性原则的适用 ………………………………（32）
第四节　房屋征收公正原则 ………………………………………（34）
一、公正原则与征收制度的共生关系 ……………………………（34）
二、房屋征收公正原则的内涵 ……………………………………（34）
三、房屋征收公正原则的适用 ……………………………………（36）
第五节　房屋征收适足住房权保障原则 …………………………（39）
一、作为人权保障载体的被征收房屋 ……………………………（39）
二、房屋征收适足住房权保障原则的内涵 ………………………（40）
三、房屋征收中适足住房权保障原则的适用 ……………………（43）

第三章　公法与私法：房屋征收制度的交叉属性 ………………（49）
第一节　房屋征收的界定 …………………………………………（49）
一、国外法制中的征收界定 ………………………………………（50）
二、我国法制中的征收界定 ………………………………………（55）
三、房屋征收的界定 ………………………………………………（60）
第二节　房屋征收决定的公私法属性 ……………………………（63）
一、房屋征收决定系依申请的具体行政行为 ……………………（64）
二、房屋征收决定具有创设物权的私法效力 ……………………（66）
第三节　房屋征收补偿的私法属性 ………………………………（71）
一、公法学者的不同认识 …………………………………………（71）
二、房屋征收立法中的反复 ………………………………………（73）
三、征收补偿民事性质之厘定 ……………………………………（74）

第四章 单一到多样：房屋征收类型的适度扩张 (76)
第一节 房屋征收的类型化需要 (76)
一、"上海新天地"建设模式引发的思考 (76)
二、域外的多样化征收类型 (77)
三、我国房屋征收多样化类型的确立 (82)
第二节 一般征收 (83)
一、一般征收的界定 (83)
二、一般征收的主要程序 (84)
第三节 区段征收 (108)
一、区段征收的界定 (108)
二、"危旧房"改造 (109)
三、"城中村"改造 (117)
第四节 扩张征收 (123)
一、扩张征收的界定 (123)
二、我国房屋拆迁实践中扩张征收的类似情形 (124)
三、房屋征收制度下扩张征收的适用 (125)

第五章 房屋与土地：房屋征收补偿的共同要素 (128)
第一节 房屋征收补偿的基础理论 (128)
一、自由主义向功能主义的转变 (128)
二、公正原则对房屋征收补偿的要求 (130)
三、"补偿"与"安置"的辨析 (133)
第二节 房屋征收的财产补偿 (134)
一、房屋征收财产补偿的确立 (134)
二、房屋征收财产补偿的标准 (135)
三、房屋征收财产补偿的范围 (140)
四、被征收房屋财产价值的确定机制 (149)
第三节 房屋征收的土地发展权益补偿 (162)
一、房屋征收财产补偿的不足 (162)
二、被征收人土地发展权补偿的引入 (165)
三、我国征收实践中土地发展权补偿的缺失 (167)
四、土地发展权益补偿方式在我国征收实践中的萌芽 (170)

五、构建我国房屋征收中的土地发展权益补偿制度 ……………(174)

第六章 《征收条例》的落实与改进 ……………………………(176)
 一、被征收人权利在地方的制度落实与保障 ……………………(176)
 二、调整与变革——《征收条例》对国土资源管理工作的新挑战
  ……………………………………………………………………(204)
 三、论我国房屋征收社会稳定风险评估机制的功能定位及其架构
  ……………………………………………………………………(213)
 四、《征收条例》的异化与克服 ……………………………………(227)

导 言

一、问题的缘起

不论是集体土地上的征地房屋拆迁问题，还是国有土地上的城市房屋拆迁问题，近些年来一直是我国法律实践中的热点问题、疑难问题，相关研究可以说是汗牛充栋，成果丰硕。但是，却少见以房屋征收定性房屋拆迁，并开展具体法律制度建构的研究成果。

2005年10月22日，全国人大法律委员会在广泛征求意见的基础上，向全国人大常委会第十八次会议提交了物权法草案四审稿。在该修改意见稿中，法律委员会对原物权法草案中有关拆迁条款作出了重大调整，将城市房屋拆迁包括在征收中，理由是"城市房屋的拆迁实际上是与征收相联系的一种情形，不必单独规定"。根据这一调整思路，法律委员会建议对物权法草案相关条款作出相应修改，将物权法草案三审稿第六十八条第二款中的拆迁条款纳入统一的征收条款。2007年3月16日第十届全国人民代表大会第五次会议正式通过的《中华人民共和国物权法》（简称《物权法》），将草案中的征收条款调整为第四十二条规定，即："为了公共利益的需要，依照法律规定的权限和程序可以征收集体所有的土地和单位、个人的房屋及其他不动产。"

《物权法》制定过程中对拆迁条款一个看似不经意的调整，却解决了多年来公法学界一直呼吁却没有得到有权机关及时回应的问题，即国务院2001年颁布实施的《城市房屋拆迁管理条例》（简称《拆迁条例》）在《中华人民共和国立法法》（简称《立法法》）及2004年宪法修正案颁布后违法、违宪并需要废止的问题,直接宣告了城市房屋拆迁制度将被新的国有土地上房屋征收制度代替的命运。[1]

不过,物权法草案征求意见之初,公法学界就有人提出:"征收、征用"系公法行为,因此作为民事法律的《物权法》不宜对其作出规定。[2]《物权法》立法带来了公法学界非常期盼的废止《拆迁条例》的后果,但为什么却有人认为《物权法》不能规定这一问题呢?而在《物权法》草案四审稿以征收条款代替拆迁条款时,立法者表述的理由却是如此的简单:"城市房屋的拆迁实际上是与征收相联系的一种情形,不必单独规定。"[3]

也许在《物权法》的立法者看来,房屋征收就是一个物权的变动过程,与其他物权行为之间并无质的区别,如《物权法》第二十八条就规定:"因人民法院、仲裁委员会的法律文书或者人民政府的征收决定等,导致物权设立、变更、转让或者消灭的,自法律文书或者人民政府的征收决定等生效时发生效力。"

笔者因此意识到,房屋征收不仅仅是一个公法问题,同时也是一个物权角度的私法问题。对于房屋征收法律制度的具体构建,不应局限其传统的公法属性,同时应注重其私法属性。正是基于这样的思考及切入点,笔者开始认真关注房屋拆迁中的热点问题,以国有土地上房屋征收立法进程为指引,同时统一思考集体土地上的房屋征收问题,逐渐开展了本课题的研究。

二、研究现状

目前,有关房屋征收法律制度的探讨集中在公益征收、财产征收的理论与具体问题的研究,主要表现在三个方面:

第一,房屋征收关联概念的梳理。有学者认为,应当打破传统以"无偿性"为特征的行政征收概念束缚,确立"公益收用"作为公益征收、公益征用以及公益限制的上位概念,从而为我国宪法构架下征收征用制度的整合提供理

---

[1] 顾大松,史笔:《城市房屋拆迁行为法律属性研究——以物权法草案拆迁条款的重新定位为视角》,《法律适用》2006年第9期。

[2] 傅蔚冈:《物权法中不应该规定财产征收征用制度》,《新京报》2005年8月11日。

[3] 参见全国人大法律委员会副主任委员胡康生于2005年10月22日在全国人大常委会第十八次会议上所作的《关于中华人民共和国物权法草案修改情况的汇报》的"征收、征用、拆迁"部分。

论支点[1];也有学者指出,由于我国实行土地的公有制,房屋拆迁制度独立于土地收回和土地征收制度,因此要从"立法的角度特别是应当从公益征收立法的角度重塑房屋拆迁制度"[2];有学者在探讨物权法草案时,认为城市房屋拆迁不涉及土地所有权,且农村房屋拆迁系土地征收以后的后果,因此应当区分征收与拆迁[3];有学者从征收的基本理论出发,认为城市房屋拆迁行为本身不是行政征收,因此应该制定统一的《公用征收法》改变现行的城市房屋拆迁模式[4];等等。

上述研究的欠缺在于多将房屋拆迁纳入其上位概念——公益征收、财产征收的范围处理,未能独立对待仅涉及土地使用权与房屋所有权的我国特有的房屋征收问题,进而未能独立地提出房屋征收的法律概念,不能对其法律属性展开细化分析。

第二,通过不同法域的比较探讨我国土地征收及城市房屋拆迁制度中的共性问题。如有学者通过美国法院判例入手,从公共选择理论视角讨论了美国联邦宪法规定征收必须给予"公正补偿"的理由,进而提出我国征收补偿必须是体现被征收财产市场公平价值的"公正补偿"[5];有学者认为程序性失权是当前土地征收权滥用的关键,因此应当从公开性、归责原则、审查机制等方面规范土地征收程序[6];还有大量的研究通过比较域外立法事例及司法案例,提出征收过程中区分公共利益与商业利益的标准或者确定公共利益的程序机制,如有学者就认为公共利益属于极难界定的概念,法院难以作为,因此应当让全国和地方人大及其常委会在征收和补偿方案的决定中发挥更大的作用[7];等等。

上述研究成果通过比较的视角,为我国房屋征收及土地征收制度的具体构建提供了非常有益的公益征收理论支持及域外经验。不过,上述研究的国

---

[1] 杨解君,顾治青:《宪法架构下征收征用制度的整合——关于建构我国公益收用制度的行政法学思考》,《法商研究》2004年第5期。

[2] 王克稳:《论房屋拆迁行政争议的司法审查》,《中国法学》2004年第4期。

[3] 王利明:《物权法草案中征收征用制度的完善》,《中国法学》2005年第6期。

[4] 涂四益:《从拆迁到征收——当下中国拆迁面临的问题、出路及难点》,《法学评论》2010年第3期。

[5] 张千帆:《"公正补偿"与征收权的宪法限制》,《法学研究》2005年第2期。

[6] 程洁:《土地征收征用中的程序失范与重构》,《法学研究》2006年第1期。

[7] 张千帆:《"公共利益"的困境与出路——美国公用征收条款的宪法解释及其对中国的启示》,《中国法学》2005年第5期。

内素材大多限于单一土地征收制度或者城市房屋拆迁制度,因此其结论更多是从宽泛的公益征收或财产征收制度角度为我国法律制度的完善提出建议,并没有明确针对房屋征收法律制度特有问题具体展开。

第三,基于实践需求的统一房屋征收制度初步建议。由于我国城市化发展中的房屋拆迁涉及国有土地上的房屋与集体土地上的房屋,但土地征收制度及城市房屋拆迁制度的割裂导致其程序、补偿、救济机制的反差巨大,现实中有着统一房屋拆迁制度的行政创新,也有学者提出了初步的观点。如有学者就认为,基于《物权法》要求,新的拆迁立法不应是原有城市房屋拆迁制度的修修补补,而应是对原有制度的彻底改革,改革的内容包括建立城乡统一的拆迁补偿制度、建立房地统一的拆迁补偿制度,建立市场化的估价制度等[1]。

上述研究触及房屋征收法律制度的具体建构问题,对于我国房屋征收法律制度的现实需要有着较为强烈的认知,但欠缺明确的房屋征收法律理论支持及较为全面的研究路径,因而无法提供成熟的研究结论及制度建议。

三、研 究 意 义

第一,推动我国征收法律体系的完善。我国房屋拆迁领域的诸多疑难问题,其症结之一在于未能及时立法的问题,2000年《立法法》第八条、第九条确立的征收法律保留原则及2004年宪法修正案第二十二条的颁布,在宪法层面上已经指明了拆迁制度的调整方向。"行政法是具体化的宪法"[2],行政法学研究有必要将我国宪法已有的要求在房屋拆迁制度的调整中予以贯彻。因此,本课题以《物权法》的调整为契机,结合《国有土地上房屋征收与补偿条例》(简称《征收条例》)的颁布,从城乡统一层面探讨房屋征收法律制度的构建,将会发挥推动我国征收法律体系完善的重要作用。

第二,深化公益征收理论的研究。由于我国土地所有权的社会主义公有制,导致房屋征收系我国特有的公益征收制度,因此,在房屋征收过程中涉及的土地使用权的物权变化、土地使用权价值与房屋价值于征收补偿中如何统一处理等,均是我国特有的问题。同时,对于房屋征收法律关系、房屋征收纠

---

[1] 王克稳:《改革我国拆迁补偿制度的立法建议》,《行政法学研究》2008年第3期。
[2] 参见罗豪才主编:《行政法学》,北京大学出版社1996年版,第36-37页。

纷解决机制乃至征收强制执行体制均存在诸多的理论与现实困境。因此,通过房屋征收理论的进一步研究,将能够在公益征收理论领域开辟房屋征收的独特空间。

第三,推动征收法律制度精细化发展研究。房屋征收以公共利益的必需为其正当性基础,并以被征收人的权益保护为依归。但是,作为不确定法律概念的公共利益,在不同时代、不同地域,就不同群体而言,均可能有其不同的含义,而被征收人权益保护也往往是一个动态的过程。因此,房屋征收在一般征收类型之外,应有其特殊征收类型的扩张空间。本课题研究在对我国房屋拆迁及土地征收实践把握的基础上,以房屋征收理论为指导,深入讨论房屋征收的类型化问题,力求推动征收法律制度的精细化研究。

四、研究方法

1. 文献研究法与历史分析法。有关房屋拆迁及征收的立法与政策文件纷繁复杂,因此文献研究法是法律制度研究的基础。同时,运用历史分析方法,剖析房屋拆迁立法目的及在不同历史时期的变化,以掌握房屋征收法律制度的发展轨迹。

2. 比较研究方法与定性分析方法。通过比较方法研究国内外公益征收法制及土地发展权补偿制度,为具体的房屋征收法律制度提供镜鉴,通过定性分析方法,探讨我国特有的房屋征收行为的法律属性,为构建房屋征收法律制度提供理论基础。

3. 学科交叉研究方法。以城市规划理论与方法为基础,探讨土地发展权的规划法源。同时,通过公法与私法理论的交叉研究,对房屋征收制度的法律属性展开深入的探讨,揭示房屋征收制度的公私法属性。

五、研究架构

本论题的研究以"发展与保护并重、公益与私益均衡的房屋征收法律制度构建"为核心命题。在这一基本研究思路的基础上,全文共分五章:

第一章"发展与保护:房屋征收法制的双重目的"。首先,梳理我国不同历史时期的房屋拆迁立法,分析其立法目的不同侧重下的制度配置与效果;其次,跟踪房屋征收立法进程中合法权益保护的社会诉求,剖析现有房屋征收立法践行权利保护目标的制度配置。最后,揭示房屋征收公益与私益均衡理念,以此协调房屋征收法制权益保护与经济、社会发展双重目的,为后续法制建构提供目的指引。

第二章"规则到原则:房屋征收立法的技术进步"。首先,以行政法基本原则理论为指引,剖析现有房屋征收立法从规则到原则的进步与缺失。其次,通过现有法律体系的梳理,提炼已"形成"的征收法律原则,展开讨论房屋征收各项法律原则的来源、内涵及其发展征收法制的空间。

第三章"公法与私法:房屋征收制度的交叉属性"。首先,通过比较视角揭示房屋征收活动的本质特性,界定房屋征收的内涵与特征。其次,以物权法立法为契机,探讨房屋征收制度中征收决定、征收补偿的公私法属性,为具体法制建设提供理论支持。

第四章"单一到多样:房屋征收类型的适度扩张"。首先,根据我国现有城乡建设的不同需要,以被征收人权利保护为依归,借鉴域外制度经验,探讨房屋征收类型化的必要。其次,结合征收法制实践,以房屋征收基本理论为指导,全面建构一般征收类型,具体探讨我国特有的"区段征收"及"扩张征收"等特殊类型。

第五章"房屋与土地:房屋征收补偿的共同要素"。首先,以征收公正原则为指导,探讨征收补偿自由主义理论向功能主义理论的变迁。其次,以被征收房屋的财产属性为导向,探讨房地合一的被征收房屋市场价值补偿机制。最后,以土地发展权补偿理论为指导,特别以我国土地征收过程中已有的留地安置、地票模式等类似土地发展权补偿实践,探讨房屋征收中规划变更时被征收人的土地发展权补偿问题。

第一章

发展与保护：房屋征收法制的双重目的

第一节 重视发展的房屋拆迁立法历史

在我国，房屋征收法律制度的前身为房屋拆迁法律制度，其立法史可追溯至建国初。一直以来，推动经济与社会发展系房屋拆迁立法的目的，只不过前期表现偏于国家建设，后期则偏于房地产开发。

一、早期以国家建设为重心推进经济社会发展的房屋拆迁立法

由于房屋附着于土地，早期的房屋拆迁均规定于土地征用法律中。我国第一部土地征用法律——中央人民政府1953年12月5日通过的《国家建设征用土地办法》，就同时规定了土地征用时对农村与城市房屋大体一致的补偿程序及原则。对于立法目的，该法第一条表述为："为适应国家建设的需要，慎重地妥善地处理国家建设征用土地问题，特制定本办法。"而该法第二条同时规定："凡兴建国防工程、厂矿、铁路、交通、水利工程、市政建设及其他经济、文化建设等所需用之土地，均依本办法征用之。"由此可见，国家建设活动系土地征用立法的重心，其主要目的在于推进经济与社会发展。但是，对于国家建设活动在法律上是否为公共利益需要，该法并未明确。第一届全国人民代表大会第一次会议于1954年9月20日通过的《中华人民共和国宪法》（简称《宪法》）第十三条规定："国家为了公共利益的需要，可以依照法律规定的条件，对城乡土地和其他生产资料实行征购、征用或收归国有。"由此，

因建设活动实施的土地征用(包括房屋拆迁)活动,通过宪法明确了公共利益性质。

二十世纪五十年代后期,我国的社会主义改造完成后,公有制、计划经济已成为国民经济的主轴。此时,大部分城市私有房屋已经收归国有,而房屋拆迁不仅是国家建设需要也是城市居民福利分房的需要。为适用这种新形势,城市房屋开始实行统配统建,城市房屋拆迁逐渐具有其特殊性,如拆除的房屋大部分属于公房,居民房屋被拆后不可能如农村居民自拆自建,等等。一些大城市开始单独制定房屋拆迁规范,其中最早的是上海市人民委员会于1962年发布的《上海市基本建设拆迁房屋暂行管理办法》。

1982年5月12日,国务院废除《国家建设征用土地办法》,代之以《国家建设征用土地条例》,将土地征用局限于集体土地领域。此后,中央层面的房屋拆迁立法仅限附属于土地征用的农村房屋拆迁方面。在城市房屋拆迁领域,则以地方立法为主导。相关立法对于房屋拆迁的立法目的仍然强调国家建设需要,但往往将房屋拆迁纳入基本建设的中间环节。[1] 如北京市人民政府1980年4月9日公布实施的《北京市基本建设拆迁安置暂行办法》第一条就规定:"凡是在北京征地建设的项目,必须严格执行基本建设程序和有关规定,并按照本办法办理拆迁安置工作。"[2]

不过,随着社会主义法制建设的逐步加强,有些地方注意到城市规划对城市建设的重要性,进而将城市规划所要达致的旧城改造、居住条件改善纳入房屋拆迁目标,不再简单地强调国家建设需要。如江苏省人大常委会于1982年10月9日颁布实施的《江苏省城市建设用地管理和房屋拆迁安置试行办法》第一条就规定:"为了按照城市规划的要求逐步建设和改造城市,合理开发利用土地,改善城市人民的居住条件,妥善处理城市建设中的拆迁房屋问题,根据国家有关法规并结合我省情况,制定本办法。"而1990年4月1日实施的《中华人民共和国城市规划法》,则直接推动了全国统一的城市房屋拆迁法规的出台。1991年3月22日颁布、1991年6月1日实施的《城市房屋拆迁管理条例》第四条就特别强调:"城市房屋拆迁必须符合城市规划和有

---

[1] 基本建设术语源自苏联。二十世纪二十年代初期,苏联开始使用这个术语,说明社会主义经济中基本的、需要耗用大量资金和劳动的固定资产的建设,以区别流动资产的投资和形成过程。中华人民共和国建立以后,在社会主义经济建设中,也采用这一术语。

[2] 类似规定的还有1981年颁布实施的《天津市城市建设拆迁安置办法》第三条规定,要求建设单位必须具有"经批准的建设工程计划"方可拆迁。

利于城市旧区改建。"

由此可见,早期的房屋拆迁立法的重心在于推进国家建设活动的进行,其真正目的不仅在于通过社会主义基本建设实现经济发展,同时也具有推进旧城改造、改善被拆迁人居住条件的社会发展目的。正是因为房屋拆迁活动对于被拆迁人具有改善居住条件的直接作用,早期的房屋拆迁特别是城市房屋拆迁活动得到了被拆迁人的普遍欢迎。

二、后期以房地产开发为重心推进经济发展的房屋拆迁立法

随着我国社会主义市场经济的发展,特别是国有土地使用权出让制度推行之后,在住房改革背景下的住房商品化浪潮中,城市国有土地的市场价值日渐显现,以房地产开发为目的房屋拆迁活动逐渐增多。一方面,国家于1994年通过《中华人民共和国城市房地产管理法》(简称《城市房地产管理法》)鼓励房地产业的发展,许多地方纷纷将房地产业纳入支柱产业予以扶持。另一方面,各大城市通过房屋拆迁活动取得拆迁范围的国有土地向房地产开发业者出让土地使用权,收取的土地出让金渐渐成为其财政资金的重要来源。在此背景下,1991年《拆迁条例》中由政府承担拆迁安置义务、负责补偿资金的城市房屋拆迁模式,渐渐不能满足各级政府对房屋拆迁活动寄予的厚望。因此,城市房屋拆迁活动过程中,传统的旧城改造模式中逐渐引入了开发模式,进而推动了城市房屋拆迁模式的变化,体现了以经济发展为重心的立法导向。

2001年11月1日,国务院实施新的《城市房屋拆迁管理条例》,同时废止1991年6月1日实施的《城市房屋拆迁管理条例》。新实施的《城市房屋拆迁管理条例》围绕着房地产开发需要,拆迁主导模式在旧条例基础上有了质的转变,并产生了诸多不良后果。

第一,摒弃了旧条例中拆迁人必须是建设单位的要求,为开发模式的城市房屋拆迁活动打开方便之门。

1991年《拆迁条例》第三条规定:"本条例所称拆迁人是指取得房屋拆迁许可证的建设单位或者个人。"也就是说,在1991年《拆迁条例》确立的城市房屋拆迁制度中,拆迁人拆除被拆迁人房屋后,应当利用拆迁范围内的土地开展新的建设,而2001年《拆迁条例》第四条第二款则规定:"本条例所指拆迁人,是指取得房屋拆迁许可证的单位。"将旧条例中拆迁人的"建设单位或者个人"定义调整为"单位",在法律上排除了拆迁人的建设义务。实践中,政

府成立的土地储备机构,即使不进行实质性的建设活动,也可以作为拆迁人,通过拆迁活动取得拆除房屋,再由国土行政主管部门出让拆迁范围的国有土地使用权实施开发。如2003年颁布实施的《南京市城市房屋拆迁管理办法》(南京市政府227号令)第七条中就规定:"政府实施净地出让或土地储备需要拆迁房屋的,申请人应当提交市人民政府有关同意出让或者储备的批准文件,可以免交本条第一款第(一)项、第(二)项、第(三)项的材料。"该款规定的"本条第一款第(一)项、第(二)项、第(三)项的材料"即2001年《拆迁条例》第七条要求的"建设项目批准文件、建设用地规划许可证、国有土地使用权批准文件"。

第二,以推进房地产业发展为导向,废弃对被拆迁房屋使用人的安置方式,弱化被拆迁房屋的住房权保障属性。

2001年《拆迁条例》强调被拆迁房屋的商品属性,遵循市场评估价格确定补偿,废弃了1991年《拆迁条例》以被拆迁房屋使用人为对象的拆迁安置模式,实现了拆迁补偿从"数人头"到"数砖头"的转变,主要采取货币补偿的方式。[1] 1991年《拆迁条例》规定的被拆迁人不仅包括"被拆除房屋及其附属物的所有人",也包括"被拆除房屋及其附属物的使用人"(第三条第二款)。2001年《拆迁条例》则将被拆迁人限定为"被拆迁房屋的所有权人"(第四条第三款)。1991年《拆迁条例》第四章中有关安置被拆迁房屋所有权人与使用人的规定,在2001年《拆迁条例》中荡然无存,而该条例第三章"拆迁补偿与安置"中的"安置"仅在第二十七条、第二十八条中部分体现,其安置义务主体也由政府变为拆迁人。

2001年《拆迁条例》补偿对象从"人头"到"砖头"的转变,在其立法之初,有其一定的正当理由。如通过确定被拆迁房屋的市场价值,由拆迁人对被拆迁人实施货币补偿,不仅有利于被拆迁人自行调节住房标准、地点,满足不同住房消费群体的不同消费要求,也可以使得被拆迁人可以及时购买需要的房屋,避免了因工程停、缓建或者资金不足造成被拆迁人长期过渡现象。不过,在此背后也存在"转换住房机制,消化闲置商品房"推动房地产业发展的深层考虑。[2]

但是,对于所有权人及使用人而言,被拆迁房屋不能"仅是头上有一遮瓦

---

[1] 王达、史笔主编:《城市房屋拆迁许可裁决强拆诉讼疑点诠释及典型案例》,中国建材工业出版社2004年版,第100页。

[2] 王达、史笔主编:《城市房屋拆迁许可裁决强拆诉讼疑点诠释及典型案例》,中国建材工业出版社2004年版,第216页。

的住处或把住所完全视为一商品而已,而应该把它视为安全、和平和尊严地居住某处的权利"[1]。在市场机制下,房屋面积较小的被拆迁人并不能通过拆迁活动有效改善其居住条件,加之被拆迁房屋市场评估方式存在行政定价的弊端,被拆迁房屋市场价值普遍被低估。在新条例实施过程中,出现了大量的补偿不足、安置不到位的现象,2002 年、2003 年国内拆迁矛盾集中爆发。[2] 国务院办公厅在 2004 年紧急发布《国务院办公厅关于控制城镇房屋拆迁规模 严格拆迁管理的通知》(国办发〔2004〕46 号),明确要求"把拆迁中涉及的困难家庭纳入城镇住房保障的总体安排中,确保其基本居住需要",以解决新条例市场机制的不足问题。

第三,强化拆迁争议解决的行政机制,使得本应遵循市场机制实施的房地产开发活动通过行政权强力推进。

2001 年《拆迁条例》第十六条规定:"拆迁人与被拆迁人或者拆迁人、被拆迁人与房屋承租人达不成拆迁补偿安置协议的,经当事人申请,由房屋拆迁管理部门裁决。房屋拆迁管理部门是被拆迁人的,由同级人民政府裁决。"这一规定与 1991 年《拆迁条例》相比,强化了拆迁当事人达不成拆迁补偿协议后的拆迁行政裁决途径,也就是说,拆迁当事人不能通过协商方式确定补偿时,必须通过行政裁决方式解决补偿纠纷。而被拆迁人拒不履行拆迁裁决确定的搬迁义务,市、县人民政府则可以依据该条例第十七条规定实施行政强拆。而在 1991 年《拆迁条例》第十四条虽然有类似规定,但拆迁裁决后,最高人民法院的权威解释认为一方当事人仍然可以向人民法院提起民事诉讼,以终局解决安置补偿争议,因此行政裁决机制往往处于废弃状态。[3]

正是因为 2001 年《拆迁条例》处理拆迁争议的行政机制,在公共利益标准缺失的情形下,本应通过市场机制实施的房地产开发借助行政力量大力推

---

〔1〕 经济、社会、文化权利委员会第六届会议(1991 年)《第 4 号一般性意见:适足住房权》(《公约》第十一条第一款) 载于 E/1992/23 号文件。汇编于联合国文献 HRI\GEN\1\Rev. 7(2004)。

〔2〕 比较典型的有南京市翁彪事件及安徽朱正亮事件。

〔3〕《最高人民法院关于适用〈城市房屋拆迁管理条例〉第十四条有关问题的复函》(〔1993〕法民字第 9 号):"江苏省高级人民法院:你院关于适用《城市房屋拆迁管理条例》第十四条有关问题的请示报告收悉。经研究认为:在城市房屋拆迁过程中,拆迁人与被拆迁人对房屋拆迁的补偿形式、补偿金额、安置用房面积、安置地点、搬迁过渡方式和过渡期限,经协商达不成协议发生的争执,属于平等民事主体之间的民事权益纠纷。据此,我们同意你院审判委员会倾向性的意见,即房屋拆迁主管部门或同级人民政府对此类纠纷裁决后,当事人不服向人民法院起诉的,人民法院应以民事案件受理。"

行。政府在与开发商合力推动房屋拆迁时,通过"经营城市"实现了土地财政目标,但行政介入拆迁特别是行政强拆引发大量行政争议,民众因拆迁上访不断,政府维稳成本急剧上升。[1]

第二节 强调权利保护的房屋征收立法进程

2001年《拆迁条例》代表的以房地产开发为重心的房屋拆迁模式,在实施过程中对被拆迁人的合法权益造成严重侵害,同时也引发了激烈的社会冲突。不论是被拆迁人还是社会公众,均对城市房屋拆迁制度或征地房屋拆迁制度提出强烈质疑,进而要求通过立法方式加强对被拆迁人的权益保护。相关诉求直接影响了国有土地上房屋征收的立法,也对后续集体土地上的房屋征收立法产生了重要影响。因此,注重被征收人合法权益的保护,已经成为当前房屋征收立法的重心。具体的立法转变主要体现在如下两方面:

一、提升房屋征收立法位阶,强化被拆迁人权益的法律保护

历史上的城市房屋拆迁制度与我国宪法规定的土地征用制度有着密切的关系,但是,城市房屋拆迁制度于1991年《拆迁条例》实施时独立于土地征用制度后,其宪法依据一直处于缺失状态。2000年颁布实施的《中华人民共和国立法法》第八条规定的财产征收的法律保留要求,使得社会公众开始关注《拆迁条例》的立法依据问题。但是,2001年国务院废止1991年《拆迁条例》时,并未顺应《立法法》这一原则要求,继续颁布实施新的《拆迁条例》。因此,就有人通过《立法法》第九十条规定的违宪审查建议途径,向全国人大常委会提起违宪审查请求。[2] 其中,具有典型代表意义的是2003年7月14日

---

[1] 如有报道,2009年我国维稳成本接近军费开支,其中就有很大一块处理包括拆迁上访的"成本"。

[2] 《立法法》(2000年版)第九十条 国务院、中央军事委员会、最高人民法院、最高人民检察院和各省、自治区、直辖市的人民代表大会常务委员会认为行政法规、地方性法规、自治条例和单行条例同宪法或者法律相抵触的,可以向全国人民代表大会常务委员会书面提出进行审查的要求,由常务委员会工作机构分送有关的专门委员会进行审查、提出意见。

前款规定以外的其他国家机关和社会团体、企业事业组织以及公民认为行政法规、地方性法规、自治条例和单行条例同宪法或者法律相抵触的,可以向全国人民代表大会常务委员会书面提出进行审查的建议,由常务委员会工作机构进行研究,必要时,送有关的专门委员会进行审查、提出意见。

浙江杭州百余位市民针对2001年《拆迁条例》的违宪审查建议,该建议书的主要观点就是认为《拆迁条例》侵犯了我国宪法第十三条、第三十九条所规定的"公民合法房屋的所有权"与"公民的住宅不受侵犯"权利,因此应当撤销。[1]

2004年3月14日,基于完善私有财产权保护目的,全国人大通过的《中华人民共和国宪法修正案》第二十二条在将原宪法第十三条规定中,增加一款,即"国家为了公共利益的需要,可以依照法律规定对公民的私有财产实行征收或者征用,并给予补偿"。在宪法层面上完善了公民私有财产的动态保护,回应了"群众对用法律保护自己的财产有了更加迫切的要求"[2]。正是这一宪法修正案,确立了房屋拆迁必须基于公益而实施的征收性质,进而为后续立法进程奠定了宪政基础。

2005年7月中旬,全国人大常委会公布《中华人民共和国物权法》(草案),供全国人民讨论。其中有关"征收、拆迁"部分即成为社会热点,引发了广泛的讨论。当时公布的草案仍然将"征收"与"拆迁"并列,主要体现在该草案第六十八条中,即"国家保护私人的所有权。禁止以拆迁、征收等名义非法改变私人财产的权属关系。拆迁、征收私人的不动产,应当按照国家规定给予补偿;没有国家规定的,应当给予合理补偿,并保证被拆迁人、被征收人得到妥善安置"。依照该规定,《拆迁条例》确立的城市房屋拆迁制度仍然与征收制度(主要指土地征收)处于同等地位。也就是说,物权法的起草者仍然没有考虑到《拆迁条例》不合《宪法》及《立法法》相关规定的问题,并不存在调整该条例的考虑。

2005年10月22日,全国人大法律委员会在广泛征求意见的基础上,向全国人大常委会第十八次会议提交了物权法草案四审稿。在该修改意见稿中,法律委员会对原物权法草案中有关拆迁条款作出了调整,将城市房屋拆迁包括在征收中,其理由是:"城市房屋的拆迁实际上是与征收相联系的一种

---

[1] 杭州市民上述针对《拆迁条例》的违宪审查建议,曾经引发了有关部门的重视,并在一定范围内组织专家讨论。但是经讨论,主流的意见认为《拆迁条例》属于《土地管理法》下位法,而《土地管理法》第五十八条规定可以收回国有土地使用权,因此土地上的房屋拆迁也就不存在违法,更不存在违宪的问题了。

[2] 参见全国人民代表大会常务委员会副委员长王兆国2004年3月8日在第十届全国人民代表大会第二次会议上所作《关于〈中华人民共和国宪法修正案(草案)〉的说明》第六部分。

情形,不必单独规定"[1]。根据这一调整思路,法律委员会建议对物权法草案相关条款作出相应修改,将物权法草案三审稿第六十八条第二款中的拆迁条款纳入统一的征收条款,规定"为了公共利益的需要,县级以上人民政府依照法律规定的权限和程序,可以征收农村集体所有的土地和城市房屋及其他不动产""征收集体所有的土地,应当给予合理补偿,维护被征地农民的合法权益,保障被征地农民的生活。具体补偿标准和办法依照有关法律、行政法规的规定办理""征收城市房屋及其他不动产,应当给予合理补偿,维护被征收人的合法权益;征收城市居民房屋的,还应当保障被征收人的居住条件。具体补偿标准和办法,依照有关法律、行政法规的规定办理"。这一次调整,直接将房屋拆迁定性为房屋征收,确定了2007年出台的《物权法》第四十二条的核心内容,即"为了公共利益的需要,依照法律规定的权限和程序可以征收集体所有的土地和单位、个人的房屋及其他不动产"。同时,《物权法》第四十二条第三款特别强调:"征收个人住宅的,还应当保障被征收人的居住条件。"扭转了2001年《拆迁条例》见物不见人的立法缺失。

正是《物权法》立法过程中看似不经意的调整,直接决定了2001年《拆迁条例》被废止的命运。在《物权法》公布但尚未实施的2007年8月24日,建设部汪光焘部长代表国务院向全国人大常委会做报告,要求修改《中华人民共和国城市房地产管理法》,修改的理由就是《物权法》将于2007年10月1日实施,《拆迁条例》与《物权法》相抵触,将在9月30日停止执行,请求全国人大授权国务院就国有土地上的房屋征收与补偿标准制定行政法规。

虽然国务院于2011年1月21日才最终颁布实施《国有土地上房屋征收与补偿条例》,但该条例依全国人大常委会的授权立法,法律位阶得到了明显提升,在很大程度上强化了对被征收人的权益保护。

二、明确公共利益具体标准,限定房屋征收的财产权边界

二十世纪九十年代初,旧城市房屋拆迁制度独立于宪法规定的土地征用(收)制度后,城市房屋拆迁行为一直处于公共利益标准缺失的状态。虽然人们普遍将公共利益视为城市房屋拆迁启动的正当性基础,但遍稽1991年、2001年《拆迁条例》,却找不到任何有关城市房屋拆迁必须符合公共利益的

---

[1] 参见全国人大法律委员会副主任委员胡康生于2005年10月22日在全国人大常委会第十八次会议上所作的《关于中华人民共和国物权法草案修改情况的汇报》的"征收、征用、拆迁"部分。

明确要求。因此,在城市房屋拆迁制度下,拆迁主管部门发放拆迁许可证时,无需审查拆迁项目的公益性,作为第三方的人民法院在进行司法审查时也无依据对拆迁项目的公益性进行审查。[1]不少纯商业项目通过房屋拆迁的方式实现,本来属于自愿协商的民事行为假国家公权力得以实现,使得政府不恰当地介入民事领域,实质上构成了对宪法所保护财产权秩序的严重破坏。

2004年宪法第二十二条修正案,明确将财产征收条款纳入私有财产权宪法保障体系范围内,在宪法高度设定了具有征收性质的房屋拆迁活动的边界。在该宪法修正案正式公布之后,全国各地被拆迁户纷纷通过宪法维权,就是反映了这一逻辑。[2]2007年《物权法》颁布后,即发生了轰动全国的重庆"史上最牛钉子户"事件。这一事件不仅反映了《物权法》下房屋征收立法的迫切性,同时也反映了《物权法》第四十二条规定未能细化公共利益标准,导致房屋拆迁过程中被拆迁人财产权保护的难题。[3]2009年1月1日实施的《中华人民共和国循环经济促进法》中也存在类似的问题。该法第二十五条第二款规定:"城市人民政府和建筑物的所有者或者使用者,应当采取措施,加强建筑物维护管理,延长建筑物使用寿命。对符合城市规划和工程建设标准,在合理使用寿命内的建筑物,除为了公共利益的需要外,城市人民政府不得决定拆除。"该条规定中的"公共利益"标准,在《物权法》已经实施但《征收条例》未能及时出台的真空时间段里,就又成为被拆迁人主张商业性城市房屋拆迁违法的法律依据。[4]但因其公共利益标准的抽象性,各地方仍

---

〔1〕 如有学者曾经认为房屋拆迁的司法审查时,重要环节就包括拆迁项目是否公共利益问题,实际上是对《拆迁条例》的误读。参见王克稳:《论房屋拆迁行政争议的司法审查》,《中国法学》2004年第4期,第76页。

〔2〕 代表性的有:《江苏建湖法院院长带队拆迁拘人 事主拿宪法维权》,中央电视台新闻频道《社会记录》2004年4月26日;《开封居民宣传宪法抵制拆迁》,《中国青年报》2004年4月29日;《北京一老人手持修改后〈宪法〉抵制强搬迁》,《中青在线》2004年4月5日;等等。

〔3〕 如江平教授就表示,被拆迁人吴苹一家拒绝拆迁的理由是不涉及公共利益,但这条理由不能成立,"他说不是公共利益就不是了!"?参见《重庆最牛"钉子户"拒绝搬迁 物权法该不该保护?》,《燕赵晚报》2007年3月25日。曾经参加《物权法》起草过程的北京大学尹田教授就自承,虽然民法学者的建议稿均对公共利益作了明确的界定,但在立法过程中却存在公共利益标准的"立法逃避"问题。参见2007年12月28日北航法学院主办的"中国建设管理与房地产研究中心成立仪式暨不动产征收研讨会"上尹田教授的发言。http://wangcailiang.blshe.com/post/559/198335

〔4〕 如2009年,在南京就有31名"法官拆迁户"起诉南京市房管局颁发的拆迁许可证,理由之一就是认为违反该规定。

然沿用2001年《拆迁条例》实施拆迁活动,并不适用该法规定。[1]

由于《物权法》及《城市房地产管理法》的明确要求,国务院于2010年1月29日、2010年12月15日,先后两次向社会公众公开征求意见,并于2011年1月21日颁布实施《征收条例》,在该条例第八条中采取概括加列举的方式对"公共利益需要"作了明确:一是必须为了保障国家安全、促进国民经济和社会发展等公共利益的需要。这是对公共利益的概括性规定。二是符合本条列举的情形。列举了六种情形,即国防和外交的需要,由政府组织实施的能源、交通、水利、教科文卫体、资源环保、防灾减灾、文物保护、社会福利、市政公用等公共事业和保障性安居工程建设、旧城区改建的需要以及法律、行政法规规定的其他公共利益的需要。三是强调房屋征收的必要性,即"确需"征收房屋方能决定征收。也就是说,确需使用这幅土地,而这幅土地上存在的单位、个人的房屋如果不采取征收方式,通过其他方式就无法获得该建设用地。

《征收条例》上述第八条规定在我国立法史上第一次明确界定公共利益标准,弥补了《物权法》及其他法律制定过程中的"立法逃避"遗憾,从而为宪法保护的公民财产权设定了明确的公共利益边界,在法律上完善了我国的财产权保障体系。在征收法制进程中,不仅开创了国有土地上房屋征收立法的历史,也将对我国集体土地上的房屋征收立法产生了重大影响。[2]

第三节 均衡配置房屋征收法制的双重目的

不论是重视经济与社会发展的房屋拆迁立法阶段,还是强调被征收人权益保护的房屋征收立法阶段,不同立法目的均涉及如何处理公共利益与个体

---

[1] 2009年12月9日,有网友去国务院法制办官方网站询问"国务院305号令《城市房屋拆迁管理条例》在《物权法》《城市房地产管理法》实施后是否废止"的问题,得到的网站回复就是:"2001年6月13日发布的《城市房屋拆迁管理条例》有效。"

[2] 如国务院法制办负责人在《征收条例》公布的的新闻发布会上,就表示:"从我们调查了解的情况看,现在矛盾突出的确实主要在集体土地征收方面,但国有土地上的房屋征收和集体土地征收是分别由条例和土地管理法调整的,通过行政法规对征收集体土地作出规定是超越立法权限的。我们将会同有关部门抓紧对土地管理法有关集体土地征收和补偿的规定作出修改,由国务院尽早向全国人大常委会提出议案。"而2011年1月30日,中央农村工作领导小组副组长、办公室主任陈锡文在国新办举行的"三农工作和水利改革发展"新闻发布会上指出,《征收条例》中的一些重要原则,对于下一步修改土地管理法中涉及征收农村集体土地的问题有很强的指导意义。

利益关系问题。

《征收条例》第八条规定:"为了保障国家安全、促进国民经济和社会发展等公共利益的需要,有下列情形之一,确需征收房屋的,由市、县级人民政府作出房屋征收决定。"这里的"确需"表述,就是立法者对于行政法上必要性原则的自觉运用,也反映了公法理论对公共利益与个体利益关系的正确处理——"既要在限制个人利益的手段与实现公共利益的目的之间权衡,又要在限制个人利益的手段之间进行衡量,以选择一种既为实现公共利益所绝对必要,也对相对人利益限制或损害最少的手段"[1]。因此,以行政均衡理念指导配置被征收人合法权益保护与促进经济与社会发展双重目的,就构成了房屋征收法制建设的重心。

一、全面落实被征收人的合法权利,尊重、保障其基本人权

在我国,上位法的规定而非房屋征收立法系推动被征收人权利保护的主要动力,因此,全面落实我国宪法及相关基本法律确定的对被征收人合法权利,是房屋征收法制建设的首要方面。具体而言,主要包括两大方面:

一是被征收房屋使用人的住宅权保护。我国宪法第三十九条规定:"中华人民共和国公民的住宅不受侵犯。禁止非法搜查和非法侵入公民的住宅。"但是,在房屋拆迁实践中,被拆迁房屋使用人的住宅权得不到保障已经成为普遍现象,以至于国务院专门下发通知,"严禁采取停水、停电、停气、停暖、阻断交通等手段,强迫被拆迁居民搬迁"[2]。《征收条例》在总结房屋拆迁历史教训的基础上,于第三十一条规定了住宅权保护的措施,即"采取暴力、威胁或者违反规定中断供水、供热、供气、供电和道路通行等非法方式迫使被征收人搬迁,造成损失的,依法承担赔偿责任;对直接负责的主管人员和其他直接责任人员,构成犯罪的,依法追究刑事责任;尚不构成犯罪的,依法给予处分;构成违反治安管理行为的,依法给予治安管理处罚"。这一规定相较于旧拆迁条例,在住宅权保护方面有了质的进步。[3]

二是为我国《物权法》所确认的财产权利的保护。主要包括被征收人的

---

[1] 周佑勇:《行政法基本原则研究》,武汉大学出版社2005年版,第225页。

[2] 参见《国务院办公厅关于控制城镇房屋拆迁规模严格拆迁管理的通知》(国办发〔2004〕46号)第四部分"加强对拆迁单位和人员的管理,规范拆迁行为"。

[3] 不过,目前有些地方实施房屋征收时,在未确定补偿的房屋上涂写大大的"拆"或"征"字,仍然有侵犯公民住宅权之嫌。

房屋所有权(第六十四条)、国有建设用地使用权(第一百三十五条)、宅基地使用权(第一百五十二条)。同时,承租人添附于被征收房屋的动产所有权如装潢、装修等(第六十四条)也应当纳入保护范围。[1]《物权法》第一百二十一条对用益物权的征收补偿问题,也作了专门的规定,即"因不动产或者动产被征收、征用致使用益物权消灭或者用益物权行使的,用益物权人有权依照本法第四十二条、第四十四条的规定获得相应补偿。"

同时,被征收房屋不仅具有财产属性,也具有人权保障属性。我国于1997年签署的联合国《经济、社会及文化权利国际公约》第十一条第一款规定:"本公约缔约各国承认人人有权为他自己和家庭获得相当的生活水准,包括足够的食物、衣着和住房,并能不断改进生活条件。各缔约国将采取适当的步骤保证实现这一权利,并承认为此而实行基于自愿同意的国际合作的重要性。"被征收房屋同时承载了适足住房权的人权保障功能,因此尊重并保障该项人权也系我国房屋征收立法的题中应有之义。[2]

二、重点完善房屋征收的公共利益促进机制

在立法起源上,房屋征收法制主要系促进公共利益的机制。如我国台湾地区2000年颁布施行的《土地征收条例》第一条中就明确:"为实施土地征收,促进土地利用,增进公共利益,保障私人财产,特制定本条例。"在此意义上,《征收条例》第一条中的"维护公共利益"更应该理解为"促进公共利益"。因此,如何增进公共利益,就构成当前我国房屋征收法制建设的重点。

《征收条例》确定的国有土地上房屋征收法律制度,在促进公共利益方面存在多处创新,如首次在立法界定了公共利益的范围,将因国防、外交需要和由政府组织实施的能源、交通、水利、教科文卫体、资源环保、防灾减灾、文物保护、社会福利、市政公用等公共事业需要以及保障性安居工程建设、旧城区改建的需要等列入公共利益范畴。同时,还强调了规划和计划的调控作用,规定确需征收房屋的各项建设活动都应当符合国民经济和社会发展规划、土地利用总体规划、城乡规划和专项规划;保障性安居工程建设和旧城区改建还应当纳入市、县级国民经济和社会发展年度计划,经市、县级人民代表大会审议通过。并且为了保证规划的公众参与,还规定制定规划应当广泛征求社

---

[1] 具体论述参见论文第五章第二节相关部分。
[2] 具体论述参见论文第二章第五节"房屋征收适足住房权保障原则"。

会公众意见,经过科学论证(第八条、第九条)。

《征收条例》上述规定,在2001年《拆迁条例》基础上有了重大的改进,对于国有土地上房屋征收的公共利益性,将会产生非常正面积极的影响,也必将对集体土地上房屋征收的立法调整,产生示范效应。但是,我国房屋征收的公共利益促进机制,仍然存在诸多缺陷,有必要重点改善。

首先,征收活动与用地行为分离,导致公共利益虚化现象。任何房屋征收活动,其实质在于取得征收范围土地从事建设活动,但是不论《中华人民共和国土地管理法》(简称《土地管理法》)中的征地行为,还是《征收条例》确定的国有土地上房屋征收活动,均将用地行为与征收活动分离。也就是说,政府通过征收活动取得土地后,其法律程序即告终结,至于后续用地行为是否按照原定方案进行,征收法律制度并不禁止。在土地征收实践中,这种割裂收地与用地环节的制度安排,已经出现了大量集体土地征收后用作商业开发的违法情形。《征收条例》同样的处理,也不能避免以公共利益为名征收房屋收回土地在先,商业开发在后的情形出现。

其次,征收活动是否符合法定公共利益标准由政府自行决定,有违自然公正。《征收条例》第四条规定:"市、县级人民政府负责本行政区域的房屋征收与补偿工作。"第八条规定:"为了保障国家安全、促进国民经济和社会发展等公共利益的需要,……确需征收房屋的,由市、县级人民政府作出房屋征收决定。"市、县级人民政府既房屋征收活动的启动主体,也是房屋征收决定的作出主体,法定的公共利益要求能否在这一环节得到保证,仍然是一个未知数。

再次,混淆征收补偿与公共利益的关系。房屋征收活动中,补偿与公共利益之间并不具有必然的联系。虽然多数被征收人认同补偿方案有可能对顺利实施房屋征收活动有积极作用,但多数人的同意并不一定是公共利益。在《征收条例》第一次公开征收求意见稿曾经在第十三条规定:"因危旧房改造的需要征收房屋的,县级以上地方人民政府应当在组织有关部门论证的基础上,征求被征收人的意见。90%以上被征收人同意进行危旧房改造的,县级以上地方人民政府方可作出房屋征收决定;未达到90%被征收人同意的,不得作出房屋征收决定。"正式出台的《征收条例》删除了这一规定,仅在第十一条第二款中规定:"因旧城区改建需要征收房屋,多数被征收人认为征收补偿方案不符合本条例规定的,市、县级人民政府应当组织由被征收人和公众代表参加的听证会,并根据听证会情况修改方案。"

由此可见,现行房屋征收法律制度仍然存在诸多重大缺失,有必要在具体的制度建设中进一步改进,特别应在房屋征收公正原则要求下,引入用地人参与房屋征收活动,明确房屋征收决定的依申请性质,以实现公权与私权的分离,科学设计房屋征收的公共利益促进机制。[1]

三、建立被征收人共享发展成果的补偿机制

公共利益具有开放性,因此房屋征收活动中公共利益的受益主体同时也可以包括被征收人。也就是说,通过房屋征收活动所实现的经济与社会发展,应由被征收人与社会公众共享。

在房屋征收活动中,被征收人因为公共利益需要产生的财产损失,现行法律规定按照公平标准予以补偿。如《征收条例》第二条就规定:"为了公共利益的需要,征收国有土地上单位、个人的房屋,应当对被征收房屋所有权人(以下称被征收人)给予公平补偿。"具体财产补偿范围、价值确定方式体现在该法第十七条、第十九条及第二十三条中。由于《物权法》将宅基地使用权纳入用益物权范畴,并明确征收时应依法补偿,因此集体土地上的房屋被征收时,房屋及基地也逐渐纳入被征收人财产性损失予以补偿,公平标准当然同时适用。[2]

但是,在《征收条例》立法征求意见过程中,不少人特别是被拆迁人往往提出,房屋征收后土地的升值同时应予补偿,如湖南长沙市民浣铁军等人提交的有7000多长沙民众签名的"公民建议书"就提出:"货币补偿的金额,包括被征收拆迁房屋的经济补偿和其占有的土地使用权的经济补偿。根据被征收拆迁房屋的区位、用途、建筑结构、新旧程度、建筑面积、升值比率及土地使用权升值等因素,以房屋及土地使用权的市场价格确定。"[3]而国内多年来专注于房屋拆迁法律服务的王才亮律师事务所十五位律师的建议书中,就提出:"被征收房屋的房地产市场评估价格……不得低于房屋征收决定生效

---

[1] 具体论述参见论文第二章第三节"房屋征收公正原则"与第四章第二节"一般征收"关于征收决定程序部分。

[2] 2011年1月30日,中央农村工作领导小组副组长、办公室主任陈锡文在国新办举行的"三农工作和水利改革发展"新闻发布会上指出,《征收条例》中的一些重要原则,对于下一步修改土地管理法中涉及征收农村集体土地的问题有很强的指导意义。

[3] 《两民间万言书拟今日送国务院 建言征收条例》,《新京报》2010年12月29日。

之日同一地段的商品房的市场销售价格。"〔1〕

最终出台的《征收条例》并未采纳上述建议。在立法者看来,被征收房屋的市场价格就是补偿的公平标准所致,因此该条例第十九条规定:"对被征收房屋价值的补偿,不得低于房屋征收决定公告之日被征收房屋类似房地产的市场价格。"但是,房屋征收活动以取得征收范围土地使用权重新建设为目标,而在城市房屋拆迁活动及集体土地上的房屋征收活动中,政府通过规划变更后重新出让土地,取得的出让金与对被征收人的补偿反差巨大,也是房屋征收活动中的焦点矛盾之一。

房屋征收完结后,政府通过规划途径变更土地性质或用途重新出让,实际上已经实现土地发展权益的自我分配。而所谓土地发展权是"改变土地用途、提高土地利用集约度以及增加对土地的投入而产生的发展性利益的权利归属和利益分配"〔2〕。当前,房屋征收过程中由政府独享土地发展权益的机制排斥了被征收人共享利益,这与公共利益与个人利益的均衡理念并不契合,也不利于房屋征收补偿矛盾的解决,因此有必要在房屋征收制度中探讨建立被征收人共享土地发展权益的补偿机制。〔3〕

---

〔1〕《我和朋友们的不动产征收征用法(立法建议稿)》,见王才亮博客 http://wangcailiang.blshe.com/post/559/626620。(2011年3月10最后访问)

〔2〕 刘国臻:《土地发展权研究》,广东省普通高校人文社会科学"十五"规划研究项目研究报告,第3页。

〔3〕 具体论述参见论文第五章第三节"土地发展权益补偿"部分。

第二章

规则到原则：房屋征收立法的技术进步

第一节 通过法律原则发展征收法制

法律原则作为法律体系的核心要素，是使法律体系中各项具体制度与规则保持连续、稳定和协调的保证，是法律的价值理念与制度设计、实践操作之间的桥梁。[1]多年以来，我国房屋拆迁立法受传统计划经济的影响，以管理理念设计拆迁法律制度，存在法律原则缺失的问题，导致具体规则之间缺乏有机联系，疑难问题则往往交由政策处理，即使宪法与基本法律已经确立的价值目标，也很难在立法中得到贯彻。

2011年1月21日颁布实施的《征收条例》在总则第三条中规定："房屋征收与补偿应当遵循决策民主、程序正当、结果公开的原则。"首次明确了房屋征收的法律原则，在一定程度扭转了房屋拆迁立法的规则与政策模式，实现了立法技术上从规则到原则的转变，也为房屋征收法律制度贯彻着的自由、正义等基本价值提供了有效载体，必将在房屋征收法律体系中发挥"稳定、协调和优化"的重要作用。[2]

但是，通过行政立法程序出台的《征收条例》，即使两次向公众征求意见，并经过反复讨论，对于解决当前我国矛盾突出、利益关涉重大的房屋征收问

---

[1] 李可：《原则和规则的若干问题》，《法学研究》2001年第5期，第72页。
[2] 周佑勇：《行政法基本原则研究》，武汉大学出版社2005年版，第5页。

题,仍然力有所不逮,立法粗糙难免。而在房屋征收法律原则问题上,也表现出了进步中的诸多不足。

第一,原则地位不明。《征收条例》第二条规定:"为了公共利益的需要,征收国有土地上单位、个人的房屋,应当对被征收房屋所有权人(以下称被征收人)给予公平补偿。"补偿问题是房屋征收法律制度的重心,补偿适用公平原则还是在公正原则下确定补偿标准,均有很大的讨论空间。《征收条例》在总则部分通过独立却不明确其原则地位的方式规定补偿问题,既可以将其理解为重视补偿问题的处理,该"公平补偿"要求仍然具有原则地位,也可以将其视作对补偿问题的标准界定,另有统摄"公平补偿"标准的征收法律原则。[1]《征收条例》第八条第一款中规定,"为了保障国家安全、促进国民经济和社会发展等公共利益的需要,有下列情形之一,确需征收房屋的,由市、县级人民政府作出房屋征收决定"。如前所述,这里的"确需"要求,反映了立法者处理公共利益与个人利益关系时对行政法必要性原则的自觉运用,而以必要性原则为内核的比例原则被称之公法上的"帝王条款",显然在房屋征收法律体系中更具有基础的、本源的地位,将之纳入法律原则体系理所当然,也更能发挥该原则通过具体制度均衡调适房屋征收中的公共利益与个人利益关系作用。《征收条例》却将这一重要原则降入规则层面,有"明珠暗投"之感,在一定程度上反映了立法者理念不清的问题,更无法在具体的制度设计中体现了。[2]

第二,原则内涵重叠。《征收条例》规定的"决策民主""程序正当"与"结果公开"三原则之间,并不存在相互独立的属性,主要问题就在于内涵重叠。"程序正当"又可称之为"正当程序""程序正义",其内容最低限度包括"程序中立性、程序参与性和程序公开性"。[3] "决策民主"依《国务院关于加强法治政府建设的意见》(国发〔2010〕33号)要求,主要指的是"公众参与、专家论证、风险评估、合法性审查和集体讨论决定"应作为重大决策的必经程序。具

---

[1] 国务院第一次公开征求意见稿第五条规定:"房屋征收与补偿应当遵循决策民主、程序正当、补偿公平、结果公开的原则。"正式出台的《征收条例》将"补偿公平"单独列入总则条文,应当符合前一理解,在立法者看来,"补偿公平"应当具有房屋征收法律原则的地位。不过笔者认为更应该作后一理解,具体参见论文本章第三节及第五章第一节、第二节论述。

[2] 《征收条例》第一次公开征求意见稿中并无此规定,而是在第二次公开征求意见稿加入。实际上,作者在第一次公开征求意见期间曾经撰文讨论这一原则问题。参见顾大松:《国有土地上房屋征收与补偿条例》(征求意见稿)修改建议》,《西部法学评论》2010年第3期。

[3] 周佑勇:《行政法基本原则研究》,武汉大学出版社2005年版,第257页。

体落实到《征收条例》中,其核心内容就是第十一条规定,即"市、县级人民政府应当将征求意见情况和根据公众意见修改的情况及时公布。因旧城区改建需要征收房屋,多数被征收人认为征收补偿方案不符合本条例规定的,市、县级人民政府应当组织由被征收人和公众代表参加的听证会,并根据听证会情况修改方案等"。这一要求与已有的"程序正当"原则所包含的"程序参与性"并无本质区别。而"程序正当"原则中"程序公开性"内涵所指向的行政公开原则,不仅包括房屋征收的结果公开,同时也包含了房屋征收过程的公开,显然比条例中的"结果公开"原则更具有全面性。[1] 由此论之,《征收条例》第三条规定的三原则,完全可以"程序正当"原则概括之。

第三,制度与原则矛盾。《征收条例》第三条确立的"程序正当"原则,其"程序中立性"要求就是避免偏私[2],但是,《征收条例》却在排除建设单位参与征收活动的意图下,将市、县级人民政府确定为房屋征收与补偿主体(即征收人,第四条),房屋征收决定由征收人自行作出(第八条),而与被征收人达不成补偿协议则由征收人作出补偿决定(第二十六条),政府既作为补偿主体,又作为征收决定作出主体,即使在房屋征收活动过程充分保障被征收人的参与,也很难避免偏私。这也是《征收条例》立法的最大缺陷,正是在此意义上,有人将其称之为"市长稿"。[3] 同时,《征收条例》所设计的听取被征收人及社会公众意见程序以"补偿方案"而非"房屋征收决定"为对象,而在城市房屋拆迁制度中已经得到明确的被拆迁人听证权利,仅仅在旧城区改建类型中得到体现,即"多数被征收人认为征收补偿方案不符合本条例规定的,市、县级人民政府才应当组织由被征收人和公众代表参加的听证会,并根据听证会情况修改方案"(第十一条)。这与《国务院关于加强法治政府建设的意见》明确要求的"完善重大决策听证制度,扩大听证范围,规范听证程序,听证参加人要有广泛的代表性,听证意见要作为决策的重要参考",显然存在矛盾。

不过,《征收条例》有关法律原则的立法"遗憾"甚至"错误",并不阻滞征收法律原则的完整呈现。

从表面上看,法律原则可以由立法机关"写入"法条中,但是从严格意义

---

[1] 实际上2008年5月1日实施的《中华人民共和国政府信息公开条例》所设定的信息公开制度,已经处理了这一"结果公开"问题。
[2] 周佑勇:《行政法基本原则研究》,武汉大学出版社2005年版,第257页。
[3] 刘克希:《拆迁条例二稿是典型的"市长稿"》,《扬子晚报》2010年12月30日。

上讲,法律原则不是"制定"的,而是"形成"的。〔1〕法律原则"存在于法律职业和公众当中不受时间限制地产生的适当性的思想意识之中""这些原则继续拥有的力量,乃是依靠这种被保持着的适当性的思想意识"。〔2〕在制定法之外,仍然具有征收法律原则形成的社会空间。同时,任何法律原则均是法律体系之内的原则。《征收条例》虽然是我国征收法律体系中的重要组成部分,但是并不代替我国《宪法》《立法法》《土地管理法》《物权法》等法律有关征收的规定、立法精神中呈现的房屋征收法律原则。

因此,基于现有房屋征收法律体系的分析,本书认为房屋征收法律原则包括法律保留原则、必要性原则、公正原则与适足住房权保障原则。其中,法律保留原则主导房屋征收法律体系的完善,必要性原则均衡处理房屋征收法制中公共利益与个体利益的关系,公正原则从实体与程序两方面统摄房屋征收中的权利保护问题,而适足住房权保障原则更关注被征收房屋所承载的人权属性。以下各节将就此一一展开。

第二节 房屋征收法律保留原则

一、房屋拆迁立法的失序与混乱

作为《征收条例》的前身,城市房屋拆迁的立法过程中充斥着失序与混乱。

二十世纪八十年代初,由于社会主义法制建设的进一步发展,各地方纷纷制定城市房屋拆迁法规。1991年国务院颁布《拆迁条例》,标志着独立的城市房屋拆迁制度的形成。但是,由于城市房屋拆迁立法受我国社会主义法制不同历史进程影响,存在着诸多重大缺陷。

第一,宪法规定进退失据。早期的房屋拆迁规范附属于土地征用制度,与1954年、1975年、1978年宪法土地征用条款衔接。但是,在1982年宪法将城市土地收归国有后,其中的土地征用条款仅适用于集体土地征为国有土地情形,各地方的城市房屋拆迁立法即处于无宪法依据状态。2004年第二十二条宪法修正案中"国家为了公共利益的需要,可以依照法律规定对公民

---

〔1〕 李可:《原则和规则的若干问题》,《法学研究》2001年第5期,第72页。
〔2〕 参见[美]罗纳德·德沃金,潘汉典译:《论规则的模式——略论法律规则与原则、政策的法律效力,批判实证主义》,《环球法律评论》1982年第2期。

的私有财产实行征收或者征用并给予补偿"条款,更增加了城市房屋拆迁制度自身地位的尴尬,引发社会要求审查《拆迁条例》违宪的活动。

第二,立法依据混乱。二十世纪八十年代初各地方的城市房屋拆迁立法,在确立立法依据时就存在着普遍的混乱。如《上海市拆迁房屋管理办法》(1982年10月20日颁布,1982年11月8日实施,1987年1月13日失效)第一条明确其制定依据系《国家建设征用土地条例》。[1]而大部分城市房屋拆迁法规对其立法依据则语焉不详,比较典型的有北京市人民政府1982年12月25日颁布《北京市建设拆迁安置办法》第一条规定:"根据国家有关法律、法令的规定,按照拆迁安置工作既要保证建设的需要,又要对被迁单位和被迁户进行合理安置的原则,结合本市实际情况,制定本办法。凡在本市进行建设拆迁,一律按本办法办理拆迁安置工作。"而1991年颁布的《拆迁条例》也未能交待其明确立法依据,导致了现行城市房屋拆迁制度在法律依据层面的缺失。

二、房屋征收法律保留原则的确立及内涵

2000年3月15日,第九届全国人民代表大会第三次会议通过了《立法法》,该法第八条规定"对非国有财产的征收"只能制定法律,第九条又规定"本法第八条规定的事项尚未制定法律的,全国人民代表大会及其常务委员会有权作出决定,授权国务院可以根据实际需要,对其中的部分事项先制定行政法规,但是有关犯罪和刑罚、对公民政治权利的剥夺和限制人身自由的强制措施和处罚、司法制度等事项除外"。上述两条规定,实际确立了非国有财产征收的法律保留原则,为我国解决前述城市房屋拆迁立法中的失序与混乱奠定了基础。

根据《立法法》上述两条及相关规定,这一原则可以从三方面予以理解。

第一,一般情形下,涉及非国有财产的征收立法,只能由全国人民代表大会或全国人民代表大会常务委员会制定法律予以规范,其他任何主体无权制定。

第二,非国有财产征收法律尚未出台时,全国人大及其常务委员会可以授权国务院就其中部分事项制定行政法规。这里,实际上包括两方面要求:

---

[1]《上海市拆迁房屋管理办法》第一条:"为保证国家建设和城市改造的需要,妥善处理拆迁房屋中的问题,根据国务院颁发的《国家建设征用土地条例》的有关规定,结合本市实际情况,特制定本办法。"类似的还有广东省人大常委会1984年11月22日颁布实施的《广州市国家建设征用土地和拆迁房屋实施办法》。

全国人大及其常务委员会的授权决定只有在不存在非国有财产征收人大立法的情况下作出;接受授权的国务院不得再行转授权给其他机关进行非国有财产征收立法。

第三,非国有财产征收的授权立法属于暂时性立法,最终应由全国人大或全国人大常务委员会制定非国有财产征收法律代替行政法规。《立法法》第十一条规定:"授权立法事项,经过实践检验,制定法律的条件成熟时,由全国人民代表大会及其常务委员会及时制定法律。法律制定后,相应立法事项的授权终止。"这说明,法律保留事项仍需要全国人大及其常务委员会制定法律规范,方能实现其主要目的——"保证国家立法的至上性,划定立法机关与行政机关在创制规范方面的权限秩序"[1]。

三、法律保留原则下房屋征收立法的缺失

2007年3月16日颁布的《中华人民共和国物权法》第四十二条规定:"为了公共利益的需要,依照法律规定的权限和程序可以征收集体所有的土地和单位、个人的房屋及其他不动产。"该条规定一方面实现了对旧城市房屋拆迁活动的定性,另一方面则具体化了房屋征收法律保留原则,将房屋纳入《立法法》第八条规定的"非国有财产"范围,需要"依照法律规定的权限和程序征收",明确了房屋征收立法目标。在《物权法》颁布之后,为推进房屋征收立法,2007年8月30日第十届全国人民代表大会常务委员会第二十九次会议通过了《全国人民代表大会常务委员会关于修改〈中华人民共和国城市房地产管理法〉的决定》:"第十届全国人民代表大会常务委员会第二十九次会议决定对《中华人民共和国城市房地产管理法》作如下修改:在第一章'总则'中增加一条,作为第六条:'为了公共利益的需要,国家可以征收国有土地上单位和个人的房屋,并依法给予拆迁补偿,维护被征收人的合法权益;征收个人住宅的,还应当保障被征收人的居住条件。具体办法由国务院规定。'本决定自公布之日起施行。"全国人大常委会这一决定,为国务院制定国有土地上房屋征收法规提供了授权依据,直接体现了房屋征收法律保留原则。

但是,仔细考察上述过程及现行房屋征收立法进程,特别是从法律保留原则角度观之,仍然存在如下问题:

第一,立法怠惰。全国人大制定《物权法》时,通过该法四十二条规定,将

---

[1] 周佑勇:《行政法基本原则研究》,武汉大学出版社2005年版,第188页。

城市房屋拆迁行为明确定性为房屋征收,直接推动了房屋征收立法,发挥了至关重要的作用。但是,全国人大及其常务委员会作为民意机关,依法律保留原则要求,其对于涉及公民基本权利的房屋征收立法仍然应该有所作为,即使授权国务院制定行政法规时,也应对房屋征收立法的核心问题作进一步规定,发挥授权决定的积极作用。如《宪法》中明确的征收公共利益标准,人大立法就应在《物权法》立法时或《城市房地产管理法》中的授权决定中予以细化,而不是简单地将这一重要问题交由国务院通过行政立法程序确定。同时,由于《物权法》第四十二条规定对城市房屋拆迁的定性与《拆迁条例》相关规定有着重大的区别,人大常委会作出授权决定时必须考虑《物权法》实施后的冲突问题,应当对国务院制定新行政法规代替《拆迁条例》有明确的时间要求,以避免法律适用的混乱。[1]

即使全国人大常委会于2007年8月30日通过决定授权国务院制定衔接《物权法》第四十二条的房屋征收行政法规,但是国务院并未于2007年10月1日颁布新的行政法规,以代替2001年颁布实施的《拆迁条例》。社会公众不禁疑惑:《物权法》实施后,《拆迁条例》是否当然失效了呢?[2] 如有学者就认为,《拆迁条例》应自动失去效力。[3] 而国务院法制办就此问题,仅于2009年才通过回答网民咨询方式明确:"2001年6月13日发布的《城市房屋拆迁管理条例》有效。"由此可见,国务院获得立法授权后,未能及时颁布代替《拆迁条例》的房屋征收行政法规,引发了法律适用的混乱,这里显然存在行政立法懈怠。当然这种懈怠,也与前述全国人大常委会授权决定的立法怠惰不无关系。因此,全国人大常委会在进行类似立法授权时,借鉴西方国家的"立法催生条款"或"日落条款",限期完成立法事项,就显得尤为重要。

第二,遗漏集体土地上的房屋征收立法问题。《物权法》第四十二条规定的房屋征收范围,不限于国有土地上的房屋,同时也包括集体土地上的房屋。也就是说,因为公共利益的需要,国家依法征收集体土地上的单位、个人的房屋所有权并予以补偿的行为,仍然属于房屋征收的立法范围。

---

[1] 如时任建设部部长的汪光焘受国务院委托向全国人大常委会作修改《城市房地产管理法草案》说明时就曾表示,《拆迁条例》和《物权法》的有关规定不一致,《物权法》实施后会面临停止执行的问题,城市房屋征收与拆迁工作可能出现无法可依的状况。

[2] 江苏省人大法工委副主任委员刘克希就在《物权法》生效的第二天接受记者采访时提到:"国务院2001年公布的《城市房屋拆迁管理条例》与物权法有关规定不一致。"在一定程度上反映了社会的态度。见2007年10月2日《扬子晚报》。

[3] 学者梁慧星接受记者采访时的意见。见2009年12月11日《新京报》。

城市房屋拆迁纠纷引发的社会矛盾已经得到社会的普遍关注，进而推动了《征收条例》的出台。但是，同样冲突频发的农村房屋拆迁，却存在诸多法律困境。一方面，由于土地征收相关程序、补偿及救济机制极为粗疏，既有的附属于土地征收制度的农村房屋拆迁纠纷得不到有效的解决。另一方面，针对农村房屋的非征地拆迁在我国许多地方纷纷出现，有"城中村改造"名义，也有"旧村改造""土地整理（主要表现为'城乡建设用地增减挂钩试点'引发的拆迁）"等名义，且大多只具有层级较低的文件依据，存在法律依据缺失、程序混乱、补偿偏低、纠纷频发的普遍现象，急需依据《立法法》确定的征收法律保留原则要求，探讨通过城乡统一的房屋征收立法予以规范。但是，人大常委会未能按照《物权法》对房屋征收的统一处理，一并处理国有与集体土地上的房屋征收立法问题，不能不说是一大遗憾。[1]

第三，行政规范越权创设房屋征收。在国务院迟迟未能出台代替《拆迁条例》的行政法规情况下，湖南省长沙市于2009年7月1日，以《物权法》为依据，颁布了《长沙市国有土地上房屋征收与补偿安置工作规定》（长政发〔2009〕21号），并据此实施房屋征收。据相关报道，长沙市这一举措还得到了最高人民法院、湖南省高级人民法院的支持。[2]但是，在国务院未依授权立法制定行政法规情形下，类似长沙市政府这种直接通过行政规范创设房屋征收法律制度的行为，显然不符合法律保留原则的要求。

首先，《立法法》设定的房屋征收立法主体具有排他性。法律保留原则以议会民主原则为前提，以法治国家为基础，其核心理念则是公民基本权利的保障。[3]因此，在绝对保留的情况下，只有作为民意机关的全国人民代表大会及其常务委员会才能进行房屋征收立法，而在相对保留情形下，也只有最高国家行政机关根据全国人大常委会的授权才能进行房屋征收立法。也就是说，根据《立法法》第八条、第九条规定，房屋征收立法主体限于三类，即全国人大、全国人大常委会及获得授权的国务院，其他任何主体不能创设房屋征收法律制度。因此，《长沙市国有土地上房屋征收与补偿安置工作规定》第一条宣称："根据《中华人民共和国物权法》和《中华人民共和国城市房地产管

---

〔1〕 如国土资源部2008年前推出的城乡建设用地增减挂钩试点，因为未能规范地法律约束，很快在地方用地饥渴症的胁迫下走样变形，在某些地方产生对农村房屋大拆大建、侵害农民利益的负面效应，并最终迎来一场大清理。见2011年2月19日《经济观察报》。

〔2〕《拆迁变法下的长沙征收样本》，《南方周末》2010年1月27日。

〔3〕 周佑勇，伍劲松：《论行政法之保留原则》，《中南大学学报》（社科版）2004年第6期。

理法》及有关法律、法规的规定,结合我市实际,制定本工作规定。"这显然系对法律保留原则的错误理解,其主体身份显然不适格。

其次,直接导致相关行政活动处于违法状态。传统意义的法律保留原则,其集大成者为德国学者奥托·迈耶。他提出了法律保留(Vorbehalt des Gesetzes)的概念,认为行政权必须依附在法律之下,行政只有获得法律的授权,方能干涉人民的自由与财产。在此意义上,人们又称法律保留原则为积极的依法行政原则,可简而概之为"无法律,则无行政"。《长沙市国有土地上房屋征收与补偿安置工作规定》共十九条规定,具体规定了房屋征收程序,并明确了房屋征收决定、房屋征收补偿安置决定、房屋征收行政强制执行行为的有权机关,直接赋予了相关主体的行政权,而这在《物权法》《城市房地产管理法》上均无依据,必然导致相关行为依律依据的欠缺,处于违法状态。

第三节 房屋征收必要性原则

一、作为公法"帝王条款"的必要性原则

必要性原则又称最少侵害原则,是指行政行为不超越实现目的之必要程度,也即为达成目的面对多种可能选择的手段须尽可能采取影响最轻微的手段。该原则的基本要求在于使用"最不激烈手段"或者"最温和手段"。如对于违法的企业,行政机关可依法给予罚款、吊销执照或者责令停产停业的处罚,如果只需对企业处以罚款即可达到制裁和防止其违法的效果时,行政机关即不得施以"责令停产停业"等其他影响过烈的行政处罚方式。该原则意在防止行政机关在作决定时对公民或组织权利影响"小题大做"。正如德国谚语所说"不可用大炮打小鸟",也与我国俗语所说的"杀鸡焉用牛刀"是同一意思。必要性原则要求一方面必须采取最轻微手段,另一方面要求只有在最后关键时刻而不得不采取激烈手段(无其他可行及慎重的手段取舍)。

必要性原则是公法中"帝王条款"——比例原则的下位概念。比例原则是讨论一个涉及私权的公权力目的与所采取的手段之间,有无存在一个相当的比例的问题,一般认为包括三个子原则:妥当性原则、必要性原则以及均衡原则(狭义比例原则)。其中妥当性原则是指一个法律的手段可以达到目的;均衡原则是指一个措施虽然是达成目的所必要的,但是不可以予以人民过度之负担,所谓过度之负担是指法律所追求的目的和所使用之方法,在造

成人民权利损失方面,是不成比例的。必要性原则相对于妥当性原则与均衡原则而言,在行政法制度及实践中的运用更为常见。

二、房屋征收必要性原则的依据

(一)历史依据

在我国1958年的《国家建设征用土地办法》第三条中规定:"国家建设征用土地,必须贯彻节约用地的原则。一切目前可以不举办的工程,都不应该举办;需要举办的工程,在征用土地的时候,必须精打细算,严格掌握设计定额,控制建筑密度,防止多征、早征、杜绝浪费土地。凡有荒地、劣地、空地可以利用的,应该尽量利用;尽可能不征用或者少征用耕地良田,不拆或者少拆房屋。"这一条规定虽然没有明确提出必要性原则系土地征收法律原则,但从该条文字里行间,显然可以看到必要性原则的具体表现。因此,征收必要性要求,在我国早期土地征收立法中即有体现,这可以视作房屋征收必要性原则的历史依据。

(二)相关法律的规定

在《中华人民共和国中外合资经营企业法》《中华人民共和国台湾同胞投资保护法》《中华人民共和国外资企业法》中,则有财产征收必要性原则的体现。如《中华人民共和国中外合资经营企业法》(2001年修订)第二条第三款规定:"国家对合营企业不实行国有化和征收;在特殊情况下,根据社会公共利益的需要,对合营企业可以依照法律程序实行征收,并给予相应的补偿。"在《中华人民共和国台湾同胞投资保护法》第四条规定:"国家对台湾同胞投资者的投资不实行国有化和征收;在特殊情况下,根据社会公共利益的需要,对台湾同胞投资者的投资可以依照法律程序实行征收,并给予相应的补偿。"《中华人民共和国外资企业法》第五条规定:"国家对外资企业不实行国有化和征收;在特殊情况下,根据社会公共利益的需要,对外资企业可以依照法律程序实行征收,并给予相应的补偿。"可见,前述法律均一致规定,一般情况下不进行财产征收,只有在特殊情况下,根据社公共利益的需要才予以征收,这体现了征收必要性原则的基本要求,应是我国财产征收必要性原则于具体法律中的体现。

(三)宪法修正案的精神

2004年我国第二十二条宪法修正案公布后,现行宪法第十三条内容变更为第一款规定:"公民的合法私有财产不受侵犯。"第二款规定:"国家依照法律规定保护公民的私有财产权和继承权。"第三款才是有关征收的规定："国家为了公共利益的需要,可以依照法律规定对公民的私有财产实行征收或者征用并给予补偿。"根据宪法财产征收条款的位阶,我们可以看到,国家保护公民合法财产不受侵犯是一般原则,而因公共利益需要而征收、征用是例外。这显然也反映了宪法对于财产征收的必要性原则要求。

因此,必要性原则不仅在历史与现实中的具体法律制度中有所体现,我国2004年宪法修正案更是蕴含着征收必要性原则的基本内核,因此房屋征收作为作为财产征收的一种类型,当然也有必要性原则的适用空间。

三、房屋征收中必要性原则的适用

房屋征收作为国家公权力的具体表现,以强制性为后盾,国家可以在违背被征收人意愿的情况下通过单方行为实现目的。因此,如果被征收人拒绝配合,国家可以动用强制手段强迫被征收人搬迁。但是,征收人在房屋征收过程中行使带有强制性的征收权,并不表示征收人在任何一个征收项目,对每一个被征收人行使强制权。国家征收权的强制性只能在必要时方可显现,方符合我国宪法及相关法律对征收权的基本要求。具体而言,房屋征收必要性原则具体体现在如下几大方面：

第一,如果通过其他方式能够实现征收目的,征收程序尽量不启动。房屋征收以取得被征收房屋占地范围土地使用权为表象,但其目的是公益项目的实现。而公益建设项目可以选择闲置土地或者没有建筑物的空地,不一定通过拆除已有建筑进行建设,如《国家建设征用土地办法》第三条中规定的"凡有荒地、劣地、空地可以利用的,应该尽量利用;尽可能不征用或者少征用耕地良田,不拆或者少拆房屋"。同时,如果能够通过非征收方式如协议购买、置换取得被征收房屋,国家也可以不启动房屋征收程序。

第二,征收范围以公益建设项目必需为限。被征收房屋对于个人或单位而言,均是其生活工作所必需,如果遇到征收,不仅是财产的损失,同时也是其生活工作环境的重大变迁,对其影响是多方面的。"故土难离",是中国人根深蒂固的传统。现行房屋征收制度对被征收人的补偿主要限于财物补偿,对其生活工作上的不变仍然没有充分考虑,因此补偿对于被征收人而言仍然属于相当补偿,而非充分补偿。也就是说,房屋征收对于被征收人而言,的确意味着一种牺牲,而非在公开市场上的等价交换。因此,征收范围应以公益项目必需为限制,不能为了实现某些好大喜功的大广场、大绿地政绩工程,而不切实际地扩大征收范围。

当然,如果从保护被征收人权益角度,征收范围的适当扩大与必要性原则之间并不冲突,如当征收范围外的房屋价值因为征收项目而价值严重受损时,应当允许适当扩大征收范围,将原定征收范围外的房屋纳入征收对象一并征收。这在国外称为"附带征收",其出发点仍然是保障被征收人合法权益的需要。

第三,补偿协商程序应为拆迁补偿决定的前置条件。在城市房屋拆迁实践中,拆迁人在申请拆迁行政裁决时,是否经过与被拆迁人的协商程序是申请条件之一,如建设部《城市房屋拆迁行政裁决工作规程》(简称《拆迁裁决工作规程》)第五条规定,拆迁人申请行政裁决时,应当提交"与被申请人的协商记录"及"未达成协议的被拆迁人比例及原因"。《拆迁裁决工作规程》将拆迁人协商记录作为申请拆迁行政裁决的必要条件,并要求拆迁人说明未达成协议的被拆迁人比例及原因,即在于督促拆迁人尽量通过与被拆迁人自愿协商签订协议,而避免拆迁行政裁决等行政权的作出。《征收条例》并未确定征收部门与被征收人的补偿协议程序与提请征收人作出征收补偿决定程序之间的关系,并未设定补偿协议程序系补偿决定的前置程序,也无被征收人就补偿内容讨价还价的空间。但是,借鉴旧城市房屋拆迁实践经验,同时比较征收补偿协议程序与征收补偿决定程序的强制性特性,补偿协议程序仍然应该是征收补偿决定的前置程序。也就是说,如果征收部门需要提请征收人作出征收补偿决定,其申请时应当提交与被征收人的协商记录,同时,为了确保征收部门进行了实质性的协议程序而非走过场,同时应当如《拆迁裁决工作规程》第五条规定一样要求其提交未订立协议的被征收人比例及原因说明。

第四,强制搬迁程序中仍然允许订立补偿协议。征收补偿决定作出后,如果被征收人仍然拒绝搬迁,强制搬迁已经是征收程序最后的选择。但是,并不表示进入强制搬迁程序即无其他方式实现征收的必要。如果被征收人在强制搬迁程序启动后有与征收部门达成征收补偿协议的意愿,征收部门仍然应当积极配合订立补偿协议,而不能因已有补偿决定而拒绝被征收人的主动。

当然,由于上述情况下对于被征收人的补偿存在既有征收补偿决定,也有征收补偿协议,两者效力不能并存,应当在订立补偿协议时,由征收人撤销补偿决定。

第五,实施强制搬迁应对被征收人实现最小影响。城市房屋拆迁实践中,经常因为被拆迁人抗拒强制拆迁而发生冲突,暴力抗拒拆迁的被拆迁人往往被行政拘留或判刑。对于被拆迁人而言,暴力抗拒拆迁的确有违国家法令,但被行政拘留或承担刑事责任往往对其又是更大的伤害。因此在实施强制搬迁时,实施主体应有充分的准备,遏止被征收人暴力抗拒搬迁的可能,并通过劝导、说服的方式实施搬迁,以实现强制搬迁的和平进行。

第四节 房屋征收公正原则

一、公正原则与征收制度的共生关系

法律以公正为基本价值追求。而对于征收制度而言,公正原则更有其特殊的意义。可以这么说,无公正原则,则无现代征收法律制度。

1787年8月法国人权宣言第十七条规定:"私人财产神圣不可侵犯,除非当合法认定的公共需要所显然必需时,且在公正而预先赔偿的条件下,任何人的财产不得受到剥夺。"嗣后法国宪法、民法等对于公用征收采用同样的规定,其第一部公用征收法令《土地征收法》,即由拿破仑建议,于1810年3月8日公布,为欧洲最初关于公用征收的基本法律,也使法国成为世界各国公用征收制度形成最早的国家。法国人权宣言所确定的"公正赔偿"即成为指导其公用征收制度的原则,影响法国公用征收制度始终。深受法国大革命影响的美国建国者,在其通过的第五宪法修正案中规定:"未经公正补偿,不得将私人财产征为公用。"这一条款又称为"征收条款"。在这一条款中,公正的补偿与公用属性,系征收成立的充要条件。在这个意义上,公正原则直接成为规范美国征收制度的基本原则。

在上述两国中,法国作为成文法系国家代表,而美国则为非成文法系国家典型,均设定了征收补偿的公正要件。可见,现代征收制度形成之初,即受到了公正原则的强力约束。

二、房屋征收公正原则的内涵

与征收制度存在共生关系的公正原则,在我国房屋征收制度中也发挥着基础性作用。在公正原则的程序与实体要求两个方面,人们往往更能认同程序公正,因此,房屋征收公正原则首先体现在程序方面。

对于程序公正,英国自然公正原理就以浅显的语言表述其核心思想,即"任何人不能成为自己行为的法官"与"作出不利处理决定应听取被处理人的

意见"两大方面的含义。许多著名学者也对此有过许多非常经典而全面的论证。从行政法角度,笔者认同这样的观点,即程序公正要求行政权力的运行必须符合最低限度的标准,包括避免偏私、行政参与和行政公开三项要求。[1] 这一认识既体现了英国自然公正原理的基本内核,同时也科学地揭示了公开与公正之间的内在联系,重新定位了房屋征收公开的性质,为构建我国房屋征收法律制度提供了可行的操作进路。

在另一方面,征收公正原则的实体表现,又与征收补偿处于共生关系。对于补偿的表述,人们往往将"公平补偿"与"公正补偿"交互使用,导致人们不能准确理解房屋征收公正原则的实体意义。[2]

笔者认为,如果在宽泛意义上使用"公正",特别是将其等同于"正义"时,"公正"包含了"公平",在某些情形下二者可以混用。但是,如果将"公正"与"公平"放在同一位阶上来比较,则存在明显的区别。如香港大法官李宗锷在通俗本《香港日用法律大全》中就曾经这样形象地类比:"公正和公平是两个不同的概念。譬如有五部汽车在同时同地违例泊车,警员只检控其中一部汽车的司机,该名被告司机可能抱怨,检控不公平,因其他相同违法者没有被同时检控。但法庭只有该名被告的案件,法官只能根据该名司机的所作所为,判决他是否违例泊车。如果事实上该司机的确违例泊车,法庭将他定罪便是公正的判决。其他违例泊车的司机没有受罚,虽然对被告司机而言不公平,却不算司法不公正。"[3] 具体到房屋征收领域,如果补偿对被征收人而言,是一种得当所得,即为公正。但是,如果同样情况的被征收人未能取得同样的补偿,或者不同情况的被征收人未能取得不同的补偿,就是不公平。也可以说,公正补偿是一种内在标准,而公平补偿则是一种外在标准。

不过,由于征收补偿问题的特殊性,简单地以"内在""外在"为标准区别补偿的公正原则,仍然存在困难。特别是被征收人的损失主要系以社会为衡

---

[1] 周佑勇:《行政法基本原则研究》,武汉大学出版社2005年版,第248页。

[2] 很多人翻译美国第五宪法修正案,既有"公正补偿",又有"公平补偿",甚至还有"合理补偿",容易让人困惑。如对于法国1789年《人权宣言》第十七条翻译为"财产是神圣不可侵犯的权利,除非当合法认定的公共需要显系必要时,且在公平而预先补偿的条件下,任何人的财产不得受剥夺"。1804年《法国民法典》第五百四十五条同样的内容,却又表述为"任何人不得被强制出让其所有权。但因公用,且受公正并事前的补偿时不在此限"。

[3] 李宗锷:《香港日用法律大全》,商务印书馆(香港)有限公司1995年版,第88页。转引自林莉红:《行政处罚显失公正新论》,《华中理工大学学报》(社会科学版),1999年第1期,第65页。

量标准,而非简单化地以内在因素为衡量标准。如根据《拆迁条例》相关规定,确定被拆迁人补偿标准为被拆迁房屋房地产市场评估价值,也就是说,以内在标准为衡量,以被拆迁房屋房地产市场评估价补偿被拆迁人,是公正的。但是,由于市场评估价就是在社会群体中形成的,当拆迁范围一旦划定,由于环境、配套等因素的改变,周边未纳入拆迁范围的房屋市场价格就会骤然上升。对于被拆迁人而言,即使其被拆迁房屋补偿价系拆迁公告时点的公开市场价格,但其获得的补偿却不能在同样的地段买到同样的房屋了,这又很难说是公正的。而在城市房屋拆迁实践中,也经常出现签订拆迁协议在先的被拆迁人这样的疑问:为什么我先签订协议就拿得少,别人后签协议就拿得多?虽然协议价格仍然是市场评估基础。

因此,征收补偿的实体公正,更需要放在一个大的包括被征收人、社会公众的外在角度予以判断,而不能限于内在的角度。在这个意义上,笔者以为,伴生英法等西方征收制度的公正原则,更宜从广义角度予以理解,既包括征收程序要求,也包括征收补偿要求。国内常用的三公原则,从便于理解的角度有一定的意义,如公正原则主要指征收程序,公平原则主要指实体补偿。不过,依笔者观点,鉴于补偿在房屋征收中的特别意义,对于补偿使用广义的"公正原则"是妥当的。也就是说,房屋征收公正原则,既包括征收补偿的程序要求,也包括征收补偿的实体要求,《征收条例》第二条中的"公平补偿"与第三条中的"程序正当"实际上就是一个房屋征收公正原则的具体表现。

三、房屋征收公正原则的适用

公正原则不仅在历史过程中与征收制度存在共生关系,在我国的房屋征收制度也应居于基础性的本源地位。任何房屋征收制度配置脱离公正原则的指引,必将导致征收实践的困境。

具体而言,房屋征收中公正原则的适用主要体现在如下几方面:

（一）征收公权与私权的分离

在城市房屋拆迁制度中,拆迁主管部门与拆迁当事人分属不同性质的主体地位:拆迁主管部门依照法规授权行使拆迁许可权、拆迁裁决权,系拆迁行政主体;以拆迁人和被拆迁人为核心的拆迁当事人则属民事主体,即使行政机关作为建设单位的公益项目,行政机关也仅以机关法人的民事主体身份存在。同时,2001年《拆迁条例》第十条规定,房屋拆迁管理部门不得作为拆迁人,不得接受拆迁委托。而2001年《拆迁条例》第十六条也规定,如果房屋拆迁部门是被拆迁人的,由同级人民政府裁决。这是城市房屋拆迁制度区分拆迁公权与私权,以体现拆迁公正的制度设置。

《征收条例》第四条规定:"市、县级人民政府负责本行政区域的房屋征收与补偿工作。市、县级人民政府确定的房屋征收部门(以下称房屋征收部门)组织实施本行政区域的房屋征收与补偿工作。"第八条规定:"为了保障国家安全、促进国民经济和社会发展等公共利益的需要,……确需征收房屋的,由市、县级人民政府作出房屋征收决定。"这两条规定将房屋征收公权的行使者与房屋征收中的私权混淆,市、县级人民政府既是作出房屋征收决定的公权主体,同时也是房屋征收补偿义务主体。更有甚者,《征收条例》第二十六条规定:"房屋征收部门与被征收人在征收补偿方案确定的签约期限内达不成补偿协议,或者被征收房屋所有权人不明确的,由房屋征收部门报请作出房屋征收决定的市、县级人民政府依照本条例的规定,按照征收补偿方案作出补偿决定,并在房屋征收范围内予以公告。"也就是说,市、县级人民政府不仅是房屋征收决定的作出者,同时也作为补偿义务主体决定其与被征收人之间的补偿争议。这显然有悖于征收公正原则的要求,实际上也是在既有城市房屋拆迁制度基础上的倒退。

(二)确保被征收人的有效参与

房屋征收决定对被征收人及其他利害关系人的权益构成重大影响,因此房屋征收决定应当事前告知,并允许其通过各种程序表达意见。这是正当程序中参与原则的基本要求——"参与原则是指受行政权力运行结果影响的利害关系人有权参与行政区域权力的运行过程,表达自己的意见,并对行政权力运行结果的形成发挥有效作用"[1]。

《征收条例》设定了征收补偿方案的公告及征求意见程序,旧城区改建时的听证程序,以听取利害关系人的意见,以体现房屋征收的公正。如《征收条例》第十条规定:"房屋征收部门拟定征收补偿方案,报市、县级人民政府。市、县级人民政府应当组织有关部门对征收补偿方案进行论证并予以公布,征求公众意见。征求意见期限不得少于30日。"第十一条规定:"市、县级人民政府应当将征求意见情况和根据公众意见修改的情况及时公布。因旧城区改建需要征收房屋,多数被征收人认为征收补偿方案不符合本条例规定的,市、县级人民政府应当组织由被征收人和公众代表参加的听证会,并根据

---

[1] 周佑勇:《行政法基本原则研究》,武汉大学出版社2005年版,第256页。

听证会情况修改方案。"

但是,这种设计在保障被征收人有效参与方面仍然有欠缺。如在旧城市房屋拆迁实践中,被拆迁人根据《行政许可法》相关规定享有申请对拆迁许可的听证权,也就是说,在拆迁主管部门接受拆迁许可的申请后,如果被拆迁人作为该行为的利害关系申请听证,拆迁主管部门必须启动正式听证程序,保障被拆迁人表达意见。但是,《征收条例》并没有明确赋予被征收人及其他利害关系人对征收决定的听证权,仅只是规定征收人对征收补偿方案的意见表述程序,即使是在少数情况下的听证程序,也是由作出征收决定的政府组织,被征收人并不享有法定的听证权利。这显然在被征收人程序权利保障方面存在着不足,甚至是在旧《拆迁条例》基础上的倒退。

(三)征收补偿见"物"也要见"人"

无论是城市房屋拆迁还是房屋征收,争议最多的始终都是补偿问题。因此,力促征收补偿的公正,是解决房屋征收争议的关键。

在城市房屋拆迁制度下,有人将《拆迁条例》2001年修订后从强调产权置换到强调货币补偿的变化,形象地比喻为从"人头"到"砖头"的变化。[1] 在1991年出台的《拆迁条例》中,规定拆迁补偿应当考虑被拆迁人的人数、户口、生育和被拆迁房屋的情况等因素,拆迁补偿实质上是对被拆迁人的安置。而2001年修订后的《拆迁条例》的补偿则主要以被拆迁房屋的市场价值为基础,货币补偿以被拆迁房屋的评估价格为依据,产权置换则以被拆迁房屋的评估价格标准与拆迁人提供的产权置换房评估价格比较,多退少补。可见,2001年《拆迁条例》修订后拆迁人主要以被拆迁房屋为标准进行补偿,并不考虑被拆迁人的人口、户口等属人因素。《征收条例》承继了2001年颁布的《拆迁条例》的补偿标准,仍然以被征收房屋的市场价值为基础确定补偿。如该条例第十九条规定:"对被征收房屋价值的补偿,不得低于房屋征收决定公告之日被征收房屋类似房地产的市场价格。被征收房屋的价值,由具有相应资质的房地产价格评估机构按照房屋征收评估办法评估确定。"第二十一条第二款也规定:"被征收人选择房屋产权调换的,市、县级人民政府应当提供用于产权调换的房屋,并与被征收人计算、结清被征收房屋价值与用于产权调换房屋价值的差价。"

---

[1] 王达,史笔主编:《城市房屋拆迁许可裁决强拆诉讼疑点诠释及典型案例》,中国建材工业出版社2004年版,第100页。

根据对广义公正原则的理解性,房屋征收补偿仍然需要考虑人的因素,而不能仅限于被征收房屋的物的因素。《物权法》第四十二条也规定:"拆迁居民个人住宅的,还应该保障居民个人居住条件。"根据这条规定,则要求房屋征收补偿处理好中被征收房屋的"物"与被征收人的"人"的因素,即要见"物"又要见"人"。如2003年发生在南京翁彪自焚悲剧,其根本原因就在于拆迁人坚持的补偿数额以被拆迁房屋为基础,翁彪坚持的补偿价格则为购买一套为一家四口人居住经济适用房的标准。翁彪惨剧后,南京市于2004年推行的"拆迁新政",就一方面强调被拆迁房屋评估的市场化原则,另一方面则推出拆迁补偿保障价,保障被拆迁人能买得起房屋。在当年的九华山项目中,最小一户面积仅10平方米左右,市价为5万余元,但依政策得到7.2万元补偿。而按照当时南京的经济适用房申购办法,7.2万元可以买到40平方米的经济适用房。[1] 这一种补偿方式,就是一种见"物"又见"人"的公正补偿。即使拆迁人以高于被拆迁房屋市场价格补偿了被拆迁人,但这种补偿发挥了保障被拆迁人"居者有其屋"作用,从"人"的角度而言,仍然是公平或者公正的。[2]

第五节 房屋征收适足住房权保障原则

一、作为人权保障载体的被征收房屋

我国现行房屋征收法律制度,以第二十二条宪法修正案为最高依据。[3]

---

〔1〕 2004年,南京市新出台的《南京市城市房屋拆迁管理办法》第二十七条第六款第(二)项规定:"被拆迁人仅有一处住宅,且获得的货币补偿金额低于本市当年最小户型标准的经济适用住房总价的(以一个房屋所有权证或者其他合法房产凭证为准),拆迁人应当按照该总价对被拆迁人予以补偿。"如在当年实施的实施细则,一个保障托底政策以考虑到低收入家庭。每户补偿总额最低不少于7.2万元。也就是,一户居民,即使只有几平方米也能得到7.2万元。九华山项目中,最小一户面积10平方米左右,得到了7.2万元。韩永宁说:"根据政策,7.2万元可以买到40平方米的经济适用房。通过这一政策,保障了每一户居民都可以居者有其屋。"

〔2〕 如就有这样的观点,政府规定被拆迁人提供超过被拆迁房屋市场价的补偿,以确保被拆迁人获得安置,就是一种违背被拆迁房屋市场评估价补偿原则的不公平。参见王达,史笔主编:《城市房屋拆迁许可裁决强拆诉讼疑点诠释及典型案例》,中国建材工业出版社2004年版,第266页。

〔3〕 2004年3月14日第十届全国人民代表大会第二次会议通过的第二十二条《中华人民共和国宪法修正案》,在我国宪法第十三条中增加一款作为第三款,即"国家为了公共利益的需要,可以依照法律规定对公民的私有财产实行征收或者征用并给予补偿"。这一宪法修正案,一方面为房屋征收立法设定了基本准则,另一方面则开启了我国房屋征收立法的宪法基础。

依该宪法条款,被征收房屋系作为被征收人所有的财产权看待,并予以保护。从宪法角度,一个完整的私有财产保护条款包括不可侵犯条款、征收征用条款和补偿条款。因此,可以这么解读,房屋征收制度的核心就在于如何确定补偿。这也是当前我国社会的普遍认识。

但是,房屋对于其使用人而言,不仅是一种财产,还有一种强烈的人权载体属性。唐代大诗人杜甫《茅屋为秋风所破歌》中的名句:"安得广厦千万间,大庇天下寒士俱欢颜!"就是以其残破茅屋为引子,推己及人,引发了普遍的共鸣,进而千古传颂。其中,房屋——即使是"茅屋"——每个"寒士"应有栖身之所的理想,成为千百年来人们不懈追求的普世价值。正是在这个意义上,我们说,房屋具有人权载体的属性。房屋不仅是"物"的问题,同时也是"人"的问题,即是"人之所以为人"的人权问题。房屋征收制度,就不得不面对房屋所承载的"居者有其屋"的人权问题。

我国于1997年签署、2001年2月28日批准的联合国《经济、社会及文化权利国际公约》第十一条第一款规定:"本公约缔约各国承认人人有权为他自己和家庭获得相当的生活水准,包括足够的食物、衣着和住房,并能不断改进生活条件。各缔约国将采取适当的步骤保证实现这一权利,并承认为此而实行基于自愿同意的国际合作的重要性。"这一条款确立了经济社会文化权利中的适足住房权的人权属性。也正是在人权高度,对于被征收对象的房屋,就不能"仅是头上有一遮瓦的住处或把住所完全视为一商品而已,而应该把它视为安全、和平和尊严地居住某处的权利。"[1]因此,房屋征收在拆除被征收人房屋的同时,必须同时保障被征收人的适足住房权,这既是我国社会几千年来的理想,也是我国加入相关国际人权公约后承担的当然义务。

二、房屋征收适足住房权保障原则的内涵

为了便于对适足住房权的理解,联合国经济、社会和文化权利委员会于1991年12月12日通过《第4号一般性意见:适足住房权》,对"适足住房权"的概念进行了全面的和权威的解释,其基本含义主要包括七个方面:即住房使用权法律保障的适当性、住房设施与居住需求的适当性、住房费用与收入的适当性、住房空间的安全健康适当性、住房机会与弱势群体的适当性、住房

---

[1] 经济、社会、文化权利委员会第六届会议(1991年)《第4号一般性意见:适足住房权》(《公约》第十一条第一款)载于 E/1992/23 号文件。汇编于联合国文献 HRI\GEN\1\Rev.7 (2004)。

地点的便利适当性和住房建筑的文化适当性。[1]

在房屋征收过程中,被征收人因公共利益的需要自行或被强行拆除其居住的房屋,其住房权受到直接的侵害。因此,在房屋征收法律制度中,作为人权保障的适足住房权显然具有更为特殊的意义。联合国经济、社会、文化权利委员会于《第4号一般性意见:适足住房权》第八条在"使用权的法律保障"部分特别强调:"使用权的形式包罗万象,包括租用(公共和私人)住宿设施、合作住房、租赁、房主自住住房、应急住房和非正规住区,包括占有土地和财产。不论使用的形式属何种,所有人都应有一定程序的使用保障,以保证得到法律保护,免遭强迫驱逐、骚扰和其他威胁。缔约国则应立即采取措施,与受影响的个人和群体进行真诚的磋商,以便给予目前缺少此类保护的个人与家庭使用权的法律保护。"因此,结合房屋征收的特点,房屋征收中适足住房保障权原则的内涵主要包括如下四大方面:

第一,房屋征收适足住房权保障原则,首先指的是征收过程中国家保障"居者有其屋"的义务。因此,启动房屋征收活动,应当进行必要性的充分论证。也就是说,征收房屋与保障"居者有其屋"的国家义务之间权衡的时候,公权力机关在决断是否进行房屋征收时,如果房屋征收的公益建设需要能够通过其他方式或者拆除非住宅房屋的情况下得以实现的话,完全可以不必启动征收权,或者不拆除居住性质的房屋。在我国早年的征收法律制度中,就有类似的明确表述,如在我国1958年1月6日国务院公布实施的《国家建设征用土地办法》[2]第三条中规定:"国家建设征用土地,必须贯彻节约用地的原则。一切目前可以不举办的工程,都不应该举办;需要举办的工程,在征用土地的时候,必须精打细算,严格掌握设计定额,控制建筑密度,防止多征、早征、杜绝浪费土地。凡有荒地、劣地、空地可以利用的,应该尽量利用;尽可能不征用或者少征用耕地良田,不拆或者少拆房屋。"

第二,房屋征收适足住权保障原则,同时也指改善居民住房系房屋征收启动的正当事由。"居者有其屋",系住房人权保障的第一层含义。联合国经社文公约设定的住房人权还有更进一层的含义,即"适足住房"。而人类住区

---

[1] 王宏哲:《适足住房权研究》,中国政法大学2007年博士论文,第17页,导师徐显明教授。更全面的内容直接参见《第4号一般性意见:适足住房权》第八条规定。

[2] 已为《全国人民代表大会常务委员会关于批准法制工作委员会关于对1978年底以前颁布的法律进行清理情况和意见报告的决定》(发布日期:1987年11月24日,实施日期:1987年11月24日)废止。

委员会和《到 2000 年全球住房战略》都阐明:"适足的住所意味着……适足的独处居室、适足的空间、适足的安全、适足的照明和通风、适足的基本基础设施及就业和基本设备的合适地点——一切费用合情合理"。因此,为改变旧有居住条件,促进适足住房权的实现,需要拆旧还新,当然也应纳入房屋征收启动的正当事由之内。

第三,房屋征收适足住房权保障原则,意味着应当平等对待被征收房屋的使用人。人们使用房屋有各种各样的形式,既可能拥有所有权而自住,也可能是不具备所有权的租赁居住,甚至有时候系通过建设不具备法律手续的建筑而提供使用,等等。房屋征收通过拆除被征收房屋,以取得被征收房屋占地进行建设,同时也剥夺了人们以被征收房屋为载体的住房权。因此,房屋征收制度不能仅从房屋的财产特性考虑补偿房屋所有人,更应该通过保障住房人权角度安置居住于被征收房屋之内的所有关系人。

第四,房屋征收适足住房权保障原则,意味着任何人不因房屋征收而受到非法驱逐,而合法驱逐必须遵从国际人权公约要求。联合国经济社会文化权利委员会第 4 号、第 7 号一般性意见特别注意到影响适足住房权实现的强迫驱逐问题。第 4 号一般性意见强调:"委员会认为,强迫驱逐的事例显然是与《公约》的要求格格不入的。只有按照国际法的有关原则,在某些特别例外的条件下才是允许的。"而第 7 号一般性意见则专门针对"强迫驱逐"问题予以讨论,其中第二部分专门对"强迫驱逐"予以界定:"个人、家庭乃至社区在违背他们意愿的情况下被长期或临时驱逐出他们所居住的房屋或土地,而没有得到、或不能援引适当的法律或其他形式的保护。但是,禁止强迫驱逐并不适用于按照法律、并符合国际人权公约规定所执行的强迫迁离。"与此同时,第 7 号一般性意见第十五部分对"强迫驱逐"的法律程序提出了明确而详细的要求:"委员会认为对强迫驱逐所适用的法律程序保护包括:(a) 让那些受影响的人有一个真正磋商的机会;(b) 在预定的迁移日期之前给予所有受影响的人充分、合理的通知;(c) 让所有受影响的人有合理的时间预先得到关于拟议的迁移行动以及适当时关于所腾出的房、地以后的新用途的情报;(d) 特别是如果牵涉到一大批人,在迁移的时候必须有政府官员或其代表在场;(e) 是谁负责执行迁移行动必须明确地认明;(f) 除非得到受影响的人的同意,否则迁移不得在恶劣气候或在夜间进行;(g) 提供法律的补救行动;

(h) 尽可能地向那些有必要上法庭争取补救的人士提供法律援助。"[1]

三、房屋征收中适足住房权保障原则的适用

我国城市房屋拆迁制度构建之初,以基本建设为主要动因,同时也包括改善住房待遇的目的。而集体土地上的房屋拆迁,则一直以住房安置为核心。因此,我国旧有制度对于被拆迁人的居住权保障具有良好的历史基础。只不过,随着我国社会主义市场经济体制的日渐形成,被拆迁房屋的市场交换价值日渐显现,相应法律制度在对被拆迁房屋予以市场化补偿上存在欠缺,成了社会诟病的焦点。同时,由于社会经济条件的改善,被拆迁人对于安置方式不再局限于"居者有其屋"的满足,而是有着其特定地域、特定经济条件下实现"适足住房权"的诉求。另一方面,不论是城市房屋拆迁,还是集体土地上的征地房屋拆迁,不可避免引发争议,而由于相应制度配置的缺失,通过强制方式实现拆迁就构成了我国房屋拆迁实践中的普遍现象,并在强制拆迁过程中出现了诸多悲剧。

基于此,我国房屋征收制度作为旧制度的承继者,在保障被征收人适足住房权方面,应继续发扬房屋拆迁制度中注重被拆迁人安置的优点,同时也必须以人权公约相关要求为指引,精心构建相关制度,并特别注重强制征收方式的适法。

（一）房屋征收立法注重配置住房权保障措施,强化配置改善被征收人住房条件的相应制度

各级公权力机关负有人权保障义务,因此,通过房屋征收立法保障适足住房权利系我国房屋征收制度建设的题中应有之义。《中华人民共和国物权法》第四十二条规定:"征收单位、个人的房屋及其他不动产,应当依法给予拆迁补偿,维护被征收人的合法权益;征收个人住宅的,还应当保障被征收人的居住条件。"《物权法》这一条规定在促进我国房屋拆迁法制转型为房屋征收法制的同时,也确立了房屋征收中保障被征收人住房人权的立法要求。

已经出台的《国有土地上房屋征收与补偿条例》,在重点解决房屋的公平市场价值补偿时,用了较大的篇幅保障被征收人的住房权利,主要包括两大方面:第一,确立改善居住条件启动房屋征收的公共利益理由,如《征收条

---

〔1〕 经济、社会、文化权利委员会第十六届会议(1997年)《第7号一般性意见:适足住房权》(《公约》第十一条第一款):强迫驱逐。载于 E/1998/22号文件。汇编于联合国文献 HRI\GEN\1\Rev. 7(2004)。

例》第八条第(四)、(五)项规定房屋征收的公共利益标准包括"由政府组织实施的保障性安居工程建设的需要"与"由政府依照城乡规划法有关规定组织实施的对危房集中、基础设施落后等地段进行旧城区改建的需要"。第二,保障个人住宅被征收时获得相应住房保障。如《征收条例》第十八条规定:"征收个人住宅,被征收人符合住房保障条件的,作出房屋征收决定的市、县级人民政府应当优先给予住房保障。具体办法由省、自治区、直辖市制定。"第二十一条第三款规定:"因旧城区改建征收个人住宅,被征收人选择在改建地段进行房屋产权调换的,作出房屋征收决定的市、县级人民政府应当提供改建地段或者就近地段的房屋。"应该说,《征收条例》对于城市房屋征收制度中住房权保障原则贯彻比较全面,在《拆迁条例》基础上有了很大进步,值得肯定。

(二)房屋征收制度应确立所有利用被征收房屋居住主体的法律权利,实现房屋所有人及使用人的平等对待

被征收房屋的居住属性,人们可以取得所有权、租赁等多种方式予以利用。联合国经济社会文化权利委员会第4号一般性意见第八部分也指出:"使用权的形式包罗万象,包括租用(公共和私人)住宿设施、合作住房、租赁、房主自住住房、应急住房和非正规住区,包括占有土地和财产。不论使用的形式属何种,所有人都应有一定程序的使用保障,以保证得到法律保护,免遭强迫驱逐、骚扰和其他威胁。"因此,适足住房权保障原则同样适用于被征收房屋的使用人。

但是,《拆迁条例》及新公布的《征收条例》有关被征收房屋权利主体规定,局限于被征收房屋所有人,存在忽视其他被征收房屋使用人的制度缺陷,必然导致其适用住房权保障的缺失。因此,有必要将被征收房屋所有人之外的其他使用人纳入后续配套实施制度所确立的权利主体之中,确保其参与房屋征收程序并获得保护,进而在房屋征收中保障其适足住房人权。具体而言,我国房屋征收制度应纳入的被征收房屋使用人主要包括如下几类:

第一,被征收房屋的公房承租人。我国长期以来,在城市实行住房福利化分配政策,政府和国有企事业单位通过投资兴建房屋方式,以城市居民或单位员工为特定租赁对象,以保障其获得房屋以供居住。虽然近些年来我国大批量推行住房改革,大量公有住房已通过房改方式出售给公房承租人,成为其个人所有房屋。但是,对于仍然存在的公房承租人,房屋征收时仍然需要保障其居住权。

一般认为,公房承租实际上是我国计划经济时代形成的福利待遇,国家

在房改过程中已通过远低于市场价的出售方式，实现公房承租人福利待遇的货币化，因此对于未房改的公房，对于承租人而言，也应保障其货币化待遇。如《南京市城市房屋拆迁管理办法》（南京市人民政府227号令发布，2004年2月1日起施行）第35条就规定："拆迁执行政府规定租多标准的公有住宅房屋，拆迁人应当将货币补偿金额的10%支付给被拆迁人，90%支付给房屋承租人，租赁关系终止。"这一规定显化了公房屋承租人于城市房屋拆迁中的福利待遇，具备很强的时代进步意义。但是，由于公房制度具有强烈的住房权保障功能不能仅仅通过城市房屋拆迁中的货币化补偿方式消失，因此房屋征收制度对于公房承租人同时也应设定其选择货币补偿与房屋置换的条款，以实现其住房权保障。

第二，被征收房屋的居住权人。我国现行法律并无居住权的明确规定，但法律没有规定并不等于不存在事实的居住权问题，因此人民法院在司法实践中普遍通过裁判方式确认民事主体的居住权，如离婚后不具有房屋所有权的一方对房屋享有居住权情形，老年人出售房屋所有权仍约定保留居住权情形，父母遗嘱处理房屋为特定人保留居住权情形，等等。居住权在我国家庭领域起着养老育幼、保护妇女权益的重要作用，其相关司法处理也往往基于此目的。

2005年全国人大常委会第三次审议后公布的《中华人民共和国物权法》（草案）（征求意见稿）曾经设立专章规定居住权制度，但在第五次审议时将该章删除。人大法律委员会的理由是："居住权的适用面很窄，基于家庭关系的居住问题适用婚姻法有关抚养、赡养等规定，基于租赁关系的居住问题适用合同法等有关法律的规定，这些情形都不适用草案关于居住权的规定。而且，居住权大多发生在亲属朋友之间，一旦发生纠纷，可以通过现行有关法律规定的救济渠道加以解决。"[1]应当说，《物权法》最终未能保留居住权规定，从我国履行加入《经济、社会及文化权利国际公约》后承担适足住房权保障义务角度，不能不说是一大遗憾。具备公法属性的房屋征收制度，且在行政活动中直接消灭被征收房屋的居住属性，则有必要弥补《物权法》的遗憾，设立被征收房屋上居住权人的保障条款。具体而言，房屋征收法律制度可以规定，如果被征收房屋上通过司法裁判或所有人的法律行为设定了居住权人，

---

[1] 新华网：《新物权法草案删除有关居住权规定》，http://news.sina.com.cn/c/1/2006-08-22/204110797807.shtml（最近访问为2011年1月22日）。

征收时应当通过产权置换方式予以补偿,特别保障被征收房屋上的居住权利。

第三,违章建筑的所有人。违章建筑,一般指的是违反法律、行政法规的规定,所建造的建筑物。对于违章建筑,2001年《拆迁条例》第二十二条第二款明确规定:"拆除违章建筑和超过批准期限的临时建筑,不予补偿。"《征收条例》第一次公开征求意见稿第二十三条也规定:"对房屋征收范围内的违法建筑和超过批准期限的临时建筑,不予补偿,并依法拆除。"

在城市房屋拆迁实践中,违章建筑往往依附于合法房屋,因此,违章建筑的所有人大多同时具备被拆迁人身份,能够在拆迁程序中对违章建筑争取补偿。但是,不论是在国有土地上,还是在集体土地上,均有违章建筑所有人独立存在情形,其中典型的如集体土地上大量存在的名为"小产权房"实为违章建筑情形。《拆迁条例》在实体上设定不予补偿条款,同时也排斥独立的违章建筑所有人参与相关法律程序,必然导致其权利保护的缺失。[1]

从民事权利角度,我国并不否定违章建筑的财产属性。如人民法院在审理损害违章的民事纠纷中,屡有判决损害人对被损害人承担赔偿责任,其理由就是当事人对违章建筑虽然不享有所有权,但对违章建筑的建筑材料享有所有权。[2]而在行政法角度,并不是所有违章建筑均应拆除。如《中华人民共和国土地管理法》第七十三条规定,对于违反土地利用总体规划的违法建筑,责令限期拆除,符合土地利用总体规划的违法建筑,可以依法没收。现实生活中,大量所谓"小产权房"经常通过补办手续予以转正就是例子。因此,在民法上享有权利,且在行政法律责任追究的情形下仍有不予拆除的情形,在房屋拆迁制度或房屋征收制度却规定违章建筑不予补偿,显然不符合法理,更不能就此否定违章建筑的所有人参与相关法律程序,主张其权利。

更为重要的是,违章建筑的形成,在我国存在非常复杂的历史与现实原因,房屋征收过程对其不予补偿或安置,往往会损害其住房权利。近年我国各大城市房价飞涨,许多人无法支撑商品房的高昂房价,往往选择购买"城中村"或城市郊区的"小产权房",以满足其城市安居的需要,因此,房屋征收时

---

[1] 如2001年《拆迁条例》第十六条规定:"拆迁人与被拆迁人或者拆迁人、被拆迁人与房屋承租人达不成拆迁补偿安置协议的,经当事人申请,由房屋拆迁理部门裁决。"排斥包括违章建筑所有人在内的其他主体的申请裁决权。同样的规定也存在于《征收条例》第一次征求意见稿中。

[2] 参见杨延超:《违法建筑之私法问题研究》,《现代法学》2004年第2期。

不能忽略这部分人的居住需求。而在实际上,全国各地城市均在近年来通过补办手续方式实现此类违章建筑的"转正",不无这方面的考虑。其次,违章建筑存在历史上复杂原因,如有些所谓的违章建筑,建设于国家土地管理法及城市规划法颁布实施前,或者相关法律法规颁布实施后执法仍然处于宽松状态,导致手续不全的城乡建筑大量存在。相关部门就曾发文要求妥善处理城市房屋拆迁中因历史原因形成的违章建筑问题,如国务院办公厅在《关于认真做好城镇房屋拆迁工作维护社会稳定的紧急通知》(国办发明电〔2003〕42 号)中要求:"各地要本着实事求是的原则,采取积极有效的措施,切实解决城市房屋拆迁中久拖不决的遗留问题……对拆迁范围内由于历史原因造成的手续不全房屋,应依据现行有关法律法规补办手续。对政策不明确但确属合理要求的,要抓紧制订相应的政策,限期处理解决;一时难以解决的,要耐心细致地做好解释工作,并积极创造条件,争取早日解决。"可见,对于违章建筑的所有人,不论系从民事权利保护,还是从适足住房权保障原则出发,均应在房屋征收制度中将其纳入权利主体,以实现其相关权利保障。

值得欣慰的是,正式出台的《征收条例》删除了第一次公开征求意见稿第二十三条规定,并在其第二十四条第二款中规定:"市、县级人民政府作出房屋征收决定前,应当组织有关部门依法对征收范围内未经登记的建筑进行调查、认定和处理。对认定为合法建筑和未超过批准期限的临时建筑的,应当给予补偿;对认定为违法建筑和超过批准期限的临时建筑的,不予补偿。"这一规定区分了历史原因形成的未登记建筑的合法性,是在旧城市房屋拆迁制度基础上的进步,配合住房保障制度的同时,将会形成对违章建筑控制人适足住房权的较好保护。

(三)严格禁止房屋征收中的非法强制搬迁

不论是城市房屋拆迁,还是集体土地上的房屋拆迁,其中的强制拆迁问题均是社会关注的焦点,同时,这也是我国加入《经济、社会及文化权利国际公约》承诺保护适足住房权的重要领域。经济、社会和文化权利委员会在 2005 年审议了我国关于履行《经济、社会及文化权利国际公约》情况的报告后给出结论性意见中,就提出:"委员会建议缔约国立即采取措施,执行禁止强制搬迁的法律法规,对搬迁的人给予足够的赔偿或另外安置住房。委员会还建议,在实施开发项目之前,缔约国应该与受影响的居民进行实实在在、有针对性的公开的磋商。在这方面,委员会谨请缔约国在下一次定期报告中提供在这方面取得进展情况的资料。委员会还请缔约国在下次定期报告中,提供按性别、年龄、城镇/农村居民分类的详细资料,说明强制搬迁的数量和性质,以及缔约国中无家可归问题的状况。"[1]

依经济社会文化权利委员会第7号一般性意见,我国的房屋征收制度应在克服旧房屋拆迁制度的缺陷基础上,对非法强制搬迁行为设定多种法律责任,以实现被征收人不受非法驱逐。

在未能确定安置补偿的情况下,任何人对于被拆迁人或被征收人的强迫搬迁行为均是严重违反适足住房权保护的行为。但是,在房屋拆迁实践中,拆迁人或拆迁人委托的拆迁实施单位为取得谈判中的有利地位,往往采取各种非法方式胁迫被拆迁人接受其条件,甚至采取非法强制拆除房屋方式达到目的。如拆迁法网进行的"你所遭遇的强制拆迁"网上调查中,参与调查的1 359人中,就有255人选择"拆迁人自行实施的强制拆迁",占比为18.76%[2],可见非法强制拆迁在实践中的普遍。也正是因为非法强制拆迁的泛滥,2004年6月6日国务院办公厅在国办发〔2004〕46号《国务院办公厅关于控制城镇房屋拆迁规模 严格拆迁管理的通知》中特别强调:"严禁采取停水、停电、停气、停暖、阻断交通等手段,强迫被拆迁居民搬迁。"

新出台的《征收条例》吸取了旧城市房屋拆迁中的教训,在其第三十一条中明确规定了禁止非法强制拆迁的条款,即"采取暴力、威胁或者违反规定中断供水、供热、供气、供电和道路通行等非法方式迫使被征收人搬迁,造成损失的,依法承担赔偿责任;对直接负责的主管人员和其他直接责任人员,构成犯罪的,依法追究刑事责任;尚不构成犯罪的,依法给予处分;构成违反治安管理行为的,依法给予治安管理处罚"。如果这一规定得到认真落实,不失为我国践行国际公约、保障被征收人住房权的一大进步。

---

[1] 2005年5月13日"经济、社会和文化权利委员会第三十四届会议",第六十一段,E/C.12/1/Add.107

[2] 参见"拆迁法网"进行的"你所遭遇的强制拆迁"网上调查。数据截止时间为2011年1月10日。

第三章

公法与私法：房屋征收制度的交叉属性

第一节 房屋征收的界定

我国《物权法》制定之初，很多人认为征收问题是纯粹的行政法问题，物权法作为民法不用考虑。但是在主持物权法立法进程的民法学者看来，拆迁问题既是行政法问题，又是民事权利问题——"民众的所有权被依法消灭了，所有权对民众意义重大，它怎么消灭的？包括条件、程序等，需要在民法中有衔接性的规定。"[1]而正是《物权法》第四十二条看似不经意的调整，一直以来为社会广泛质疑的《拆迁条例》才得以废止。但是，替代《拆迁条例》的《征收条例》并未在《物权法》实施之日应运而生，时隔三年余才姗姗来迟。这一现象，不仅反映了因房屋拆迁中社会矛盾集中、立法者慎重所致，也有房屋征收活动作为公私法交叉的问题，在理论上认知不足的原因。

不过，要从理论上探究房屋征收活动的公私法交叉属性，其前提是要准确界定房屋征收的内涵及特性。唯其如此，方能展开对其法律属性的论证。而房屋征收不论是作为一种活动，还是作为一种制度，均为征收的子类型，对其理论界定应在把握征收的基础上进行，因此，有必要先对国内外有关征收的认识进行一一梳理。

---

[1] 这是参与物权法立法的孙宪忠教授接受采访时的说法。参见《新拆迁条例结束公开征求意见 逾万人建言》，《新京报》2010年12月31日。

一、国外法制中的征收界定

(一) 美国

在美国,征收有多种表述,一是"eminent domain",直译为"最高土地权",其字面含义更重于征收权内在于政府权力、无须宪法与法律设定。[1] 一是"taking",即美国第五宪法修正案的"taking"——"nor shall private property be taken for public use, without just compensation"[2]。征收在该宪法修正案的特定语境下用"taking"表述比较准确,因为私人财产权的消灭有一种被动的含义,而没有强调私人财产被征收后的权利人。还有一种表述就是"expropriation",是中文"征收"的主要翻译。但是由于其基本含义为"剥夺、没收",更强调征收主体的主动,容易被误解为政府行使征收权系将被征收人财产收归己有。

因此,对于美国法上征收含义的理解应注意如下三方面:

第一,征收限于公共使用方可实施,而征收的公共使用要件已在实践中发展为公共利益要件。由于美国第五宪法修正案征收条款中用语为"public use",因此被征收人在土地被征收后交由私人使用时,常常提起司法挑战。美国联邦法院与相关州最高法院在裁判该类案件中,并不拘宜于"public use"的字面含义,而将其进行了扩张解释,为宽泛意义上的公共利益,如"public interest""public purpose""public need"和"public welfare"等。[3] 据此,征收的公共使用根据已转变为公共利益标准,财产(主要指土地等不动产)被征收后的使用主体并非考察重点,核心在于征收目的的公共利益性。

第二,征收问题的重心在于补偿。从宪法第五修正案可以看出,征收权的设定并非其重心,而是财产征收后的损失补偿问题。在这个意义上,人们将补偿视为征收的"唇齿条款"。该宪法修正案不仅适用于产生财产权转移的征收领域,也适用于未发生所有权转移的占有准征收(possessory takings)、管制准征收(regulatory takings)情形。如在 United States v. Causby

---

[1] 另一方面还含有土地使用管制的作用,与警察权同为管制土地不当使用或调整土地利用的两大工具。参见涂义光:《土地征收之比较研究》,成文出版社 1981 年版。

[2] "nor be deprived of life, liberty, or property, without due process of law; nor shall private property be taken for public use, without just compensation."

[3] 代表性的案件有 Berman v. Parker. Poletown Neighborhood Council v. City of Detroit. Hawaii Housing Authority v. Midkiff. Kelo v. New london 等案。

一案中,原告在机场附近所有的养鸡场,因飞机频繁起降下导致财产损失诉至法院时,美国联邦最高法院就认为,政府允许其飞机在原告邻接飞机场之土地上低空飞行,已经构成对原告土地权利(土地上空的占有权利)的剥夺,剥夺其将土地作为养鸡场之使用,构成准征收,应给予公平补偿。[1] 该类准征收情形适用宪法第五修正案情形,即可反映其重心在于补偿的确定,而非征收的定性上。

第三,征收的根本理由在于平等保护。美国联邦宪法第五修正案明文规定平等保护原则,也是征收理论的核心。在 Armstrong v. United States 一案中,美国联邦最高法院就强调,第五修正案出台的根本理由在于禁止政府强迫部分人承受公共负担,而这些公共负担,依公平正义原则,应由公众全体承担。[2] 这实际上就是我们讨论征收补偿理论基础时提及的公共负担平等说。

第四,强调征收的正当程序。对于正当程序的强调,源于英美法系对公权力行使的普通法原则要求。美国宪法第五修正案原来仅适用于联邦法院管辖案件,但是由于宪法第十四修正案中对于平等保护原则的强调,因此该第五修正案也适用州法院管辖的征收案件,即反映了这一历史脉络。

(二)英国

在英国及沿用英国法例的国家,征收的对应表述为"compulsory purchase",指"地方当局与政府部门对财产的强制购买"(the enforced purchase of a property by a local authority or government department)。[3] 当然,也有使用"acquisition"的,如《土地征收法》"Acquisition of Land Act 1981"。综合考察英国相关法制及实践,对于强制购买的理解应注意如下几点:

第一,"强制购买"以自愿赎买为前提。也就是说,只有在赎买不可能时,才考虑动用强制赎买权,而这需要相关公权力主体如地方政府与中央政府有关部门,依照相关法案的明确要求进行。因此,英国的征收("强制购买")是在民事方式无法产生作用时启动,"compulsory purchase"字面含义就能清楚地让我们理解征收行为的次要选择性。

第二,"强制购买"仍然需要公共利益上的充分理由。英国地方政府的征

---

[1] United States v. Causby 328 U. 256 (1946).

[2] Armstrong v. United States 364 U. S, 49(1960).

[3] Collins Essential English Dictionary 2nd Edition 2006 © HarperCollins Publishers 2004, 2006.

收,一般需要议会的立法个案进行,而议会的立法实际上就反映了公众利益。因此征收并非在任何情形下都可以启动,在这个意义上,"强制购买"仍然需要地方政府与中央政府相关部门证明该项目系"一个令人信服的符合公众利益的案例",比如证明该项目所带来的好处超过某些被剥夺土地的人受到的损失。[1]

(三)法国

在法国,征收的表述为"L'expropria",王名扬先生结合法国的征收制度将其翻译为"公用征收",指"行政主体为了公共利益目的,按照法定的形式和事先公平补偿原则,以强制方式取得私人不动产的所有权或其他物权的程序"。但是,在认真分析法国征收制度相关立法变迁及其特性后,我们认为,上述定义仍然存在不足,有必要予以辨析。

首先,"公用事业"有别于"公共利益"。一方面,"公共利益"范围显然宽于"公用事业",后者属于"公共利益"范畴,但符合"公共利益"的事业并不一定属于"公用事业"。另一方面,法国征收立法用语及其具体征收制度也反映了二者的区别。在《人权宣言》第十七章中,征收目的使用的是"公共需要"(nécessité publique)用语。后来,在1804年《法国民法典》第五百四十五条则规定:"任何人不能被强制转让所有权,除非基于公用事业与事先公正补偿。"这一规定将《人权宣言》中的"公共需要"调整为"公用事业"(utilité publique)。正是因为这一根本要求的调整,法国征收制度比较注重被征收的不动产所有权向行政主体的转移,在直接征收过程中有专门确定不动产所有权转移的司法阶段,而征收的另一类型——间接征收,则只有在某项施工的效力或某工程事实上与公产合并后,方可确定其征收的性质。如果公共工程导致私人不动产永久损害却没有发生公产合并,也不能视为征收(间接征收)。因此,我们不能用宽泛的"公共利益"代替征收的"公用事业"目的。[2]

其次,征收并不排除协议方式转让产权与补偿。法国的征收程序中,在批准公用目的后,即可通过协议方式转移被征收不动产,由行政主体与被征收人确定补偿金,它可以取代财产转移的裁判以及陪审团对补偿金的确定。

---

〔1〕 张芝年:《英国政府怎么征地》,《农村工作通讯》2004年第11期。

〔2〕 王名扬先生在对公用征收作出界定后,又指出"为了保护私人财产起见,公用征收只能为了公共利益目的",这与我们将"公用"与"公益"区分开的语言习惯是不一致的。参见王名扬:《法国行政法》,中国政法大学出版社1988年版,第365页。

而且,对于批准公用目的后达成的协议,如果发生争议,也是由普通法院裁判。[1]因此,将强制方式纳入法国征收的必备要求,仍然存在着偏差。

(四)德国

在德国,经过十九世纪东普鲁士一般邦法、魏玛宪法及联邦德国于二战后颁布的"德意志联邦共和国基本法"(简称"联邦基本法")等阶段,特别是由于联邦普通法院对于"联邦基本法"第十四条的权威理解,征收(Enteignung)发展为三种情形:狭义征收、类似征收之侵害(enteignungsgleicher Eingriff)、具有征收效果之侵害(enteignender Eingriff)。[2]目前,从形式意义上理解征收,是指为了执行特定的公共任务,通过主权法律行为,全部或部分剥夺"联邦基本法"第十四条第一款第一句规定范围内的具有财产价值的法律地位的行为。它的特征包括:(1)作为财产予以保护的法律地位;(2)法律地位的全部或部分剥夺;(3)通过具有特定的主权法律行为(包括立法征收和通过行政途径的征收);(4)目的是执行公共任务。[3]

对于德国法上征收含义的理解,应注意如下几个方面:

第一,由于德国普通法院与联邦宪法法院对征收问题的切入角度不同,导致不同的征收理论。德国联邦普通法院从财产权平等保护角度发展的类似征收之侵害及具有征收效果之侵害,着眼于补偿问题,即使属于违法的政府行为,也不处理是否撤销问题。因此在司法实务上,当事人可以选择向行政法院要求撤销违法行政行为,如果当事人不向行政法院提起撤销之诉,也可以向普通法院请求补偿。但是,联邦最高法院于1981年7月15日作出的湿采石裁定,从形式法治角度,将征收视为公权力主体因公共利益的需要剥夺公民财产权的一种法律手段,要求处理征收问题时首先应审理其是否具有合法性。如果属于违法之征收行为,必须通过行政诉讼方式撤销,而不能向普通法院要求牺牲补偿,从而在一定程度解决了普通法院创设"类似征收之侵害""具有征收效果之侵害"等扩张征收概念而引发的混乱。

第二,征收处分与征收补偿具有不同的法律属性。在德国法上,公权力

---

[1] 【法】莫里斯·奥里乌著,龚觅等译,郑戈校:《行政法与公法精要》(下册),辽海出版社、春风文艺出版社1999年版,第903-905页。王名扬:《法国行政法》,中国政法大学出版社1988年版,第396-397页。

[2] 翁岳生主编:《行政法(上下册)》,中国法制出版社2002年版,第1680页。

[3] [德]哈特穆特·毛雷尔著,高家伟译:《行政法学总论》,法律出版社2000年版,第680-688页。

机关依据征收法律作出的征收处分属于公法行为,而征收处分生效后,被征收人的财产补偿又属于私法性质,因此分属联邦行政法院与联邦普通法院不同管辖。"联邦基本法"第十四条第三款也明确:"关于征收补偿额度之争议,由普通法院管辖之。"

第三,征收有通过立法的征收与行政途径的征收两种方式,但是立法征收可以视作一种特殊的例外,主要还是行政主体根据征收法律实施征收活动为主。

(五)日本

日本的征收称为"公用收用",是"指为供特定公共事业之用,而强制取得私人的特定财产权的活动或制度"[1]。其特征主要表现在三个方面:第一,进行公用收用,必须基于法令根据。作为根据的法令主要包括作为一般法的《土地收用法》和紧急情况下的《关于取得公共用地的特别措施法》等。第二,公用收用不得超出该事业所必要的限度。第三,启动公用收用的主体(起业者),必须经法定程序申请建设大臣或都道府县知事进行事业认定。

相较前述各国的征收制度,理解日本的公用收用应特别关注如下两方面:

第一,区分公用收用与公用限制,从而在一定程度上避免了宪法上补偿条款适用的难题。公用收用与公用限制的区分在于,前者系剥夺私人的财产权,后者系对私人行使财产权予以一定的限制。而根据《日本国宪法》第二十九条第三款规定,"私有财产,在正当补偿的前提下,可以用于公共目的",公用收用与公用限制均应补偿财产权人的损失。这与德国法上未能区分权利限制与权利剥夺的征收理论形成的混乱有较为明显的区别。

第二,被收用土地的原权利人可以行使收回权,在一定程度上能够监督公用收用的公共目的实现。根据土地收用制度,从事业设定告示之日算起20年以内,起业者收用地全部或部分不需要时,或者从事业认定告示之日算起10年以后,所用的土地全部没有供于事业之用时,收用地的原所有者等取得购买权,即有权支付与补偿金相当的金额,买回该土地。

(六)总结

通过对上述国家的考察,对于征收的理解有如下几方面值得关注:

第一,公法与私法不同角度审察征收问题,对征收的界定会产生不同的

---

[1] 杨建顺:《日本行政法通论》,中国法制出版社1998年版,第471页。

结果。从公法角度看征收，倾向于探讨征收权的来源，更强调细化其公共利益或公用目的标准的界定，而从私法角度看征收，则往往从补偿角度审视征收问题，因此又产生德国法上的"类似征收之侵害""具有征收效果之侵害"等扩张征收概念，也有美国司法实践上的准征收补偿问题。[1]

第二，征收的公共利益要求是一动态的标准。征收应有公共利益根据，但是对于公共利益的界定，却并无定论。如在美国第五宪法修正案中的"public use"在实践中转化为"public interest"，而法国民法典上的"utilité publique"，则又是被征收财产转换为行政主体公产角度实现其公共利益性，更突出例子则是英国的征收——"compulsory purchase"并无明确的公共利益标准，只是间接通过议会民意集中机制推导出来。

第三，征收以权利剥夺为其主要形式特性。虽然在美国法上的有未产生权利剥夺的准征收侵害问题，在德国法上也有"类似征收之侵害""具有征收效果之侵害"问题，但征收以权利剥夺为其主要形式特征，方能从形式法治层面区分于权利不平等负担产生的补偿问题，从而有效区分征收法制建构与权利侵害司法救济的不同问题。

二、我国法制中的征收界定

（一）港澳台地区

在台湾，"土地法""平均地权条例""都市计划法""文化资产保护法"及"土地征收条例"中均规定有"征收"内容，通常指基于公共利益之需要而对土地或建筑物（例如古迹）予以征收，多以"所有权之移转"为主要目的，在概念上与德国"古典征收"概念大体相同。如台湾"大法官"释字第四二五号解释中，对"土地征收"概念的界定即为一例："……因公共事业之需要，对于人民之土地，经由法定程序予以剥夺，并给予相当补偿之制度。"这一概念着重于"权利之剥夺"与"补偿之必要性"两大方面。同时，对于征收问题的解决，台湾司法部门也倾向于形式法治思路，如对于既成道路补偿问题，"大法官"释字第四〇〇号解释就指出：如因公用或其他公益目的之必要，虽得依法征收人民之财产，但应给予相当之补偿，方符保障财产权之意旨。既成道路符合一定要件而成立公用地役关系者，其所有权人对土地既已无从自由使用收

---

[1] 参见谢哲胜：《准征收之研究——以美国法之研究为中心》，载谢哲胜著《财产法专题研究（二）》，中国人民大学出版社2004年版。

益,形成因公益而特别牺牲其财产上之利益,但征收机关自应依法律之规定办理征收给予补偿。可见,对于事实形成公用的既成道路,"大法官"也仅赋予土地所有权人"请求依法征收之权利",并非在该状态下由政府机关直接予以补偿。因此,台湾学者就认为,"较之德国学说及实务,这种做法显然可以避开若干概念区分上的困扰,不失为一种简明清楚之处理方式"[1]。

在香港,由于大部分香港土地均属于香港特别行政区所有,为了公共用途需要土地时,涉及的是土地使用权而非所有权的处理,因此称为"土地收回"。同时,香港允许同一物业的多数权利人为了物业的重新开发而申请售卖令,因其具有强制性,称为"强制售卖"(Compulsory Sale)。因此,香港与"征收"类似的法律概念主要有两种,一是"土地收回",一是"强制售卖"。[2]不过,香港法制对于土地收回的公共利益存在较为宽泛的授权,如《香港法例》第124章中就规定"为行政长官会同行政会议决定为公共用途的任何类别用途"均为公共用途,同时在该法例第九条明确规定:"除本条例条文另有规定外,不得因根据本条例进行的收地导致任何人蒙受损失或损害而对政府或任何其他人采取任何法律行动或进行任何诉讼。"而在《香港法例》第545章《土地(为重新发展而强制售卖)条例》中并无公共利益的任何条款。可见,香港的"征收"制度对于公共利益的处理是相对宽泛的。

在澳门,由于受葡萄牙《征收法典》的影响,澳门第12/92/M号法律详细规定了其公益征收制度,相对香港而言,其"征收"含义比较清楚。澳门特别行政区第12/92/M号法律第一条第二款规定表述得比较清晰——"不动产及其当然权利,透过合理赔偿的款项,可因公益而被征用"。也就是说,征收以剥夺不动产所有权为目的,通过合理赔偿方式实现公共利益的需要。

(二) 大陆

法律意义上的"征收",在大陆实为"征用"的后继。所谓"征用"的词义为"国家依法将个人或集体所有的土地或其他生产资料收归公用"。而"征收"的基本含义为"征集吸收",具有动词属性,其延伸含义则有"收取赋税"及"政府依法向人民或所属机构收取公粮、税款等"。[3]全国人大于2004年通过的宪法修正案中,将原宪法第十条第三款"国家为了公共利益的需要,可以依

---

[1] 翁岳生主编:《行政法》(下),中国法制出版社2002年版,第1693页。

[2] 新界还存在A信与B信制。参见林峰:《土地征收与补偿:香港的经验》,《法学》2007年第8期,第17页。

[3] 参见《新华词典》"征收""征用"词条。

照法律规定对土地实行征用"修改为"国家为了公共利益的需要,可以依照法律规定对土地实行征收或者征用并给予补偿"。即将原宪法条款中规定的集体土地所有权收归国有的"征用"修改为"征收",并在宪法第二十二条修正案中规定"国家为了公共利益的需要,可以依照法律规定对公民的私有财产实行征收或者征用并给予补偿"。根据王兆国副委员长所作的《关于〈中华人民共和国宪法修正案(草案)〉说明全文》中进行的说明——"征收和征用既有共同之处,又有不同之处。共同之处在于,都是为了公共利益需要,都要经过法定程序,都要依法给予补偿。不同之处在于,征收主要是所有权的改变,征用只是使用权的改变"[1]。现行宪法赋予传统"征收"语词一种崭新含义,而这一含义与"收取赋税"及"政府依法向人民或所属机构收取公粮、税款等"的传统含义有着重大的区别。前者以补偿为要件,后者则不以补偿为要件。这样,同一"征收"语词,因不同制度背景而具备不同意义,不得不认真加以辨析。

第一,征收以不动产为对象。王兆国副委员长在《关于〈中华人民共和国宪法修正案(草案)〉说明全文》中,指出"征收"主要指所有权的改变,"征用"只是使用权的改变。但是,从财产权保护角度看,征收则是对宪法保护的财产权侵害的例外情形,在其征收标的不可代替时方才启动。2004年我国宪法修正案公布后,现行宪法第十三条内容变更为第二十二条第一款规定:"公民的合法私有财产不受侵犯。"第二款规定:"国家依照法律规定保护公民的私有财产权和继承权。"第三款才是有关征收的规定:"国家为了公共利益的需要,可以依照法律规定对公民的私有财产实行征收或者征用并给予补偿。"根据宪法财产征收条款的位阶,我们可以看到,国家保护公民合法财产不受侵犯是一般原则,而因公共利益征收、征用是例外。因为房屋与土地的不动特性,当公共利益需要特别是建设需要时,无法通过其他方式取得权利人占有的房屋与土地,方才启动征收。因此,征收仅以不动产为对象。

第二,"征收"以补偿为基本特性,区别于"征税、征费"。根据征收的一般理论,征收系公民财产权基于公共利益或国家主权而被施加的特别负担,因此根据公民权利平等保护原则,应对被征收人的特别牺牲予以补偿。正是在此意义上,"无补偿即无征收",确定补偿原则系多个国家宪法设定征收条款的根本内容。我国2004年的宪法修正案中有一个非常重大的改进,就是将

---

[1] 王兆国:《关于〈中华人民共和国宪法修正案(草案)〉说明全文》。

旧宪法征用条款未能强调的补偿原则予以明确。因此，传统制度背景下的"征收"，以"收取赋税"及"政府依法向人民或所属机构收取公粮、税款等"为主要内容，并无补偿要件，宪法上的征收与此有着非常明显的区别。即使当前行政法学界仍然作为重要主题讨论的"行政征收"，也主要指"征收税费"，与现行宪法所规定的"征收"具有本质的区别，不宜将其纳入"征收"的统一范畴予以讨论。[1]

第三，"征收"作为法律制度，在我国仅以"土地征收""房屋征收"形式具体存在。在国外处于宪法高度的征收问题，其切入点主要是基于财产权平等保护的要求，对于财产权人因公共利益需要受到的特别牺牲需要补偿，其重心在于应否补偿。而宪法有关征收条款，也被普遍视为补偿请求权根据条款。[2]一方面在我国司法实践中，宪法条款并不能成为请求权根据，另一方面，由于相关征收条款明确规定，征收依据法律进行，补偿也依据法律进行。因此，我国宪法征收条款需要具体法律制度予以明确，而根据前述征收系以不动产为对象的认识，我国目前制度化的征收仅只包括土地征收与房屋征收。前者表现为《中华人民共和国土地管理法》及相关法律法规规定，后者则表现《中华人民共和国物权法》第四十二条规定。其中国有土地上的房屋征收部分，2007年8月30日第十届全国人民代表大会常务委员会第二十九次会议通过修改《城市房地产管理法》的决议授权国务院制定国有土地上的房屋征收与补偿法规，而国务院则于2011年1月21日颁布实施《国有土地上房屋征收与补偿条例》。

不过，值得讨论的是早于2004年宪法修正案的相关法律规定征收条款的问题。如《中华人民共和国中外合资经营企业法》（2001年修订）第二条第三款规定："国家对合营企业不实行国有化和征收；在特殊情况下，根据社会公共利益的需要，对合营企业可以依照法律程序实行征收，并给予相应的补偿。"《中华人民共和国台湾同胞投资保护法》第四条规定："国家对台湾同胞投资者的投资不实行国有化和征收；在特殊情况下，根据社会公共利益的需

---

[1] 有学者建议，《中华人民共和国税收征收管理法》同样使用"征收"术语不妥，建议使用"课征"更为合适。参见沈开举：《征收、征用与补偿》，法律出版社2006年版，第37页注二。

[2] 不过，这主要系解决补偿问题的普通法院思路，但从形式法治角度看，行政法院则不承认未经制度化的征收补偿问题。我国台湾地区，也存在对既成道路的补偿问题的反复的争议。最高法院"大法官"会议释义认为既成道路构成私人财产的征收，因此应当补偿，但其补偿寄望于具体的制度建设，而实践中仍然未见相关具体制度建设。这也反映了征收补偿请求权与征收制度形式法治的两种思路的冲突。

要,对台湾同胞投资者的投资可以依照法律程序实行征收,并给予相应的补偿。"《中华人民共和国外资企业法》第五条规定:"国家对外资企业不实行国有化和征收;在特殊情况下,根据社会公共利益的需要,对外资企业可以依照法律程序实行征收,并给予相应的补偿。"由于上述法律相关征收条款普遍使用了转适用规则,即"依照法律程序予以征收,并给予相应的补偿",我们认为,由于宪法征收制度以有体物为对象,即使对于外商投资企业、中外合资经营企业及我国台湾同胞投资企业的保护有着投资保护性质,一旦涉及征收问题,仍然依据宪法征收条款所确定的不动产征收属性,沿用相关房屋征收甚至土地征收法律制度,适用相关程序予以补偿,并不存在特别之处。

第四,"征收"与"征用"区分的界限。2004年宪法修正案,将旧的"征用"调整为"征收",并赋予"征用"以新的含义。一般理解,所有权包括占用、使用、收益和处分四项权能,因此"征用"限于所有权中的使用权主体发生变更。但是,《关于〈中华人民共和国宪法修正案(草案)〉说明全文》对于"征用"的说明还存在不足。如《中华人民共和国土地管理法》第五十八条规定,因为"为公共利益需要使用土地的""为实施城市规划进行旧城区改建,需要调整使用土地的",可以收回国有土地使用权,同时对土地使用权人应当给予适当补偿。上述《土地管理法》第五十八条规定的土地收回与宪法的土地征用的特征基本相同,是否即为土地征用呢?这里,我们可以将"征收"与"征用"的区别进行细分,即"征收"是所有权的变化,而"征用"系使用权的变化,但其前提是所有权仍然保留于被征用主体,因此国家在拥有土地所有权的情况下收回其出让或划拨的土地使用权,不属于"征用"。但是,《土地管理法》第五十七条又规定:"建设项目施工和地质勘查需要临时使用国有土地或者农民集体所有的土地的,由县级以上人民政府土地行政主管部门批准。其中,在城市规划区内的临时用地,在报批前,应当先经有关城市规划行政主管部门同意。土地使用者应当根据土地权属,与有关土地行政主管部门或者农村集体经济组织、村民委员会签订临时使用土地合同,并按照合同的约定支付临时使用土地补偿费。"这一规定中的临时使用国有土地或集体土地就是在所有权主体不变的情况下,使用主体在一定期限内发生转移。这一临时使用土地制度为什么在2004年《土地管理法》调整时没有界定为"土地征用"呢?我们认为,根据《土地管理法》第五十七条,临时使用土地的前提条件是"建设项目施工和地质勘查需要",其范围宽于宪法修正案中土地征用的"公共利益"需要,因此不宜将其视为"土地征用"。

正是由于 2004 年我国宪法修正案的颁布,征收的含义逐渐得到较为清晰的展开,我们可以将其界定为:"国家因公共利益需要,以不动产为对象,依法剥夺其所有权或使用权并给予补偿的活动与制度。"

三、房屋征收的界定

房屋征收作为征收的子类型,其基本内涵与征收无异。但是,由于房屋征收以"房屋"为对象,需要对房屋予以细化理解,方能全面理解房屋征收的内涵。同时,由于房屋与土地密不可分,对于房屋的理解也不能忽略与其关联的土地问题。

(一)房屋的界定

人们对于房屋有多种认识,其中常用的是建设部于 2002 年发布的《房地产统计指标解释(试行)》中的释义,即房屋一般指上有屋顶,周围有墙,能防风避雨,御寒保温,供人们在其中工作、生活、学习、娱乐和储藏物资,并具有固定基础,层高一般在 2.2 米以上的永久性场所。但根据某些地方的房屋生活习惯,可供人们常年居住的窑洞、竹楼等也应包括在内。[1] 这一释义将房屋限于永久性的建筑物,未能将构筑物包括在内,仍然存在不足。《中华人民共和国城市房地产管理法》第二条将"房屋"解释为"土地上的房屋等建筑物及构筑物",在一定程度上弥补了《房地产统计指标解释(试行)》的不足。同样是固定人造物,"建筑物"强调其直接为人的生产、生活提供服务,如工业建筑、生活建筑等等,"构筑物"则偏指其他为了满足某种使用需求、相对间接地为人服务的固定人造物,比如小区里的水塔、垃圾处理装置等等。因此,对于"房屋"的含义,我们可以借鉴《中华人民共和国城市房地产管理法》相关释义,即为"土地上的建筑物与构筑物,少数情况下也包括地下空间的建筑物如窑洞等"。

依据不同的标准,房屋有多种分类。按照房屋的设计用途,可分为住宅、工业交通仓储用房、商业金融和信息用房、教育医疗卫生和科研用房、文化新闻娱乐园林绿化体育用房、机关事业办公用房及军事用房等;按照房屋产别标准,主要分为国有房产、集体房产及私有房产等,其中国有房产又分直管房、自管房及军管房;按照房屋建筑结构标准,又可分为钢结构房、钢筋混凝

---

[1]《建设部关于印发〈房地产统计指标解释(试行)〉的通知》(建住房〔2002〕66号)房地产统计指标解释(试行)

土结构房、混合结构房、砖木结构结构房等;按照房屋用地性质不同,又可分为国有土地上房屋与集体土地上房屋。[1]不同类别的房屋有其不同的政策及技术标准,房屋征收过程中需要分门别类地确定其财产价值及安置补偿标准,如国有房产中的直管房及自管房虽然属于国家所有,但由于承租人承租公房系计划经济时代形成的政府福利,政府征收直管房及自管房时,就应重点解决承租人的安置补偿问题,显然区别于市场经济下形成的私有房屋租赁关系的处理。[2]而按照建筑结构标准区分的房屋,因其建造成本的不同,在确定其财产价值显然又应该有所区分。

(二)房屋与其房屋用地密不可分

虽然房屋征收以"房屋"为直接指向,但由于房屋依附于土地之上,不论是国有土地上的房屋或者集体土地上的房屋,均要取得土地使用权。因此,对"房屋"的征收同时也必然涉及与房屋相关联的土地使用权的处理。与房屋相关联的土地即房屋用地,按照规范术语指的是"房屋以及按照规划要求的配套设施所占用的土地,包括房屋占用的土地和按照规划要求的配套设施占用的土地"[3]。

首先,征收国有土地上的房屋,同时也应包括对其房屋占地范围内国有土地使用权的收回。1991年及2001年颁布实施的《城市房屋拆迁管理条例》,均以"城市房屋"为核心设计拆迁制度,未涉及被拆迁房屋用地问题,导致许多弊端,如拆迁人取得城市房屋拆迁许可,却不能通过城市房屋拆迁程

---

[1] 参见《房地产统计指标解释(试行)》。

[2] 如《南京市城市房屋拆迁管理办法》(南京市政府227号令)第三十五条、第三十六条、第三十七条对于国有房产的拆迁补偿就注重对承租人的补偿。"第三十五条 拆迁执行政府规定租金标准的公有住宅房屋,拆迁人应当将货币补偿金额的10%支付给被拆迁人,90%支付给房屋承租人,租赁关系终止。租赁双方约定货币补偿金额分配比例的,从其约定。第三十六条拆迁执行政府规定租金标准的公有非住宅房屋,租赁双方选择货币补偿但未约定分配比例的,拆迁人按照下列比例分别支付货币补偿金额:(一)租赁合同期限内实际使用在1年以内的,被拆迁人100%;(二)租赁合同期限内实际使用超过1年、在2年以内的,被拆迁人90%,房屋承租人10%;(三)租赁合同期限内实际使用超过2年、在5年以内的,被拆迁人80%,房屋承租人20%;(四)租赁合同期限内实际使用超过5年、在10年以内的,被拆迁人60%,房屋承租人40%;(五)租赁合同期限内实际使用超过10年、在15年以内的,被拆迁人50%,房屋承租人50%;(六)租赁合同期限内实际使用超过15年的,被拆迁人40%,房屋承租人60%。第三十七条 拆迁私有出租房屋,因国家有关私房改造政策形成租赁关系的,应当实行货币补偿。拆迁人按照住宅房屋计算货币补偿金额支付给被拆迁人;同时,按照该金额的90%对原房屋承租人给予补偿。"

[3] 参见《房地产统计指标解释(试行)》。

序取得拆迁范围内的国有土地使用权,只能由国土资源行政主管部门收回拆迁范围国有土地使用权再行向拆迁人出让或划拨。国土资源管理部门依据《土地管理法》第五十八条相关规定收回拆迁范围内的国有土地使用权时,是由其直接对被拆迁人予以补偿呢?还是由拆迁人于拆迁程序中一并予以补偿呢?虽然国务院法制部门曾经就此作出批复,由拆迁人于拆迁程序中一并补偿,但是由于国务院法制部门并非《土地管理法》的有权解释主体,对于该法第五十八第二款规定,人们却往往理解为"谁收回谁补偿",即由国土资源管理部门对被拆迁人的土地使用权予以补偿。曾经普遍为国土资源管理部门所采用的"毛地出让"方式,就是为了规避这一问题,直接由拆迁人提前取得国有土地使用权,再行申请城市房屋拆迁,由其对被拆迁人的房屋及土地价值一并予以补偿。但是,国土资源管理部门在被拆迁人仍然持有被拆迁房屋用地国有土地使用权时,向拆迁人发放国有土地使用权证。这一拆迁方式明显违背了房地产权利一致原则,导致了严重的法律冲突,往往为人所诟病。

其次,计算被征收房屋的财产价值,房屋用地因素不可忽略。房屋与土地密不可分,人们往往将其统称为"房地产"。而计算被征收房屋的财产价值,土地因素比房屋因素往往更为重要。但是,我国城市房屋拆迁制度围绕房屋设计,计算被拆迁房屋市场价值时以房屋建筑面积为计算基准,容易带来不公平的结果。如城市中的带院落房屋,因其房屋用地面积与房屋建筑面积之间有较大的差距,如果仅以后者为基数确定被拆迁房屋价值时,就会严重忽略其占地面积容积率低的问题。有些地方注意到了这一问题,提出了折衷的方案,如《江苏省城市房屋拆迁管理条例》第十八条规定评估被拆迁房屋的房地产市场价值时,"房屋建筑面积小于土地使用面积,区位补偿面积应当按照土地使用面积计算"。但是,《江苏省城市房屋拆迁管理条例》第十八条的规定,仅仅是一种权宜之计,仍然没有将房地产以地价为重心的特点体现出来,没能完整体现被拆迁房屋房地合一的特性,因此对于房屋征收而言,房屋用地因素在确定被征收房屋的财产价值的公平补偿,甚至在确定土地发展权益补偿时,应为核心要素。

最后,应注意国有土地上房屋及集体土地上房屋的区别与联系。我国土地分国家所有与集体所有,集体所有土地上房屋也仅拥有集体土地使用权,集体所有土地依法征收时,其上房屋属于地上附着物一并征收,因此大量的集体土地上房屋征收属于土地征收性质。但是,《物权法》并未排除集体土地上的房屋征收制度,如该法第四十二条第三款规定:"征收单位、个人的房屋及其他不动产,应当依法给予拆迁补偿,维护被征收人的合法权益;征收个人住宅的,还应当保障被征收人的居住条件。"这一规定并未限制房屋占地的性质。现实中,集体所有土地上房屋也可以在不改变土地所有权性质上实施征收,如《北京市集体土地房屋拆迁管理办法》中规定的"占地拆迁"模式。[1]因此房屋征收不仅限于国有土地上的房屋征收,也应包括集体土地上的房屋征收。

综上,在全面理解房屋征收的对象及关联土地的不可分特性,我们在法定征收概念基础上,对房屋征收作如下界定,即:因公共利益的需要,国家依法剥夺权利人的房屋所有权及土地使用权并给予补偿的活动与制度。

第二节　房屋征收决定的公私法属性

多年来,本质上属于房屋征收的房屋拆迁制度一直以《拆迁条例》为最高法律依据,但是,对于城市房屋拆迁是否属于征收以及是否应该适用上位法如《立法法》要求予以规范,相关权威部门一直未能有明确的定性认识。[2]《征收条例》颁布实施后,房屋征收法律制度在国有土地领域已经初具轮廓,同时也对集体土地上的房屋征收制度构建具有指导作用。[3]因此,为了建构科学规范的房屋征收制度,有必要对房屋征收活动的法律属性予以全面探讨。而依《征收条例》确定的制度,房屋征收活动中的法律行为主要包括房屋征收决定与房屋征收补偿协议(决定)。因此探讨房屋征收制度的公私法属性即围绕这两类法律行为展开。

---

[1]《北京市集体土地房屋拆迁管理办法》(北京市人民政府令第124号)就将农村房屋拆迁区分为征收拆迁与占地拆迁,如该办法第二条规定:"在本市行政区域内因国家建设征用集体土地(以下简称征地)或者因农村建设占用集体土地(以下简称占地)拆迁房屋,并需要对被拆迁人补偿、安置的,适用本办法。"

[2] 2000年《立法法》第八条有关"对非国有财产的征收"应当制定法律,实际上就是对《拆迁条例》应调整的要求,但立法部门一些未能有所动作,2001年《拆迁条例》的调整也未适应该《立法法》的要求。而行政法学界对于征收的研究重心一直是"行政征收",而非"征收"。

[3] 2011年1月30日,中央农村工作领导小组副组长、办公室主任陈锡文就在国新办举行的"三农工作和水利改革发展"新闻发布会上指出,《征收条例》中的一些重要原则,对于下一步修改土地管理法中涉及征收农村集体土地的问题有很强的指导意义。不过,对于集体土地上的房屋征收问题,虽然管理层已经认识到问题如近期对城乡建设用地增减挂钩试点的整治,但仍未有将其纳入法律规制的意识。

一、房屋征收决定系依申请的具体行政行为

《征收条例》第八条中规定:"为了保障国家安全、促进国民经济和社会发展等公共利益的需要,有下列情形之一,确需征收房屋的,由市、县级人民政府作出房屋征收决定。"该条规定确立了因公共利益需要而实施房屋征收活动的房屋征收决定环节。

所谓"确需",表明被征收房屋占地因为新的建设需要不可代替,无法通过私法方式取得,因此启动公权力,即以公共利益为名,由市、县级人民政府决定。市、县级人民政府行使该项权力,当属分配公共利益的行政权力,因此房屋征收决定具备明显的公法属性。

不过,《征收条例》设定的房屋征收决定,并未设定需用地人启动征收活动的申请环节,也在立法上禁止建设单位参与征收活动,与《拆迁条例》赋予拆迁人拆迁许可的申请有明显区别,从其程序安排上看应属依职权行使的行为。

笔者认为,基于房屋征收公正原则基本要求及我国征收实践需要,房屋征收活动中应有用地人的参与,房屋征收决定应为用地人启动的依申请行为,理由如下:

第一,房屋征收程序由政府自行启动,将难以避免"自说自话"的角色困境,也有悖于公正原则。不论《征收条例》设定多少征求意见程序、听证程序、常委会讨论程序,以保障政府作出征收决定具有广泛的民意基础。但是一旦由政府自行启动房屋征收活动,将会使政府与持反对意见的被征收人、社会公众处于对立地位,而后者将会始终质疑政府自说自话的非公正性,从而使得政府陷入角色困境。而在实践中,由政府自行决定是否征收,也很难实现征收决定的依法作出。

第二,房屋征收活动目的在于用地,作为征收权行使主体的政府与用地人应当分离,而用地人参与征收程序,可以一体解决房屋征收程序与用地程序的分离弊病。

房屋征收以取得被征收房屋占地范围内的国有土地使用权为目的。但是,征收人以国家名义行使征收权,并不以国家的名义在被征收房屋占地范围开展建设。任何一个公益性建设项目,虽然可以由政府决定启动,但仍应有一个具体的建设单位在取得国有土地使用权后进行建设。如《土地管理法》第四十三条就规定:"任何单位和个人进行建设,需要使用土地的,必须依法申请使用国有土地。"因此,应区分房屋征收法律关系主体中的征收人与用地人,不能由政府作为征收人包办征收。

第三,区分征收人与用地人,并由用地人向征收人申请启动征收程序,可以在一定程度上避免我国土地征收程序中没有建设单位参与而产生的严重问题。

我国1986年颁布、1988年修订的《土地管理法》第二十三条规定:"国家建设征用土地,建设单位必须持国务院主管部门或者县级以上地方人民政府按照国家基本建设程序批准的设计任务书或者其他批准文件,向县级以上地方人民政府土地管理部门提出申请,经县级以上人民政府审查批准后,由土地管理部门划拨土地。"根据该条规定,土地征收行为属于依申请的行政行为,而非依职权的行政行为。同时,我国1982年《宪法》第十条第二款规定:"国家为了公共利益的需要,可以依照法律规定对土地实行征用。"也就是说,经建设单位申请,县级以上人民政府只有在该建设项目合于公共利益需要的情况下才能批准征用。县级以上地方人民政府与申请人即建设单位之间,分属不同性质的法律主体。一个属于征收权行使人,在具体的审批过程中保证土地征用公共利益标准,另一个则属于公益项目的承担者,并在具体的申请过程中力求证明其项目的公益性。但是,1998年《土地管理法》修改时,一方面土地征收权收归国务院和省级人民政府,另一方面则是正式征地报批法律程序中排斥建设单位的参与,实际上过去的依申请实施的征地行为被修改为依职权的行政行为。通过行政机关内部程序(市、县人民政府土地管理部门—市、县人民政府—省国土地资源管理部门—省级人民政府)即完成征地手续。批准征地的决定也无具体建设项目对应。没有具体项目,征地批准机关确定征地的公益性就往往是一句空话,宪法规定甚至土地管理法的规定也形同虚设。大部分的征地批文实质上是一个用地计划。至于征地实施机关在拿到征地批文后,将已经征为国有建设用地出让用于商业还是公益,征地批准机关则在所不问。因此有人这样评价:"'世界上最严格的土地管理制度'由于存在立法缺陷,而成为'最不严格的土地征收制度'。"[1] 这个"立法缺陷",就是上述1998年《土地管理法》有关征地程序的调整。

同理,如果房屋征收决定没有用地人的参与:一方面可能导致征收人在确定征收公共利益标准的不公正性,即征收人自己确定项目的公共利益性,

---

〔1〕 李牧,耿宝建:《论我国土地征收及补偿制度的完善》,《法商研究》2005年第2期。

并由自己确定是否决定征收,自己成为自己行为的"仲裁者";另一方面导致房屋征收程序中的用地主体不确定,并不能有效约束征收人征收程序结束后改变土地用途,从而虚置征收的公共利益目的。

二、房屋征收决定具有创设物权的私法效力

房屋征收活动的真正目标在于取得征收范围内的土地以开展新的建设,但取得征收范围的土地,首先有一个消灭土地上房屋的法律过程。也就是说,房屋征收在物权法上,首先是一个物权消灭的物权变动问题。正如主持起草物权法征收条款的孙宪忠教授所说,拆迁"既是行政法问题,也是重大的民事权利问题。民众的所有权被依法消灭了,所有权对民众意义重大,它怎么消灭的?包括条件、程序等,需要在民法中有衔接性的规定。因此我起草了征收这个条款"[1]。

对于房屋征收涉及的物权变动问题,学理上主要有单一权利剥夺说、权利剥夺与权利取得同时发生说、单一权利取得说三种主要观点。

单一权利剥夺说的代表人物是奥托·迈耶:"征收为对于人民之所有权为公企业而收夺之国权侵害行为。"权利剥夺与权利取得同时发生说又分为权利移转及新权利同时设定两种观点,前者代表观点有冀尔克:"收用为依国家权力发动之公法行为所行之私法关系之变更,为公共所必要之成果,惟依土地权利主体之变更而可达到,故国家取他人之所有权而与之。……物权之转移与价格补偿之债务关系之设定,均依国家一方之意思表示为之。"后者代表观点有日本渡边宗太郎:"土地收用为一方以消灭关于土地之权利或能力,同时他方以取得关于土地之权利或能力之意欲为内容之国家一方的意思表示之法律行为。"单一权利取得说则认为权利的剥夺并非征收目标,而是其结果,因此征收并非权利剥夺,当然也非权利剥夺与权利取得同时发生,而是权利的原始取得。[2]

《物权法》第二十八条规定:"因人民法院、仲裁委员会的法律文书或者人民政府的征收决定等,导致物权设立、变更、转让或者消灭的,自法律文书或者人民政府的征收决定等生效时发生效力。"有观点就此解读房屋征收产生的物权变动效力时,认为:"人民政府在进行征收时,应作出征收决定,征收决

---

[1]《新拆迁条例结束公开征求意见 逾万人建言》,《新京报》2010年12月31日。
[2] 转引自涂义光:《土地征收之比较研究》,成文出版社1981年版。

定送达被征收人时即发生法律效力,被征收的集体土地或者单位、个人的房屋、其他不动产的所有权自征收决定送达时转移给国家。"[1]这种观点类似于权利剥夺与权利取得同时发生说中的权利移转说。但是,这种观点不仅系对具体行政行为成立与生效问题的混淆,同时也是对房屋征收活动的目的理解错误所致。

首先,房屋征收决定成立不同于生效。房屋征收决定送达被征收人,仅意味着房屋征收收决定的成立,而"行政行为的生效在行政行为成立的基础之上,还须符合另外的特殊构成要件——相应的生效规则"[2]。《征收条例》第二十七条规定:"实施房屋征收应当先补偿、后搬迁。作出房屋征收决定的市、县级人民政府对被征收人给予补偿后,被征收人应当在补偿协议约定或者补偿决定确定的搬迁期限内完成搬迁。任何单位和个人不得采取暴力、威胁或者违反规定中断供水、供热、供气、供电和道路通行等非法方式迫使被征收人搬迁。禁止建设单位参与搬迁活动。"因此,未能确定补偿时,被征收人无法定义务搬迁。而这实际上就是国外宪法意义上的征收与补偿"唇齿关系"的具体表现。也就是说,房屋征收决定的生效,应当在补偿确定的条件成就之时,在此意义上房屋征收决定属于附款生效行政行为。

其次,城市房屋征收程序的启动,并不以取得被拆迁房屋所有权为其目的,而是以获得征收范围土地使用权为其目的。从我国二十世纪五十年代颁布《政务院关于国家建设征用土地办法》到1991年颁布《拆迁条例》以来,城市房屋拆迁均以取得建设项目批准为启动拆迁程序的标志,如《江苏省城市建设用地管理和房屋拆迁安置试行办法》第一条就规定:"为了按照城市规划的要求逐步建设和改造城市,合理开发利用土地,改善城市人民的居住条件,妥善处理城市建设中的拆迁房屋问题,根据国家有关法规并结合我省情况,制定本办法。"而2001年《拆迁条例》第七条也规定,拆迁人申请拆迁许可的必备要件之一就是"建设项目批准文件"。正是由于建设用地的稀缺性及不可替代性,城市房屋拆迁制度设计了拆迁许可、拆迁裁决及拆迁强制等公权介入机制,以帮助拆迁人获得必不可少的城市建设用地,而非以取得被拆迁房屋为其目的。即使拆迁人依照签订的安置补偿协议对被拆迁人履行了安置补偿义务,其享有的权利也是要求被拆迁人于约定期限内搬离被拆迁房

---

[1] 黄松有主编,最高人民法院物权法研究小组编著:《〈中华人民共和国物权法〉条文理解与适用》,人民法院出版社2007年版,第125页。

[2] 周佑勇:《行政法原论》(修订版),中国方正出版社2000年版,第214页。

屋。正是在此意义上,房屋征收不属于单一权利剥夺的法律行为。因为不论是城市房屋拆迁,或者房屋征收,启动相关程序目的在于获取拆迁或征收范围内的土地使用权,以开展新的建设。为了开展新的建设项目,拆迁或征收范围的房屋必须被拆除,产生了房屋所有权被剥夺的事实,而这种剥夺系拆迁人或建设单位获取建设用地的附带效果,因此房屋征收的单一权利剥夺说不能成立。

房屋征收活动的真正目的即在于取得新土地使用权的物权创设,并非被征收房屋所有权的剥夺,也非旧房屋所有权的消灭与新房屋所有权的产生。在此意义上,我们对于房屋征收决定产生的私法效力持单一权利变动说。唯其如此,我们方能将《拆迁条例》未能明确的物权变动规则于房屋征收制度中显现出来。

不过,要全面地理解房屋征收决定的物权创设效力,应注意如下几大方面:

第一,房屋征收决定创设的物权可以是国有性质的建设用地使用权,也可以是农村的宅基地使用权。

在城市房屋拆迁实践中,由于《拆迁条例》未能规定处理被拆迁房屋建设用地使用权环节,拆迁人实现其目标仍需国土资源管理部门依《土地管理法》第五十八条规定收回,再依相关法律程序向其出让或划拨。一方面,由于这与拆迁人启动拆迁程序的真实意愿不一致,不能准确体现城市房屋拆迁创设物权的本质;另一方面,也导致诸多的法律冲突,如国土资源管理部门收回拆迁范围的国有土地使用权并不由其补偿,直接与《土地管理法》第五十八条第二款冲突,而国土资源管理部门收回国有土地使用权向拆迁人出让或划拨时,该用地范围上的房屋仍然属于原权利人所有,这样又导致土地使用权人与房屋所有人之间不一致,直接违背房地产权利一致原则。因此,从房屋征收的物权创设性质观之,政府作出的房屋征收决定应当理解为为用地主体创设了建设用地使用权,无需国土资源管理部门再行依据《土地管理法》第五十八条规定予以收回后再行划拨或出让。与此同时,征收范围国有或集体性质的土地使用权消灭后,其相应补偿也一并体现于征收补偿中。

《征收条例》第十三条规定:"房屋被依法征收的,国有土地使用权同时收回。"第二十七条规定:"禁止建设单位参与搬迁活动。"因此,《征收条例》的立法本意在于分离征收活动与建设活动,建设单位无从参与房屋征收程序,因此房屋征收决定并不为用地人创设土地使用权。

但是,《征收条例》未能处理的物权变动问题,并不意味着物权创设活动不可能同时进行。

《征收条例》第八条范围内的"公用事业、公共基础设施"等公共利益性质的建设活动,在启动房屋征收程序时,实际上即应落实建设单位,获得项目批文,进行前期准备。《中华人民共和国土地管理法实施条例》(简称《土地管理法实施条例》)第二十二条规定:"建设单位持建设项目的有关批准文件,向市、县人民政府土地行政主管部门提出建设用地申请,由市、县人民政府土地行政主管部门审查,拟订供地方案,报市、县人民政府批准;供地方案经批准后,由市、县人民政府向建设单位颁发建设用地批准书。有偿使用国有土地的,由市、县人民政府土地行政主管部门与土地使用者签订国有土地有偿使用合同;划拨使用国有土地的,由市、县人民政府土地行政主管部门向土地使用者核发国有土地划拨决定书。"建设单位一旦依照上述规定取得建设用地批准书后,国土资源管理部门即有及时向其颁发国有划拨土地使用权证书或者在签订国有土地使用权出让合同后颁发国有土地使用权证书的需要,否则对于后续正常建设活动必然造成迟延,也不能及时实现房屋征收活动的真正目标。

国土资源管理部门依法向用地单位颁发土地使用权证书,与房屋征收活动消灭被征收房屋所有权与征收范围内国有土地使用权,是一个硬币的两个方面。这个所谓的"硬币"就是物权变动问题。因此,我们认为,《物权法》第二十八条设定征收决定的物权变动过程,其法律效力即表现为物权灭失与物权创设,在房屋征收活动中,市、县级人民政府作出的房屋征收决定生效后,被征收房屋的所有权及占地范围的土地使用权消灭,同时可以创设建设单位新的土地使用权。由市、县级人民政府在作出房屋征收决定的同时创设建设单位的土地地使用权,与条例禁止建设单位参与搬迁活动并无冲突,也能简化国土资源管理部门的工作程序,有利于房屋征收活动最终目标的及时实现,推动公益建设的顺利进行。

第二,房屋征收决定生效时被征收房屋所有权及征收范围土地使用权一并消灭。

房屋征收决定具备物权创设效力,其主要根据在于房屋征收活动中,建设单位需要新的物权——土地使用权,以开展新的建设,而非以取得被征收房屋所有权为目的。因此,被征收房屋的交付拆除,系用地主体对被征收人予以安置补偿的对等义务,而这通过协议或补偿决定完成。如《征收条例》第二十五条规定:"房屋征收部门与被征收人依照本条例的规定,就补偿方式、补偿金额和支付期限、用于产权调换房屋的地点和面积、搬迁费、临时安置费或者周转用房、停产停业损失、搬迁期限、过渡方式和过渡期限等事项,订立补偿协议。"第二十六条规定:"房屋征收部门与被征收人在征收补偿方案确定的签约期限内达不成补偿协议,……由房屋征收部门报请作出房屋征收决定的市、县级人民政府依照本条例的规定,按照征收补偿方案作出补偿决定,并在房屋征收范围内予以公告。"根据该两条规定,补偿协议一方面约定征收部门对被征收人的补偿义务,另一方面约定被征收人的搬迁义务。如果当事人于期限内达不成补偿协议,市、县级人民政府根据征收部门的"报请"作出补偿决定。无论是补偿协议,还是补偿决定,均不涉及被征收房屋的所有权变更,而是被征收房屋实际控制权的转移。

为开发展新的建设,政府部门往往要拆除该被征收人已经搬离的房屋。因此,不论是征收补偿协议或者征收补偿决定,均不涉及被征收房屋所有权的变更。所谓的被征收房屋所有权消灭后果产生于被征收人履行搬迁义务后的拆除行为。《物权法》第三十条也规定:"因……拆除房屋等事实行为……消灭物权的,自事实行为成就时发生效力。"

而在被征收房屋所有权消灭的同时,征收范围内的土地使用权一并消灭,而非房屋征收决定作出时。《征收条例》第十三条第三款规定:"房屋被依法征收的,国有土地使用权同时收回。"依据这一规定,市、县级人民政府作出房屋征收决定时,即应在房屋征收决定中同时表述国有土地使用权收回的内容,即收回征收范围国有土地使用权。但是,由于此时并未确定补偿,被征收房屋所有权仍然属于被征收人,同时未能确定的征收补偿也包括征收范围土地使用权的价值。因此,《征收条例》该款规定存在违反房地产权利一致法律原则之处。

第三,房屋征收决定生效时,同时消灭被征收房地产上的权利负担。

被征收房屋包括其房屋占地范围的土地使用,往往设定多种权利负担,其中比较典型的是房屋租赁关系与被征收房屋上的担保物权。对于被征收房屋设定的租赁关系,由于房屋征收的事实后果即为房屋的拆除,因此作为租赁关系的标的物的灭失,直接导致租赁关系的终止,无需租赁协议的特别约定。至于被征收房屋及占地范围的土地使用权上设定的担保物权,根据权利主从关系原则,房屋被征收时房屋所有权与土地使用使用权趋于消灭,作为从权利的担保物权也归于消灭。

2001年《拆迁条例》第二十七条第二款规定:"被拆迁人与房屋承租人对解除租赁关系达不成协议的,拆迁人应当对被拆迁人实行房屋产权调换。产权调换的房屋由原房屋承租人承租,被拆迁人应当与原房屋承租人重新订立房屋租赁合同。"这实际上未能准确把握具有征收性质的城市房屋拆迁行为对租赁关系的终止效力,也未能把握租赁关系因特定标的物而成立的特性,从而在法律与现实上均存在着重大的实施障碍。《征收条例》(第一次征求意见稿)曾经在第二十九条中规定:"征收租赁房屋,被征收人与房屋承租人解除租赁关系的,对被征收人给予补偿;租赁关系未解除的,对被征收人实行房屋产权调换。产权调换的房屋由原房屋承租人承租。"后来正式出台的《征收条例》中删除了这一条规定,应该说是对该法律原理的正确运用。[1]

不过,对于房屋征收决定发生终止租赁关系的效力后,更应该关注的是房屋承租人因此而受到的损失补偿问题。如果以房屋租赁合同约定为由,对房屋承租人的损失不予补偿,在实际上是让承租人因公共利益需要受到的特别牺牲得不到弥补,显然有违财产权保护的宪法原则。[2]

第三节　房屋征收补偿的私法属性

在城市房屋拆迁制度中,拆迁当事人之间因补偿产生的关系属于民事性质,一直并无多大的争议。但是,在房屋征收立法过程中,征收补偿的属性却成为争议的中心,其影响在《征收条例》立法中也有所反映。因此,有必要结合学界有关讨论及《征收条例》的具体规定,深入探讨征收补偿的法律属性。

一、公法学者的不同认识

2009年12月7日,在《物权法》已经实施两年余,且全国人大常委会已经明确授权国务院立法情况下,代替《拆迁条例》的房屋征收法规仍处于难产状态,北京大学沈岿、王锡锌、陈端洪、钱明星、姜明安五位学者向全国人大常委会提起《拆迁条例》违宪审查的建议。在该建议书中,五位学者提出:"依据宪

---

〔1〕 笔者曾撰文依据该法理明确指出了这一问题,要求删除该第二十九条规定。参见顾大松《〈国有土地上房屋征收与补偿条例〉(征求意见稿)修改建议》,《西部法学评论》2010年第3期。

〔2〕 参见顾大松,史笔:《城市房屋拆迁行为法律属性研究——以物权法草案拆迁条款的重新定位为视角》,《法律适用》2006年第9期。

法和法律,征收、补偿主体应该是国家,征收补偿法律关系应该是行政法律关系。""正是由于这些规定对征收补偿法律关系的界定错误,致使一些地方政府在实际运作中只征收、不补偿,而把补偿这一核心问题和矛盾推到拆迁阶段,从而引发了大量的暴力拆迁、强制拆迁。"[1]

虽然五位学者在建议书中未具体展开征收补偿行政性质的理由,但我们从其后面所指出定性错误危害表现来看,可以将之归纳为两个方面:一是征收主体是国家,二是征收因为公共利益需要,因此征收补偿系行政法律关系。但是,基于行政法律关系具有单方、强制特性的普遍认识,这一学理定性认识是否意味着征收补偿可以通过单方、强制的方式进行呢?五位学者并未就此展开。

同时,另一位北京大学公法学者张千帆教授在讨论房屋征收应当遵循的公平原则时,却从不同角度处理了征收补偿性质的同一问题。他认为:"确定补偿当然要坚持公平原则,但什么是'公正补偿',还须依靠自愿与公开原则才能发挥作用。虽然条例授权被征收人选择评估机构,但是评估机构能否保持客观中立仍然是一个很大的未知数;虽然补偿标准可以受到司法审查,但是受制于行政干预的司法现状让人们普遍感觉法院未必靠得住。在中国现有条件下,要保证补偿符合公平市价标准,必须让政府直接面对被征收人议价并和大多数人达成一致意见;只有至少2/3的被征收人和政府签署了补偿协议,征收过程才能开始。"[2]按照自愿原则、2/3以上的被征收人签订协议征收才能开始,这一认识显然是将征收补偿界定为民事性质。

不仅如此,张千帆教授从房屋征收的公共利益如何实现以及征收需要遵循自愿交易原则的角度,进一步表达了实为征收必要性要求的意思:"新草案(《征收条例》第二次公开征求意见稿,笔者注)却对'公共利益'赋予极为宽泛的定义,似乎误认为一旦贴上'公共利益'的标签,政府就可以理所当然地强制征收。殊不知,这种误解已经埋下了唐福珍式悲剧的种子;中国式拆迁之所以产生了那么多冲突,首先是因为强制征收泛滥。要防止征收泛滥,新条例必须规定市场自愿交易是原则,政府强制征收是例外。"[3]

---

[1]《北大五教授致信全国人大建言废改〈拆迁条例〉》,《南方都市报》2009年12月7日。
[2]《征收条例须确立三大原则》,张千帆教授博文,地址:http://blog.caing.com/article/13009/(2011年3月11日最后访问)。
[3]《征收条例须确立三大原则》,张千帆教授博文,地址:http://blog.caing.com/article/13009/(2011年3月11日最后访问)。

二、房屋征收立法中的反复

学界有关征收补偿性质的不同认识,同样也反映在房屋征收立法过程中的反复,并造成《征收条例》实施过程的误读。

由于《拆迁条例》中拆迁补偿的民事性质一向争议不大,因此,作为承继《拆迁条例》的房屋征收早期立法特别强调补偿确定中被征收人的自愿,以体现其民事性质。如2010年1月29发布的《征收条例》第一次公开征求意见稿就设定了详尽的依照被征收人意愿实施补偿的条文,主要包括补偿方式的选择权(第十九条三款规定)、补偿方案的建议权(第二十四条第三款)、危旧房改造补偿方案的多数同意程序(第二十四条第四款)、补偿的协议签订方式(第二十五条)及危旧房改造中被征收人三分之二缔约的合同生效要件(第二十五条)。

第一次公开征求意见稿向社会公布后,引发了社会的热议。有基层拆迁办主任认为"新条例"(即第一次征求意见稿)是"法治的进步,社会的退步",认为:"如果有100户人家,99户签署了协议,1户没有签署,那么该土地无法实现交地。1户人家足以绑架99户人家的利益。""如果真的照新条例实施,估计整个拆迁得停止。"[1]该官员意见直接针对征求意见稿中非经多数人同意补偿不能实施征收的规定,在本质上,是对征收补偿行政性的强调。类似还有江西宜黄某官员所提出的"没有强拆就没有新中国"言论。[2]

在政府官员看来,不仅征收决定具有行政性,而且通过行政手段确定补偿也更具效率,因此征收补偿应当具有行政性。平等、自愿的协商模式与行政运作的惯性在本质上形成冲突。按照某些政府官员的思维定势,即使两次征求意见稿及正式法规所强调的公平补偿,也只是行政主导下的"公平"补偿。

2010年12月19日公布的第二次公开征收意见稿及正式实施的《征收条例》,将第一次征求意见稿上述有关自愿方式达成补偿的条文大部删除,仅保留补偿方式选择权与补偿协议缔结条款。这一变化是否因为政府系统的强

---

[1]《拆迁办主任反对新拆迁条例 称法治进步社会退步》,《扬子晚报》2010年2月5日。

[2]《宜黄官员分析拆迁事件:没有强拆就没有新中国》,《南方周末》2010年10月12日。

烈反对所致,局外人不得而知。[1]正是由于立法过程的这一变化,加之前期部分学者强调征收补偿行政性质的舆论效果,许多征收部门与司法人士均将征收补偿协议视作行政合同,并将其与后续的政府补偿决定纳入统一的行政及司法视野处理。

三、征收补偿民事性质之厘定

《征收条例》未能保留第一次公开征收意见稿的相关条款,并不一定表明立法者认同征收补偿行政性质的观点。也许立法者认同的是官员意见中隐含的强调征收效率因素,毕竟因为公共利益实施的征收仍有时限要求,有时基于效率要求,甚至有紧急进行的征收程序安排。两次意见稿中有关补偿确定的协议方式在《征收条例》第二十五条中仍然被保留,该条同时规定:"补偿协议订立后,一方当事人不履行补偿协议约定的义务的,另一方当事人可以依法提起诉讼。"这与条例第二十六条有关被征收人对补偿决定不服可申请行政复议与行政诉讼的表述有明显不同。也就是说,由于补偿协议的争议未能设定行政复议或行政诉讼救济途径,根据《征收条例》条文之间的差异推断,补偿协议具有民事性质,而非行政合同。

不过笔者认为,决定征收补偿民事性质的根本,却在于《征收条例》所确定的公平补偿标准及与之密切联系的市场机制。

首先,公平补偿标准在法律上是平等的。公平补偿标准以被征收房屋为对象,而被征收房屋在公法上为财产权,即使因为公益需要征收,其本质上应受到宪法的平等保护,不能因为国有或私有而存在不同。同时,被征收房屋作为物权,在《物权法》上受到物权平等原则保护。对物的保护同时也是对人的保护,"如果对各种市场主体不给予平等保护,解决纠纷的办法、承担的法律责任不一样,就不可能发展社会主义市场经济"[2]。可见,征收补偿不论在公法上还是私法上,均具有平等性。

其次,市场机制是自由的。《征收条例》第十九条规定:"对被征收房屋价值的补偿,不得低于房屋征收决定公告之日被征收房屋类似房地产的市场价

---

[1] 不过从一些了解立法内情的官方人士发表的意见来看,可推测成立。参见《刘克希:拆迁条例二稿是典型的"市长稿"》,《扬子晚报》2010年12月30日。刘克希同志现为江苏省人大法工委副主任。

[2] 2007年3月8日全国人民代表大会常务委员会副委员长王兆国在第十届全国人民代表大会第五次会议上所作《关于〈中华人民共和国物权法〉(草案)的说明》。

格。征收房屋的价值,由具有相应资质的房地产价格评估机构按照房屋征收评估办法评估确定。"所谓"市场价格",即为自由市场形成的价格。条例要求第三方评估形成的被征收房屋价值也不得低于市场价格,就是表明,第三方评估方式确定征收补偿,应当是自由交易形成方式的次要选择。第一次征求意见稿中详尽的依照被征收人意愿实施补偿的条文,即是为了配合实现这一条中有关"市场价格"基础的制度安排。2001年《拆迁条例》第二十四条规定:"货币补偿的金额,根据被拆迁房屋的区位、用途、建筑面积等因素,以房地产市场评估价格确定。"该条虽然规定了拆迁补偿的"市场价格",但是由于配套的估价规范具有行政性,而估价机构往往由行政部门限定,因此第三方估价方式形成的市场价格并不充分。《征收条例》废除原有唯一的第三方估价方式的市场价格形成机制,在一定程度上是对估价方式非市场化的认识所致。

因此,我们可以认为,法定的公平补偿标准及其关联的市场价格形成机制,要求通过被征收人平等、自愿方式确定补偿,《征收条例》虽然确定由政府承担补偿义务,但征收补偿在本质上仍具有民事性质。

第四章

单一到多样：房屋征收类型的适度扩张

第一节 房屋征收的类型化需要

一、"上海新天地"建设模式引发的思考

人们常说："没去过新天地，就不算去过上海。"上海新天地位于繁华的淮海中路南侧、黄陂南路和马当路之间 30 000 平方米的地块上，本来是个旧城改造项目，现在却升华为具有浓郁"海派"风格的都市旅游景点，成为上海时尚文化的代表和集餐饮、购物、娱乐、休闲、文化体验等诸多功能为一体的国际化休闲中心。然而更为业界所津津乐道的是，新天地不仅为旧城改造的范本，也带动了周边房产价格的飙升，成为旅游房地产开发的一个经典案例。上海新天地模式的成功，引发国内各大城市纷纷效仿，其中比较典型的有南京、苏州的 1912 街区模式及上海新天地开发商香港瑞安集团新开发的重庆天地等。

上海新天地广场重要的特色就是在其街区范围内保留了上海二十世纪二三十年代形成的"石库门"式建筑，突出了旧上海所特有的海派建筑文化，并成为其亮点。但是，在保留"石库门"式旧建筑的方法上，上海新天地建设方不是通过买卖方式，而是通过城市房屋拆迁进行，因而引发了极大的争议。其中最为典型的是黄陂南路 330 号"锄经精舍"石库门小楼的拆迁过程。原屋主何氏一家遵守"凡我子孙，此房不典、不卖、不租"祖训，对于该房坚持要

求原地回迁。后经卢湾区政府行政裁决,最后动用行政方式将何氏一家强制搬迁。然而,何氏一家被迁离黄陂南路330号后,该房屋并未拆除,而是由拆迁人重新装修后出租用作酒吧经营,并成为新天地石库门风格建筑的重要组成部分。纳入被拆迁范围的房屋在未拆除的情况下转移了主人,人们因此强烈质疑这种拆迁模式,接受《南方周末》记者就何氏一家遭遇采访的国家建设部房产开发处官员也说:"拆迁应当以原建筑的灭失为条件,没有灭失,就不能应用拆迁条例。"[1]

在城市房屋拆迁制度下,基于字面含义,人们一般认为"拆迁"系以拆除旧房屋、迁离房屋使用人为表现形式。因此,人们常常将房屋的拆除作为拆迁法律行为的必备要件。但是,拆迁人无论通过协议方式,还是拆迁裁决方式,均是取得被拆迁房屋控制权的法律行为,至于取得被拆迁房屋后是否拆除,则由拆迁人具体建设目标决定。虽然大量的城市房屋拆迁项目,需要拆除旧房屋,以便开始新的建设,但是,这并不能排除拆迁人取得被拆迁房屋控制权后,保留其旧有风貌,以实现其整体规划方案。尤其是在旧城改造的模式下,既可能是所有原建筑的推倒重建,也有可能是修旧如旧的综合改造。今天,上海新天地街区成为上海标志性景点,从旧城改造的角度而言,我们不能不承认其改造模式的成功。而笔者也认为,在黄陂南路330号建筑的拆迁争议中,并非"迁而不拆"模式的违法,而是上海新天地项目是否符合公共利益以及拆迁人对被拆迁人补偿是否公正的问题。

《物权法》颁布后,我们以房屋征收来定性城市房屋拆迁,实际可以更为理性地看待类似上海新天地建设模式问题。房屋被征收后,房屋所有权发生了转移,而物权转移后的房屋是否拆除,则由新的权利人根据其具体目标所确定。也就是说,上海新天地建设模式中,城市房屋拆迁制度无法承载的"迁而不拆"问题,在新的房屋征收制度下,已成为探讨房屋征收多样化类型的切入点。

二、域外的多样化征收类型

在我国,不论是土地征收,还是城市房屋拆迁,其制度建设均极为薄弱,房屋拆迁的单一模式已经成为房屋征收制度所必须调整的重要对象,因此,应针对征收拟实现的目标进行多样化的制度配置。而探讨房屋征收制度的

---

[1]《谁夺了我祖传石库门》,《南方周末》2002年5月16日。

多样化类型,有必要借鉴域外法制中已经较为成熟的各种征收类型。其中,比较有特色的有区段征收、超额征收、保留征收以及我国香港地区特有的强制售卖等。

(一)以法国、英国为典型的区段征收

最早的区段征收源于法国1850年颁布的《不良卫生住宅法》。该法规定,对于公共卫生条件恶劣的城镇住宅区,只能通过全部拆除旧建筑重建才能达到目标的,应当实行区段征收。为配合拿破仑三世改造大巴黎计划,1852年法国颁布《巴黎街道法令》,将区段征收适用于街道建设领域。1915年又颁布法律,规定各乡镇可以征收公共卫生环境差的住宅区,拆除后重新规划,并可以再行出售。后来区段征收范围逐渐扩大,如1918年又颁布法令,扩大区段征收的用途,规定凡是为了保障现在和将来公共事业的充分拓展所需要的土地,都可以宣告为公共用途并予以征收。

英国为了消除城市中的贫民窟(Slum),在1875年制定《不卫生地区法》,规定地方政府对于不合卫生地区,可以全部强制收买[即施行区段征收(Zone Condemnation)]并拆毁原有建筑物,然后重新划分街道,以便于建设符合公共卫生条件的房屋。后来,《不卫生地区法》为《住宅法》所代替。在《住宅法》中规定,地方政府发现管辖范围内任何地段的房屋不适合居住,或者房屋建设不合理,街道狭窄,有可能危害居民的健康情形时,就可以在地图上划定范围,通过议案,宣布该地区为"清除区"(Zone),拆除该范围内全部建筑物。同时,该法也规定,地方主管机关在征收清除区内的所有土地的同时,可以强制购买三类物业:环绕清除区周围的物业;为保全清除区适当形式与调整所必需的土地;为发展清除区所必要的连接地段。后来,英国又相继通过了《都市与乡村计划法》(Town and Country Planning Act,1944)、《新镇法》(New Town Act,1946),进一步扩大区段征收的范围。如《都市与乡村计划法》规定,只要属于综合开发区范围的土地,均可实行区段征收,包括二次世界大战中受损严重地区、新开发地区等等。而《新镇法》则规定,取得议会授权的开发公司,可以先行协议收购为建设新镇的相关地段,包括:新镇计划范围地段;新镇范围外,但与新镇相连且属于新镇建设需要的地段;位于新镇范围外,非与新镇相连,但为新镇公共设施或公用事业(瓦斯、自来水、电力及下水道等)建设所需。如果协议收购不成,开发公司可以依《都市与乡村计划法》规定,申请部长核准后,实施区段征收。

考察法、英等的区段征收,我们发现,其目标逐渐从最初的消除城镇贫民窟扩展,延伸至旧城改造、新区建设,乃至实现国家经济政策等,而征收的主要方式,就是通过划定整体征收地段,统一规划后处理地上建筑物,既可以自行建设,也可以依规划条件予以出售,以实现改造目标。[1]

(二)美国的超额征收

超额征收(Excess Condemnation),又称为"边际土地的取得"(Marginal Land Acquisition),在美国颇为盛行,指的是将兴办公益事业所必需范围之外的相邻地段一并征收。美国马萨诸塞州于十九世纪末修改该州宪法,规定立法机关为建筑或拓宽道路,可以通过法案将道路所必需土地以外的连接残余土地,一并征收。后来其他各州纷纷效仿,或修改州宪法,或者另行制定法律,准许实行超额征收。如1913年俄勒冈州制定法律,规定政府为修建广场、公园、体育场,可以将广场、公园界址以外二百英尺以内的土地,实行超额征收。各州宪法中有关超额征收的规定,以密苏里及新泽西州所规定的范围最为广泛。如密苏里州宪法第二十七条规定:"州郡及市镇府为举办公共建设及改善公共设施,为促进该建设及成果,得施行超额征收。"美国俄亥俄州议会于1902年,立法规定城市可以为了保护公园游览地等的风景线、不受空气污染等目的,可以进行超额征收。纽约市在1911年,为了进行道路、港口、车站的建设,通过专门的议案,允许施行保护目的的超额征收。超额征收后的地块,经过整理后根据道路、港口、车站的保护需要设定条件或出租。

由此可见,以美国为典型的超额征收,其主要作用有如下三类:

第一,为了避免相邻地权利人的损失。道路建设的相邻地段,其原有用途往往因此受到影响,有可能导致价值大幅贬损。为了避免产权人的损失,主动在项目用地范围之外实行超额征收。

第二,筹措建设资金兼顾社会公平。政府兴办公园、广场等公益事业后,周边地带的房地产往往大幅升值。这种升值对相关业主而言属于不劳而获,相对于其他人特别是被征收人而言,显然不公平。因此,有必要对公园、广场

---

[1] 如我国台湾地区2000年1月13日颁布的"土地征收条例"第四条规定:有下列各款情形之一者,得为区段征收:

一、新设都市地区之全部或一部,实施开发建设者。
二、旧都市地区为公共安全、卫生、交通之需要或促进土地之合理使用实施更新者。
三、都市土地之农业区、保护区变更为建筑用地或工业区变更为住宅区、商业区者。
四、非都市土地实施开发建设者。
五、农村小区为加强公共设施、改善公共卫生之需要或配合农业发展之规划实施更新者。
六、其他依法得为区段征收者。

周边地带实行超额征收。征收后由政府重新对该地段加以整理,再行出卖或出租,实行涨价归公。同样情况还有法国,1818年修改后的土地征收法就规定,兴办公共事业导致价格上涨百分之十五以上的邻近土地,可以宣告属于公共用途予以征收。有人因此说,拿破仑三世改建巴黎得以成功,就得益于这项制度,当时建设剧院大街花费1 080万元,工程完工后将超额征收的地段分别出售,却收回了6 000万元。

第三,为了保护环境。名胜古迹等游览区的周边环境,需要特别保护,如有需要统一的风格,有的地方需要避免空气污染,需要对周边地段实行超额征收。

(三) 英、法、日及我国台湾地区的保留征收

1946年,英国工党执政后,修改《都市与乡村计划法》,规定政府对于拟开发建设地段,保留将来的强制收买权(即保留征收),最长时间为十二年。但是,如果在开发计划发生效力后的十二年内未收买的,土地所有人可以请求征收机构于六个月内决定是否收买其土地,否则该土地不受强制收买的限制。

法国于1924年公布《关于都市之扩张及整理之法律》,该法第十条规定:"为都市规划所规定的街道或广场计划执行区域内的土地所有人或地上权人、租赁权人之建筑限制,如此等权利人于其所有土地或使用之土地境内申请建筑之许可时,市乡镇或府县应决定是否于15年内施行该街道或广场事业。倘若决定施行时,应议决其工事所必要之费用。而此时申请人受到建筑之限制,如决定不于十五年内施行时,应许可申请人之建筑,但此时市乡镇或府县仍得征收其建筑用地。故法国法律对于新建筑申请之准驳或指定开发地区之建筑,涉及保留征收之规定。"

日本《土地收用法》第三章第二节即规定收用或使用手续之保留。该法第三十一条规定:"起业者对起业地之全部或一部,得保留事业认定后之收用或使用手续。"至其申请保留征收之手续,系由起业者依照建设省令所定格式于申请事业认定之同时,向建设大臣或都道府县知事提出,并于认定后将保留收用或使用手续之事由及范围公告之。如果起业者对保留收用或使用手续之土地,拟开始其手续(即施行保留征收)时,应于事业认定公告之日起三年内,向都道府县知事申请为开始收用或使用之手续,如不于此期间内申请收用或使用,则事业之认定自期满之日第二日起失效。

我国台湾地区"土地法"第二百一十三条则规定:因左列各款之一,得为

保留征收：一、开辟交通路线。二、兴办公用事业。三、新设都市地域。四、防务设备。前项保留征收，谓就举办事将来所需用之土地，在未需用以前，预为呈请核定公布其征收之范围，并禁止妨碍征收之使用。第二百一十四条规定："前条保留征收之期间，不得超过三年，逾期不征收，视为废止。但因举办前条第一款或第四款之事业，得申请核定延长保留征收期间；其延长期间，以五年为限。"

对于保留征收，由于不涉及权利的转移，而且对权利人的损失不予补偿，与公法上的公用限制相似，并非典型意义的征收行为，在美国则纳入不予补偿的警察权范畴。但是，我们从这里也可以看出，域外发达的征收制度不限于我们所理解的所有权的转移，甚至与包括权利的限制，其征收类型则根据目标的不同而呈现多样化的特性。

(四) 我国香港地区的强制售卖

为了促进私人重新发展旧物业，香港特区政府于1998年制定了《土地(为重新发展而强制售卖)条例》(香港法例第545章)。这一条例的颁布使得旧物业的"多数份数拥有人"(majority owner)可以要求政府(土地审裁处)作出强制售卖令，准许通过公开拍卖的方式强制售卖其与"少数份数拥有人"(minority owners)的共同地段物业，重新进行开发。而多数份数拥有人、少数份数拥有人以及其他第三人，都有权在拍卖过程中竞投该物业。而且，在强制售卖制度中，政府更注重通过督促多数份数拥有人通过民事收买的方式实现目的，尽量不由政府下达强制售卖令。而从1998年施行《土地(为重新发展而强制售卖)条例》以来，基本上都是由发展商和当事人之间通过协议方式解决问题。[1]

香港特区的强制售卖制度，受到英国强制购买制度的影响，不以公用为启动标准，而是将旧物业的改造作为目标，在尊重多数人的意见的基础上，有效发挥了市场主体开发旧物业的积极性，在推动民间力量改造旧物业的同时，实质上也促进了香港城市面貌的更新。

(五) 简评

综观上述五类域外征收类型，有如下几大特点，可供我国房屋征收制度镜鉴：

第一，改造"贫民窟"系征收制度创设的重要动因，且自成特性。改造贫

---

[1] 林峰：《土地征收与补偿：香港的经验》，《法学》2007年第8期，第17页。

民窟系英法创设区段征收制度的初始目标,后来则利用该类征收方式扩展至街道建设、新城建设等等。通过确定符合条件地段为"清除区",统一拆旧,统一规划,再行建设。而建设主体一般为取得被征收土地所有权的公营事业主体。

第二,通过征收类型的创新,既可以为完成征收项目筹措资金,也可以实现社会公正。在美国各州得到大力推广的超额征收,从形式上看,其征收范围与建设项目之间存在不对应,但从遏止周边房地产业主不劳而获而言,却又实现了社会公正,而政府通过出售其超额征收地段,为项目的投入获得资金补偿,则又从另一方面减轻社会负担。

第三,市场主体参与征收,在严格的制度约束下,也可以实现征收的公益目标。不论是英、法及我国台湾地区的区段征收,还是我国香港地区的强制售卖,均未排斥市场主体参与征收。征收的公益性,并不在于参与主体的身份属性,"关键不是受益人,而是征收追求的目标"[1]。

三、我国房屋征收多样化类型的确立

从拆迁到征收法律术语变化,启发了我们对于房屋征收多样化类型的思考,而域外形态各异的征收类型,更为我们拓展了确立征收类型的宽阔视野。因此,在借鉴域外成熟征收类型的基础上,根据我国现有城乡建设的需要,以被征收人权利保护为依归,我国房屋征收的具体类型可以结合如下标准确立:

(一)国有土地上的房屋征收与集体土地上的房屋征收并重

当前,人们广为关注承继城市房屋拆迁制度的城市房屋征收制度的建设,却普遍忽略远在城市规划区之外的农村建设。为了加强农村建设,改善农村村民居住条件,通过规范化的房屋征收推动农村的发展,应属征收制度的题中应有之义。与此同时,由于城市规划区内的"城中村"的土地性质仍然属于集体土地,即使人们普遍寄予厚望的《征收条例》,也未能对城中村的改造问题有所涉及。因此,这也需要房屋征收制度整合国有土地与集体土地上的房屋征收类型,予以通盘考虑。

(二)通过征收类型的技术创新推动征收目标的顺利实现

不论是房屋征收,还是房屋拆迁,作为具体法律制度,其实践中遇到的问

---

[1] [德]哈特穆特·毛雷尔著,高家伟译:《行政法学总论》,法律出版社2000年版,第691页。

题往往是一致的。但是,不论是城市房屋拆迁制度,还是征地房屋拆迁制度,却因其物理上的拆房占地模式在实践中不敷应用,进而在法律上受到质疑,如前述上海新天地建设模式。因此,有必要借鉴域外征收类型的技术创新,为解决房屋拆迁制度下的老问题提供新方法。

(三)平衡公共利益与被征收人权利保护间关系

各国宪法上确立征收条款,其本意在于确保财产权因公共利益受损害时,获得公正的实体与程序保护,同时,各国城市更新法制进程证明,以被征收人权利实现为目标,同样构成启动征收的理由,符合公共利益的需要。因此,因应不同时代、不同地域的被征收人法律权利乃至基本人权保护需要,房屋征收制度应有不同的应对方案,而这也是房屋征收多样化类型的重要标准之一。

(四)妥善处理新旧制度间的继承与发展关系

以《拆迁条例》为代表的城市房屋拆迁制度及行政体制,在我国的城市建设过程中发挥了重要的历史作用,许多具体制度及实践经验在新房屋征收制度建设过程中不无借鉴意义。而以《宪法》《立法法》及《物权法》等为制度依据的房屋征收法律制度,则应将上位法的先进法治理念、权利保障要求贯穿其中,为具体制度建设提供价值指引,推动新制度对旧制度的超越。

因此,综合考虑上述标准,针对我国城乡建设的具体实践,笔者认为,房屋征收类型的划分,以房屋占地性质为标准,可以分为国有土地上的房屋征收与集体土地上的房屋征收;以房屋征收的功能不同,可分为一般征收与特殊征收,而特殊征收又可分为区段征收与扩张征收,区段征收在我国的主要表现形态为"危旧房"改造、"城中村"改造两大类型。不过,由于集体土地上的房屋征收与国有土地上的房屋征收类型仅为占地性质不同,其具体表现仍然寓于一般征收与特殊征收各项子类型中,因此,本章以下各节拟对一般征收及特殊征收的具体形态一一展开。

第二节 一 般 征 收

一、一般征收的界定

根据一般征收与特殊征收的功能不同,可以将一般征收理解为:为完成公益项目建设,以取得被征收房屋占地范围的国有土地使用权为目标的房屋征收。对于一般征收的理解,可以从一般征收与特殊征收的比较角度切入。

首先,一般征收与特殊征收功能不同。一般征收的功能在于实现公益项目的建设,由于不能通过被征收人的自愿达成目标,公益项目建设的用地需要又无法替代,因此只能启动征收。而特殊征收的功能则各有不同,如区段征收主要在于实现被征收人居住条件的改善,而扩张征收既可以是避免建设项目范围外房屋所有人权利受损实施扩大征收范围,也可以是避免征收范围外房屋所有人的不劳而获的扩张征收。

其次,一般征收与特殊征收具体制度存在不同。一般征收因其建设需要,建设单位需要取得被征收房屋占地范围内的土地使用权,而特殊征收中的区段征收中,被征收人仍然可以保留被征收房屋占地范围的土地使用权,在扩张征收中,为避免建设项目占地范围外的被征收人权利受损,甚至可以赋予其扩张征收请求权。一般征收取得被征收房屋占地范围国有土地使用权后,只能用于项目建设,而区段征收中,因被征收范围土地经重新规划整理后,在解决被征收人居住需要后,也可以对外出售或出租。

不过,我们在理解一般征收时也不应割裂其与特殊征收的联系,如扩张征收附属于一般征收中,仍然需要遵守一般征收的主要程序等等。

二、一般征收的主要程序

(一)用地人的申请

房屋征收行为应属依申请行为而非依职权行为,这是征收公正原则的基本要求。而这一程序中,主要有两大问题需要明确,一是申请人的身份条件,一是申请时的必备材料。

1. 作为申请人的"用地人"

征收程序的启动者,我国台湾地区称之为"需用土地人",在日本则称为"起业者"。而在我国,根据房屋征收的物权创设性质,申请人以"用地人"名称最为适合。

申请人以"用地人"名之,一方面可以明确房屋征收创设的物权属性,另一方面,也可以避免城市房屋拆迁制度下拆迁人拆除房屋后将土地出卖的大量现象。

城市房屋拆迁制度下,启动拆迁程序申请者为"拆迁人"。而拆迁人的身份,则有从"建设单位与个人"到"单位"的变迁过程。1991年《拆迁条例》第三条一款规定:"本条例所称拆迁人是指取得房屋拆迁许可证的建设单位或者个人。"也就是说,只有具有建设需要的单位与个人,才有可能取得拆迁许可,作为拆迁人启动拆迁程序。2001年重新颁布的《拆迁条例》则改变了旧条例的限制,在其第四条第二款中规定:"本条例所称拆迁人,是指取得房屋拆迁许可证的单位。"将1991年条例中"建设单位"变更为"单位",实际上就包含了取消拆迁人具备项目建设需要的限制。因此,有些地方就在"经营城市"的名目下,通过拆迁方式实现其土地财政目标。而所谓拆迁人申领拆迁许可时提交的立项批文,则五花八门,有"环境改造前期开发",也有"城市绿化综合项目",不一而足,大多是在拆除房屋后将土地出让开发。

因此,将房屋征收的启动者确定为"用地人",同时也是对2001年《拆迁条例》第四条规定为土地财政大开方便之门弊端的纠正。

2. 申请的必备材料

2001年《拆迁条例》第七条规定:"申请领取房屋拆迁许可证的,应当向房屋所在地的市、县人民政府房屋拆迁管理部门提交下列材料:(一)建设项目批准文件;(二)建设用地规划许可证;(三)国有土地使用权批准文件;(四)拆迁计划和拆迁方案;(五)办理存款业务的金融机构出具的拆迁补偿安置资金证明。"这是2001年《拆迁条例》对拆迁人申请必备材料的要求。

在房屋征收制度中,用地人向主管部门提出房屋征收申请时,仍然需要准备必要的材料,以证明其建设项目系公共利益所必需。不过,房屋征收决定并非城市房屋拆迁许可,《拆迁条例》所要求的内容不能复制。那么,用地人申请必须提交哪些材料呢?

第一,证明建设项目符合公共利益需要的相关材料。建设项目是否符合法律设定的公共利益标准,是主管部门作出房屋征收决定的法律理由,也是用地人需要提交材料必须证明的对象。因此,对于建设项目的基本情况,需要用地人提交材料予以说明。在2001年《拆迁条例》中,对于房屋拆迁后的建设项目是否属于公共利益需要并无明确要求,仅在该法规第七条规定中要求拆迁人提交建设项目批文,至于该建设项目是否属于公共利益需要,该条例并未明确,因此房屋拆迁主管部门发放拆迁许可并无法定审查义务。即使法院对于城市房屋拆迁许可行政诉讼的审查,也不会涉及该许可是否符合公共利益标准的问题。[1]

在房屋征收制度中,应当避免城市房屋拆迁制度的这一问题,要求用地

---

[1] 王克稳:《论房屋拆迁行政争议的司法审查》,《中国法学》2004年第4期。

人按照国家建设项目审批管理规定,提交相关建设项目材料,使得建设项目是否符合公共利益需要问题在房屋征收程序中得到实质性的审查。

第二,符合必要性的用地范围要求的相关材料。建设项目即使符合公益标准,但其建设用地是否项目所必需,仍然需要征收主管部门重点审查。因此,只有申请人对其用地范围予以明确,方能证明建设项目与其具体用地之间符合必要性的要求。不过,由于房屋征收系物权创设行为,其法律上的表现即为用地人直接创设国有土地使用权,2001年《拆迁条例》第七条所要求的国有土地使用权批准文书则无需在房屋征收申请程序中提交。对于用地范围证明材料,2001年《拆迁条例》第七条规定为建设用地规划许可证。由于用地人申请阶段,其用地范围属于建设项目所需尚未确定,因此不宜援用城市房屋拆迁许可程序中的建设用地规划许可证要求,可以以规划部门在颁发用地规划许可之前的规划要点作为必备材料。一方面,说明申请人已经具有前期用地规划,另一方面则为后期房屋征收决定调整留下空间。[1]

因此,申请程序中,用地人提交材料应以证明该项房屋征收的公共利益为目的,相应材料就以建设项目申请材料及用地范围证明为必备材料。其他材料如2001年《拆迁条例》第七条所要求的拆迁计划和拆迁方案,甚至拆迁补偿安置资金证明,由于其与房屋征收的公共利益标准关联性不大,在房屋征收制度中并非用地人申请房屋征收决定时所必要。

(二)主管部门的听取意见程序

房屋征收主管部门受理用地人申请后,应围绕该建设项目是否公共利益的必需进行审查,以确定是否符合房屋征收要件。由于主管部门将要作出的决定直接影响到被征收房屋所有人及其他利害关系人的重大权益,依公正原则要求,应当在作出决定前听取其意见。这种听取意见的程序,可以通过利害关系人的陈述、申辩进行,也可以是通过听证程序进行。不过,在相关听取意见程序中,听取哪些方面的意见,参与表述意见的利害关系人的范围有哪些,需要进一步确定。

---

[1] 建设用地规划许可证及建设立项批准文件分别为规划行政主管部门、发展计划主管部门作出的具体行政行为,具备行政行为公定力,在城市房屋拆迁许可程序中不能进行实质性审查,因此城市房屋拆迁项目是否属于公共利益实际上在这里就被隔离了。如广州市国土资源和房屋管理局2008年9月9日颁布的《广州市城市房屋拆迁许可听证规定》第十一条就规定:"关于申请拆迁许可必须提交的立项批准文件、规划许可、国有土地使用权批准文件,只对其真实性进行听证。"

1. 意见应集中于建设项目是否公共利益必需

2004年《中华人民共和国行政许可法》(简称《行政许可法》)颁布后,城市房屋拆迁许可的被拆迁人被赋予陈述申辩权以及申请听证的权利,实际上设定了城市房屋拆迁许可的听证程序。[1]但是,实践中的拆迁许可听证活动有关听证的具体内容却存在误区。因为2001年《拆迁条例》第七条设定的前三项条件均表现为行政机关的生效具体行政行为,拆迁主管部门不可能在拆迁许可程序中对其否定,因此,只能对该条规定中的后两项条件进行讨论,即对拆迁方案、拆迁计划以及拆迁安置补偿资金进行听证。因此,是否拆迁并非拆迁许可听证程序的重心,在实际上也往往成了被拆迁人讨论拆迁安置补偿的会议。

房屋征收的启动,须基于公共事业建设的必需。因此,房屋征收主管部门在听取有可能被纳入征收范围内的房屋所有人或其他利害关系人的意见时,不应该预设立场,而是在其主持下,由申请人就建设项目符合房屋征收启动标准予以说明,提交相关材料,而被征收房屋所有人及其他利害关系人等参与人就此表达意见,可以是赞成建设项目的公益性,也可以是反对意见。但是,有关征收补偿的问题并非这一意见表达程序的核心。城市房屋拆迁许可听证程序中的弊端应当在房屋征收程序中得到纠正。

2. 表达意见主体的范围

基于公正原则要求,被征收房屋所有人及该房屋的承租人及其他权利主体,因房屋被征收后权利受到重大影响,有权表达意见。但是,房屋所有人或其他权利主体更关注的是征收补偿问题,而非征收的公共利益性。因此,在主管部门确定建设项目的公共利益性上,不能仅听取被征收房屋所有人或其他权利主体的意见,而是应该将意见表达主体扩展至建设项目的利害关系人范围。一个公共事业的建设项目,往往并非被征收人的需要,而是其他社会主体的需要,如一条城市道路的建设,影响的是一定区域内的交通,受益的道路使用者不特定,但对于这些人而言,大多欢迎道路的建设。而对于因道路

---

[1] 参见《行政许可法》第三十六条、第四十七条规定。(第三十六条 行政机关对行政许可申请进行审查时,发现行政许可事项直接关系他人重大利益的,应当告知该利害关系人。申请人、利害关系人有权进行陈述和申辩。行政机关应当听取申请人、利害关系人的意见。第四十七条 行政许可直接涉及申请人与他人之间重大利益关系的,行政机关在作出行政许可决定前,应当告知申请人、利害关系人享有要求听证的权利;申请人、利害关系人在被告知听证权利之日起五日内提出听证申请的,行政机关应当在二十日内组织听证。)

建设而被征收的房屋所有人而言，则不一定赞成。因此，房屋征收主管部门听取意见群体，不能局限于被征收房屋的所有人及相关权利主体，因建设项目而发生利害关系主体的意见也应该得到同等尊重，也就是说，房屋征收主管部门听取意见的程序，实质上是一个公共利益的形成过程。建设项目的支持者，包括但不限于用地人，建设项目的反对者，也许是被征收房屋的所有人或其他社会公众，都可以参与到程序中来，就该房屋征收的公共利益性质表达意见。

《征收条例》第十条规定："房屋征收部门拟定征收补偿方案，报市、县级人民政府。市、县级人民政府应当组织有关部门对征收补偿方案进行论证并予以公布，征求公众意见。征求意见期限不得少于30日。"第十一条规定："市、县级人民政府应当将征求意见情况和根据公众意见修改的情况及时公布。因旧城区改建需要征收房屋，多数被征收人认为征收补偿方案不符合本条例规定的，市、县级人民政府应当组织由被征收人和公众代表参加的听证会，并根据听证会情况修改方案。"将征收补偿方案的征收意见与征收决定公共利益形成过程混为一谈，显然系对一般房屋征收决定程序的错误配置，有必要在具体的实施过程中予以调整。

（三）主管部门的房屋征收决定

房屋征收决定，系主管部门在接受用地人申请并听取多方意见后，对申请人建设项目是否具备公共利益性质以及有必要通过征收方式施行的决定。因此，对于征收决定，法国公用征收法典称之为"批准公用目的"，而日本《土地征收法》则称之为"事业认定"。也就是说，房屋征收决定产生了确认建设项目符合公共利益需要的效果，后续的征收程序可以继续进行，但并不直接产生被征收人物权消灭、新的物权产生效果。[1] 结合域外相关征收制度及我国城市房屋拆迁实践，房屋征收决定环节有两大问题需要在新的房屋征收制度中予以明确，下面试分述之。

1. 房屋征收决定的效力时间

2001年《拆迁条例》第八条规定，房屋拆迁管理部门在发放房屋拆迁许可证的同时，应当将房屋拆迁许可证中载明的拆迁人、拆迁范围、拆迁期限等事项，以房屋拆迁公告的形式予以公布。第九条规定，拆迁人应当在房屋拆迁许可证确定的拆迁范围和拆迁期限内，实施房屋拆迁。需要延长拆迁期限

---

[1] 参见第三章第二节相关部分。

的,拆迁人应当在拆迁期限届满 15 日前,向房屋拆迁管理部门提出延期拆迁申请;房屋拆迁管理部门应当自收到延期拆迁申请之日起 10 日内给予答复。这两条规定实际为拆迁许可设定的效力时间。

但是,由于《拆迁条例》未能就房屋拆迁最长期限予以限定,导致拆迁许可证的效力时间得到无限延长,引发了城市房屋拆迁实践中的大量问题。因为根据估价规范,对于被拆迁房屋的评估以房屋拆迁许可公告时间为其评估时点,也就是说,即使是多年前发放的拆迁许可,也可以因拆迁人的申请获得延长,因而对被拆迁人适用多年前的估价时点确定其被拆迁房屋的房地产市场价值,在我国城市房地产市场一直处于刚性上涨的态势下,对于被拆迁人显然不公,因而就此产生大量拆迁争议。

日本《土地征收法》有专门的事业认定失效条款,如该法第二十九条规定事业认定公告发布之日起一年内,起业者未按规定提出征收裁决申请时,或者起业者未在事业认定公告发布之日起四年内,提出让出裁决申请时,事业认定也因此失效。法国 1958 年公用征收法典也限定了批准公用目的决定的有效期间,一般征收最长期限为 5 年,而对于为了执行土地整理计划而进行的公用征收,最长可达 10 年。[1]

在国务院《拆迁条例》未设定最长拆迁期限的情况下,有些地方为避免拆迁期限无限延长产生的问题,通过地方立法规定了最长拆迁期限,如《北京市城市房屋拆迁管理办法》(2001 年 11 月 1 日北京市人民政府令第 87 号公布自 2001 年 11 月 1 日起施行)第十一条就规定:"房屋拆迁许可证规定的拆迁期限最长为 1 年。拆迁人在规定的拆迁期限内未完成拆迁的,应当在期限届满 15 日前向核发房屋拆迁许可证的区、县国土房管局申请延期,延期不超过 6 个月。"这些地方立法实际上也为我国房屋征收决定设定最长有效期限提供了有益的参考。

因此,对于房屋征收决定的效力时间,应当设定一适中的最长期限。一旦超过期限仍然未能完成征收,该征收决定自然失效,从而遏止房屋征收程序拖延对被征收人权利的侵害,也能加快公共事业的建设,以促进公益的实现。

2. 房屋征收决定的表现形式

由于涉及利害关系主体众多,房屋征收决定应当通过公告方式使得社会

---

[1] 王名扬:《法国行政法》,中国政法大学出版社 1988 年版,第 379 页。

知晓。2001年《拆迁条例》第八条规定:"房屋拆迁管理部门在发放房屋拆迁许可证的同时,应当将房屋拆迁许可证中载明的拆迁人、拆迁范围、拆迁期限等事项,以房屋拆迁公告的形式予以公布。"这一规定实际上将房屋拆迁许可的法定表现形式确定为向拆迁人发放的拆迁许可,同时公告拆迁许可的重要内容。一旦房屋拆迁公告与房屋拆迁许可证内容不一致,应当以房屋拆迁许可证内容为准。

但是,房屋征收决定系对用地人作为业主的建设项目公共利益的确认,该行为并非仅针对用地人而言,更应该以被征收范围内所有权利主体为对象。因此,城市房屋拆迁许可的表现形式不应在房屋征收制度中援用,应当以公告方式为法定形式。

(四)确定补偿的协商程序

房屋征收决定确定了建设项目的公共利益性质后,要完成房屋征收的最终目标,即实现新的物权产生与旧物权消灭,需要确定对被征收房屋所有人及其他权利的补偿与安置。由于用地人与被征收人之间就安置补偿发生的法律关系性质属于平等主体之间的民事权利义务,因此,通过自愿、平等的协商程序达成安置补偿协议,是实现房屋征收的重要环节。

1. 协商可以先于房屋征收决定程序

域外征收法制中,普遍强调协议取得征收标的的优先性,很值得我们借鉴。如澳门第12/92/M号法律第二条第一款明文规定"经穷尽以私法途径取得财产的可能性后,方可采取征收"原则,因此,澳门特区政府因公共利益需要主要采取私法方式取得被征收土地,而非动用以强制力为后盾的征收程序。而我国台湾地区"土地征收条例"第十一条也规定:需用土地人申请征收土地或土地改良物前,除防务、交通、水利、公共卫生或环境保护事业,因公共安全急需使用土地未及与土地所有权人协议者外,应先与所有权人协议价购或以其他方式取得;所有权人拒绝参与协议或经开会未能达成协议者,始得依本条例申请征收。此条将协商程序作为启动征收的前置程序。日本《土地征收法》则在征收事业认定前,规定征收当事人在协议不成时,可以直接通过调解、仲裁方式解决双方对于土地价格的争议。[1]

由于用地人与被征收人之间处于平等主体地位,在未启动房屋征收程序时,用地人通过协商方式与被征收房屋所有人之间就被征收房屋达成买卖协

---

[1] 参见日本《土地征收法》第十五条二、第十五条之七。

议,符合二者之间就被征收房屋发生法律关系的民事属性定位。因此,即使在征收制度中设定了用地人与被征收房屋所有人及其他权利主体的协商程序,也应该鼓励征收程序启动前的协商方式。

2. 协商中的"要约"与"反要约"

对于用地人而言,确定被征收房屋安置补偿方案,实质上就是对被征收人提出的"要约"。被征收人可以接受用地人的"要约",也可以拒绝,甚至可以提出自己的"反要约"。

《征收条例》第十九条规定:"对被征收房屋价值的补偿,不得低于房屋征收决定公告之日被征收房屋类似房地产的市场价格。"这一条规定改变了2001年《拆迁条例》第二十四条的"货币补偿金额,……以房地产市场评估价格确定"的模式,为被征收人与征收部门之间的协商行为留出了更多空间。而《征收条例》第一次征收意见稿第二十五条曾经规定:"房屋征收部门应当按照经批准的补偿方案,与被征收人就补偿方式、补偿金额、产权调换房屋的地点和面积、搬迁期限、搬迁过渡方式和过渡期限等事项,订立补偿协议。"限定了双方协商的基础,实际上剥夺了协商程序的继续进行。但是,正式公布实施的《征收条例》第二十五条则规定:"房屋征收部门与被征收人依照本条例的规定,就补偿方式、补偿金额和支付期限、用于产权调换房屋的地点和面积、搬迁费、临时安置费或者周转用房、停产停业损失、搬迁期限、过渡方式和过渡期限等事项,订立补偿协议。"由此可见,即使作为行政主体的征收部门而非民事主体的用地人,依《征收条例》的立法精神,仍然需要与被征收人之间进行充分的协商,以形成公平的补偿。

(五)补偿争议解决机制

经过协商程序,当事人之间仍然不能就安置补偿问题达成协议时,有必要通过行政途径的纠纷解决机制予以先行处理。而房屋征收制度的纠纷解决机制,也有必要在总经土地征收及房屋拆迁中的纠纷解决机制经验与教训的基础上,以域外成熟征收法制为借鉴,作出妥当的选择。

1. 我国现有的土地征收补偿争议解决机制的严重缺失

首先,已有的裁决性质不清。《中华人民共和国土地管理法实施条例》第二十五条第三规定:"对补偿标准有争议的,由县级以上地方人民政府协调;协调不成的,由批准征用土地的人民政府裁决。"各地方政府也纷纷通过规范性文件细化土地征收中的"补偿标准"协调、裁决机制。但是,由于争议的"补偿标准"实际上是行政机关前期通过土地征收行为所确立,所谓的"标准裁决"实际上是行政机关自己裁决自己的前期行为,因此不能称之为"裁决,更类似于行政复议。[1]

其次,裁决受理范围混乱。对于"补偿标准",如果持狭义理解的话,即是《土地管理法》第四十七条中规定的土地补偿费、安置补助地上附着物和青苗补偿费的标准,而这些标准的确定,又大多由作为裁决机关的省、自治区、直辖市自行确定。如《土地管理法》第四十七条第二、三款均规定:"征收其他土地的土地补偿费和安置补助费的标准,由省、自治区、直辖市参照征收耕地的土地补偿费和安置补助费的标准规定。被征收土地上的附着物和青苗的补偿标准,由省、自治区、直辖市规定。"显然,由自己裁决自己制定的"补偿标准"显然不可能。因此,各地方制定的文件在规定裁决受理的范围时,均排除了上述狭义的"补偿标准",将其范围确定为补偿标准在具体案件中的适用问题,或者直接称之为"安置补偿争议",如最早建立裁决机制的湖南省,就在2006年将2001年制定的《湖南省征地补偿标准争议案件裁决办法》改为《湖南省征地补偿安置争议裁决暂行办法》。但是,何为"安置补偿争议"又成了具体裁决机制建立中的一大困难,特别是征地房屋拆迁安置补偿涉及每个村民的重大权益,这又是征收过程中的焦点。集体土地上房屋在法律上属于土地上的附着物,依法应当纳入安置补偿争议受案范围。但是,由征地房屋拆迁的矛盾集中,相关文件往往又将其排除于受案范围之外,如湖南省上述两份文件均未列入房屋拆迁补偿争议。[2] 江苏省2007年颁布的《征地补偿安置争议协调裁决办法》虽然在其第六条概括性的包含了"地上附着物的补偿

---

[1] 国务院法制办公室行政复议司方军就持这样的观点。参见《方军:论征地补偿安置争议的法律救济途径》,http://www.chinalaw.gov.cn/article/dfxx/zffzyj/200704/20070400013345.shtml(2011年3月10最后访问)。

[2] 《湖南省征地补偿安置争议裁决暂行办法》第五条规定:下列征地补偿安置争议可以申请裁决:
(一)征地补偿安置标准依据的适用;
(二)被征土地的地类、等级的认定;
(三)被征地农村集体经济组织人均耕地面积的认定;
(四)被征土地前三年平均年产值的确定;
(五)计算土地补偿费、安置补助费倍数的确定;
(六)留地安置面积的确定。

标准"争议[1],但仍然在其第二款中规定:"依照《江苏省城市房屋拆迁管理条例》对被征收集体土地上的房屋实施拆迁的,不适用本办法。"

再次,独立的征地拆迁争议解决机制法律依据不足。一方面,由于《中华人民共和国土地管理法实施条例》第二十五条设定的补偿标准裁决机制存在着上述根本性的问题,另一方面,各省征收安置补偿争议裁决机制建设滞后。而征地房屋拆迁安置补偿争议大量出现,各地方纷纷出台征收地房屋拆迁解决机制。有的规定由国土资源部门对达不成协议的争议经申请后裁决,如《南京市征地房屋拆迁补偿安置办法》(宁政发〔2007〕61号文)第三十一条规定:"拆迁实施单位与被拆迁人达不成拆迁补偿安置协议的,经当事人申请,由市国土资源局裁决。"类似规定的还有《北京市集体土地房屋拆迁管理办法》(北京市政府令124号),该规章第十二条规定:"在区、县国土房管局公告的搬迁期限内,拆迁人与被拆迁人没有达成拆迁补偿安置协议的,经一方或者双方当事人申请,由区、县国土房管局裁决。"有些地方则将集体土地房屋拆迁纳入城市房屋拆迁程序,由城市房屋拆迁主管部门依《拆迁条例》相关规定进行裁决,如《南通市城市房屋拆迁管理办法》(通政发〔2003〕16号文)第五十三条第二款规定:"本市城市规划区内被拆迁房屋,兴建时使用的土地为农民集体所有土地的,其补偿安置适用本章规定。本章未作规定的,可参照本办法其他有关规定执行。"还有的地方规定,由集体土地被征收后的国有土地受让人直接到法院提起诉讼,如《江阴市市区集体土地房屋拆迁管理实施办法》(澄政发〔2005〕50号文)第十八条规定:"用地单位与被拆迁人依照本办法的规定就房屋拆迁补偿安置形式和补偿金额等经协调达不成协议的,当事人可向人民法院起诉,依法处理。"上述各种征收房屋拆迁纠纷解决机制均存在法律依据不足的问题,在法律上存在很大的漏洞。

2. 城市房屋拆迁安置补偿争议行政裁决机制的成绩与不足

在1991年国务院《拆迁条例》颁布之前,各地有关城市房屋拆迁制度的立法,均未规定拆迁安置补偿纠纷的行政裁决制度,只是有的规定由行政机

---

〔1〕 该办法第六条第一款规定:被征地的农村集体经济组织及其成员和其他有利害关系的单位或者个人(以下简称申请人)对经市、县人民政府批准的征地补偿、安置方案中确定的土地补偿费、安置补助费以及地上附着物和青苗补偿费的标准有争议的,可以依法申请协调和裁决。

关责令限期搬迁[1],或者拆迁当事人直接向人民法院提起民事诉讼[2],甚至还有规定由被拆迁人承担赔偿责任情形。[3]

1991年《拆迁条例》第十四条规定:"拆迁人与被拆迁人对补偿形式和补偿金额、安置用房面积和安置地点、搬迁过渡方式和过渡期限,经协商达不成协议的,由批准拆迁的房屋拆迁主管部门裁决。被拆迁人是批准拆迁的房屋拆迁主管部门的,由同级人民政府裁决。"应该说,这一规定已经设定了城市房屋拆迁安置补偿争议的行政裁决制度。但是,由于该条例第十五条同时规定,县级以上人民政府可以在被拆迁人于拆迁公告期限内不签订协议时责令限期搬迁,第十四条有关拆迁裁决的规定因此形同虚设,在实践中并未得到确立。[4] 在未达成拆迁安置补偿协议的情况下,往往由拆迁人直接向法院提起民事诉讼,由法院通过司法途径直接解决安置补偿问题。[5]

2001年《拆迁条例》颁布实施后,在第十六条中规定了1991年《拆迁条例》第十四条的同样内容,但是该条例删除了1991年《拆迁条例》第十五条中县级以上人民政府在拆迁期限内的责令限期搬迁的规定,因此,对于未达成拆迁安置补偿协议的拆迁当事人,只能申请拆迁主管部门就其争议作出裁决,不能直接向法院提起行政诉讼。应该说,这一规定已经完全肯定了城市

---

[1] 参见1980年的《北京市基本建设拆迁安置暂行办法》第二十五条规定:"对已按有关规定作了合理安置,仍坚持过高要求、拖延搬迁的单位和个人,其上级主管部门和工作单位要进行批评教育并限期令其搬迁。对几经教育无效,仍故意刁难、拒绝搬迁,严重影响国家建设的单位和个人,要给予纪律处分,或由人民法院按照法律程序依法处理。"

[2] 参见《江苏省城市建设用地管理和房屋拆迁安置试行办法》第十七条规定:"在执行本办法规定时,有关方面如发生争议,由市、县(区)主管机关调解仲裁;调解无效时,各方均有权向司法机关起诉。任何单位或个人未经人民法院裁决均无权强行拆除他人房屋。"

[3] 参见1982年的《北京市建设拆迁安置办法》第二十七条规定:"因被迁单位和被迁户拖延不搬迁,造成建设单位经济损失的,建设单位得向所在区、县人民法院起诉,要求赔偿。"

[4] 《拆迁条例》(1991)第十五条规定:在房屋拆迁公告规定的或者本条例第十四条第一款规定的裁决作出的拆迁期限内,被拆迁人无正当理由拒绝拆迁的,县级以上人民政府可以作出责令限期拆迁的决定,逾期不拆的,由县级以上人民政府责成有关部门强制拆迁,或者由房屋拆迁主管部门申请人民法院强制拆迁。

[5] 如最高人民法院[1993]法民字第9号《关于适用〈城市房屋拆迁管理条例〉第十四条有关问题的复函》就规定"房屋拆迁主管部门或同级人民政府对此类纠纷裁决后,当事人不服向人民法院起诉的,人民法院应以民事案件受理",而《最高人民法院关于受理房屋拆迁、补偿、安置等案件问题的批复》(1996年7月24日 法复[1996]12号)第二部分也规定:"拆迁人与被拆迁人因房屋补偿、安置等问题发生争议,或者双方当事人达成协议后,一方或者双方当事人反悔,未经行政机关裁决,仅就房屋补偿、安置等问题,依法向人民法院提起诉讼的,人民法院应当作为民事案件受理。"

房屋拆迁中的裁决机制。但是,由于1991年《拆迁条例》及1993年、1996年最高人民法院两次关于拆迁纠纷司法解释的影响,有些地方仍然存在未达成协议的一方拆迁当事人未经裁决向法院提起民事诉讼的情形。2005年最高人民法院就此专门作出了司法解释,规定拆迁当事人未达成安置补偿协议时,不能直接向法院提起民事诉讼,只能向拆迁主管部门提出申请,要求拆迁裁决。如果对拆迁裁决不服,则以拆迁主管部门为被告提起行政诉讼。[1]直到此时,我国城市房屋拆迁制度有关安置争议的行政裁决机制才完全确立。期间,国家建设部于2003年颁布了《城市房屋拆迁行政裁决工作规程》(建住房〔2003〕252号)、《城市房屋拆迁估价指导意见》(建住房〔2003〕234号文),对城市房屋拆迁裁决制度及其配套的评估制度进行了细化。

城市房屋拆迁制度中历经多年磨合形成的行政裁决机制,在城市房屋拆迁实践中发挥积极的历史作用,对于房屋征收制度相关机制的建设不无参考价值:

第一,强化拆迁当事人平等主体地位的理念。拆迁裁决以平等主体之间的民事权利义务为对象,因此,不论是政府工程项目还是商业开发项目的拆迁人,在裁决程序中,均属于承担民事义务或权利的主体。《城市房屋拆迁裁决工作规程》第七条特别规定:"未达成拆迁补偿安置协议户数较多或比例较高的,房屋拆迁管理部门在受理裁决申请前,应当进行听证。具体标准、程序由省、自治区、直辖市人民政府房屋拆迁管理部门规定。"这条规定的目标在于设立裁决受理程序对于民事协商程序的约束,要求拆迁当事人必须进行充分的协商后,方能申请行政裁决,反映了建设行政主管部门对于拆迁当事人平等地位及拆迁裁决补充作用的深刻认识。

以平等主体地位处理安置补偿问题,显然比行政机关单方面的命令更易为被拆迁人或社会所接受。因此,不论是土地征收中"补偿标准"争议,还是独立的城市房屋征收中的安置补偿争议,其具体的解决机制均倾向于行政裁

---

[1]《最高人民法院关于当事人达不成拆迁补偿安置协议就补偿安置争议提起民事诉讼人民法院应否受理问题的批复》(2005年7月4日最高人民法院审判委员会第1358次会议通过 2005年8月1日最高人民法院公告法释〔2005〕9号公布 自2005年8月11日起施行),内容为浙江省高级人民法院:你院浙高法〔2004〕175号《关于双方未达成拆迁补偿安置协议当事人就补偿安置争议向法院起诉,法院能否以民事案件受理的请示》收悉。经研究,答复如下:拆迁人与被拆迁人或者拆迁人、被拆迁人与房屋承租人达不成拆迁补偿安置协议,就补偿安置争议向人民法院提起民事诉讼的,人民法院不予受理,并告知当事人可以按照《城市房屋拆迁管理条例》第十六条的规定向有关部门申请裁决。

决,将争议双方置于平等地位予以处理。而这与域外成熟的征收法制不无吻合,如德国、法国均由普通法院受理征收补偿争议,反映了对征收当事人之间就补偿问题上平等地位的肯认。

第二,初步形成了较为专业的拆迁裁决队伍。由于多年来处理拆迁裁决案件,参与拆迁调解及拆迁裁决诉讼,我国城市房屋拆迁管理领域已经初步形成具备一定专业素养的拆迁裁决工作人员队伍。而这却是土地征收领域所缺乏的。因此,某些地方将征收房屋拆迁安置补偿争议纳入统一的城市房屋拆迁裁决程序,不无这些方面的考虑。

第三,初步形成了较为系统的拆迁裁决及其配套制度。城市房屋拆迁裁决实践,催生了拆迁裁决制度的发展。建设部在颁布《城市房屋拆迁裁决工作规程》后,又颁布了《城市房屋拆迁估价指导意见》,与此同时,各地建设行政主管部门还纷纷完善拆迁行政听证及拆迁强制办法,在拆迁裁决及其配套制度建设上取得了较为系统的成果。

不过,由于城市房屋拆迁制度的历史局限性,加之裁决机制的确立过程几经反复,我国的城市房屋拆迁裁决制度及其运转仍然存在诸多不足,主要表现在如下几方面:

第一,裁决主体的独立性不强。经由城市房屋拆迁实现的建设项目,可以是政府主持的公共工程,或者是政府出让土地后需要交付被拆迁房屋占地的商业开发项目,均与政府存在着非常密切的关系。而在拆迁当事人发生安置补偿争议时,由政府下属部门来进行裁决,被拆迁人首先就会质疑裁决主体的独立性。而且,在城市房屋拆迁实践中,拆迁裁决已成为拆迁人或者其委托的拆迁公司谈判底牌之一,其工作人员往往对被拆迁人威胁:"不签协议就对你实施依法裁决!"同时,也鲜见被拆迁人主动向拆迁主管部门申请裁决情形。可见,拆迁裁决主体的独立性在没有较强制度保障下,其裁决公信力仍然不足。

第二,具体裁决制度层级较低。1991年《拆迁条例》第十四条仅规定了拆迁裁决机制的粗略要求,对于其具体的制度未能有细化的规定。这导致拆迁裁决案件运行的困难,如被拆迁人往往拒不参加拆迁裁决程序,不接受文书、不进行举证、不参加调解,裁决的作出不能客观反映争议问题,从而影响纠纷的解决。建设部出台《城市房屋拆迁裁决工作规程》后,对于拆迁裁决起到了一定的规范作用,但因其层级很低,一旦拆迁裁决涉诉,审判机关并无参照该文件审理裁决案件的义务,往往导致拆迁裁决部门诉讼中的被动。

第三,裁决监督机制的缺失。拆迁当事人不服拆迁裁决,依法只能提起行政诉讼。而我国行政审判只能进行合法性审查,不能进行合理性审查,且行政判决对于涉诉具体行政行为仅有撤销权,无变更权。因此,即使拆迁裁决违法,法院仅能判决撤销,对于被拆迁人的安置补偿问题,仍然需要拆迁主管部门通过裁决方式确认。也就是说,不论拆迁当事人如何不服拆迁裁决,反复提起行政诉讼,最终解决安置补偿争议的只能是拆迁主管部门。这种司法审查机制的漏洞,导致拆迁主管部门往往对于拆迁裁决的判决结果处于一种无所谓的态度,严重影响拆迁纠纷的最终解决。

3. 域外征收法制中的纠纷解决机制

域外征收法制中,对于补偿争议有三种解决方式:

第一种类型,直接向普通法院提起民事诉讼。美国征收案件中的补偿,首先由政府方对于被征收方提出要约,被征收方可能提出反要约,如不能达成协议,一般由政府将案件提交法院处理。为了不影响公共利益,政府方可以预先向法庭支付一笔适当数额的补偿金作为定金,并请求法庭在最终判决前提前取得被征收财产。与此同时,被征收方如果对于征收的公共利益性也可以提出诉讼,两者并行不悖。在法国,对于行政主体批准征收公用目的行为,向行政法院提起行政诉讼,而对于被征收财产所有权的移转及补偿金的确定,协商不成时,则由普通法院公用征收法庭处理。[1]

第二种类型,经行政裁决后向法院提起诉讼。德国"联邦基本法"第十四条第三款规定:"财产之征收,必须为公共福祉始得为之。其执行,必须由法律或依据法律始得为之,此项法律应规定赔偿之性质与范围。赔偿之决定应公平衡量公共利益与关系人之利益。赔偿范围如有争执,得向普通法院提起诉讼。"在德国的建设法典中规定了征收补偿的裁决程序,不过征收机关应当首先促成参加人达成协议("建设法典"第一百一十条),如果达不成协议,征收机关方进行裁决("建设法典"第一百二十二条、第一百一十三条)。[2] 补偿争议的行政解决机制最为典型的是英国行政裁判所系列中的土地裁判制度。英国1949年制定《土地裁判署法案》,其最初目的就是建立新的裁判署取代原有的政府机构,处理有关强制征地补偿及相关问题,其成员由法律和土地估价方面的专家组成。不过,英国土地裁判署虽然属于行政裁判所系

---

[1] 王名扬:《法国行政法》,中国政法大学出版社1988年版,第379-390页。
[2] [德]哈特穆特·毛雷尔著,高家伟译:《行政法学总论》,法律出版社2000年版,第700页。

列,但其独立性很强,特别是在2007年制定《裁判所、法院和执行法》后,特别强调裁判所不受行政干扰的司法性质,将裁判所的管理机构从各部门独立出来,归于统一的司法部裁判所服务局。而且,根据《裁判所、法院和执行法》规定,土地裁判署改为统一上诉裁判所中的土地法庭,以提高其审级。对于土地法庭的裁判,当事人不服仍然可以上诉至英国上诉法院,例外情形下还可以上诉至英国新设的最高法院。[1] 在日本,其征收补偿裁决后的诉讼形式独具特色。根据日本《土地征收法》第三十九条规定,起业者如未能通过协商方式取得拟征收或使用的土地,须在事业认定公告之日起一年内,向拟征收或使用土地所在的都道府县征收委员会申请征收或使用裁决,并在其申请书依法定格式记载"对土地所有权或土地相关的所有权以外之权利的损害补偿估算及其细目",征收委员会经审理后,作出征收裁决或让出裁决。如不服征收委员会裁决,一方当事人须以另一方当事人为被告提起当事人诉讼,法院判决同时产生消灭征收委员会裁决效力。

第三种类型,经行政复核后向法院提起行政诉讼。在我国台湾地区,土地价格依法由专门的地价评议委员会定期评定并公告,因此征收补偿直接依当期公告地价确定,即使有加成补偿,也由"主管机关比照一般正常交易价格,提交地价评议委员会于评议当年期公告土地现值时评定"。因此,被征收人对于公告补偿价格不服的,可以要求主管机关"查处",对主管部机关"查处"结果不服的,由主管机关提请地价评议委员会"复议"。被征收人仍然不服的,可以提起行政复议与行政诉讼。[2] 可见,台湾地区的征收补偿争议,主要由行政内部的复核程序处理,不服处理的可提起行政复议甚至行政诉讼,

---

[1] 郑磊,沈开举:《英国行政裁判所的最新改革及其启示》,《行政法学研究》2009年第3期。

[2] 参见我国台湾地区"土地征收条例"第二十二条(异议之提出、复议及行政救济)

土地权利关系人对于第十八条第一项之公告有异议者,应于公告期间内向该管直辖市或县(市)主管机关以书面提出。

该管直辖市或县(市)主管机关接受异议后应即查明处理,并将查处情形以书面通知土地权利关系人。被征收土地权利关系人对于征收补偿价额不服前项查处情形者,该管直辖市或县(市)主管机关得提请地价评议委员会复议,土地权利关系人不服复议结果者,得依法提起行政救济。

直辖市或县(市)主管机关依第二十条规定发给补偿费完竣后,其公告征收处分之执行,不因被征收土地权利关系人依前二项规定提出异议或提起行政救济而停止。

征收补偿价额经复议或行政救济结果有变动者,其应补偿价额差额,应于其结果确定之日起三个月内发给之。

具有较强的行政性。不过,我们考察台湾地区这一行政复核的争议解决机制,不得不注意其特有的土地照价收买制度对于公允地价形成的积极作用。根据孙中山先生的平均地权主张,台湾地区实行土地权利人定期自行申报地价,并据此纳税。如果土地所有人申报地价过高,纳税相应增加,如果申报地价过低,主管机关可以依法实施照价收买。这一照价收买制度对于抑制土地投机发挥了重大的作用,同时也为土地征收时确定地价补偿的公允价值提供了很好的帮助。

4. 我国房屋征收补偿争议行政裁决机制的确定及其完善方向

在考察我国土地征收及城市房屋拆迁补偿争议解决机制的得失及域外相关机制后,笔者认为,作为承继城市房屋拆迁制度的房屋征收制度,应当在肯定征收当事人平等地位的基础上,坚持通过行政裁决方式先行处理征收补偿争议,方能最大限度在处理好补偿纠纷,更好地体现征收补偿确定程序的公正。《征收条例》第二十六条规定:"房屋征收部门与被征收人在征收补偿方案确定的签约期限内达不成补偿协议,或者被征收房屋所有权人不明确的,由房屋征收部门报请作出房屋征收决定的市、县级人民政府依照本条例的规定,按照征收补偿方案作出补偿决定,并在房屋征收范围内予以公告。"这一条规定实际上将房屋征收补偿争议解决方式回到强调行政性的土地征收机制层面,既未关注土地征收争议解决机制多年来走向裁决方式的变化,也未能合理吸收城市房屋拆迁制度已有裁决机制,更与域外成熟征收法制的相关机制存在着普遍的不一致,更有可能造成征收公正原则的严重违反,理应废弃。

不过,房屋征收补偿争议裁决的制度化过程中,应以土地征收及城市房屋拆迁相关制度不足为鉴,以国外成熟征收法制为参照,重点注重如下三方面的制度建设:

第一,独立的裁决机构。在城市房屋拆迁制度中,虽然拆迁裁决机制在解决拆迁安置补偿纠纷方面发挥了重要的历史作用,但是,在商业开发项目中,政府通过拆迁谋求"经营城市"的土地财政收益的需要,使其天然与拆迁人结为利益共同体,这必然影响作为政府部门的拆迁主管部门裁决时的价值选择。而这恰是拆迁裁决独立性不强,进而影响拆迁裁决社会公信力的最为重要的背后原因。域外相关征收补偿纠纷行政解决机制证明,唯有加强裁决主体的独立性,甚至将其上升为具有司法性质的裁决机构,方能更好地发挥其解决征收补偿纠纷的积极作用。

第二,具备法律地位的裁决规范。建设部 2003 年颁布的《城市房屋拆迁裁决工作规程》,形成了初步的统一的城市房屋拆迁裁决制度,为拆迁裁决工作的制度化建设发挥了积极的作用,并形成了一批熟悉城市房屋拆迁裁决工作的专业队伍。但是,由于该文件层级较低,必然导致其贯彻落实存在障碍。如《城市房屋拆迁裁决工作规程》第十八条规定:"房屋拆迁管理部门申请行政强制拆迁前,应当邀请有关管理部门、拆迁当事人代表以及具有社会公信力的代表等,对行政强制拆迁的依据、程序、补偿安置标准的测算依据等内容,进行听证。"这一条规定在 2001 年《拆迁条例》第十七条之外设定了行政强制拆迁申请前的听证程序,对于规范行政强制拆迁有着非常积极的意义。但是,由于该文件系建设系统规范性文件,按照行政惯例仅约束建设行政主管部门,对于由其他主体申请政府实施行政强制拆迁的情形就不能适用,不能不说是其效力层级过低的原因。同时,作为纠纷多出、矛盾集中的征收补偿领域,通过规范化的立法程序将裁决制度系统化,也能够将裁决中的焦点问题针对性的解决,特别是在确立裁决机构的中立地位,裁决程序的法律化等方面,通过立法方式更为妥当。

第三,配套制度的建设。房屋征收裁决制度的良好运转,离不开系统的配套制度。如建设部颁布《城市房屋拆迁估价指导意见》,就对于落实《拆迁条例》中的被拆迁房屋的市场价格补偿原则有着非常积极的作用。而在我国台湾地区,因为"平均地权条例"形成的地价定期评定成熟机制,征收补偿的确定因此相对简单[1],可见被征收房屋评估制度对于裁决制度的影响。我国就未设定征收裁决制度,鲜见配套制度的作用。同时,由于我国行政审判对于拆迁裁决仅进行合法性审查,且行政审判无司法变更权,即使拆迁当事人提起诉讼,在法律上拆迁补偿也仅能由拆迁裁决机关最终确定,进而导致拆迁补偿争议久拖不决现象。相对,在日本当事人诉讼模式下,征收裁决以解决当事人补偿争议为核心,就很好地实现了司法裁判的终局性,推动了征收补偿争议的最终解决。因此,征收补偿裁决制度要发挥争议解决作用,需要配套相应的评估制度、审判制度等等。

---

[1] 我国台湾地区"平均地权条例"第四十六条规定:"直辖市或县(市)政府对于辖区内之土地,经常调查其地价动态,绘制地价区段图并估计区段地价后,提经地价评议委员会评定,所以编制并于每年七月一日公告之现值表。"第十条规定:"本条例实施地区内之土地,政府依法征收时,应按照征收当期之公告土地现值,补偿其地价。"

（六）强制搬迁

因为公共利益需要而启动房屋征收，既是被征收人财产权承担社会义务的表现，同时也是国家维护公共利益义不容辞的职责。现代国家宪法上的财产权保障条款，同时包含了财产权因公共利益需要被征收的限制义务。绝对的不可侵犯的财产权并不存在，因此征收法制的重点在于确保公民财产因公共利益需要被征收的程序及补偿公正。在房屋征收程序中，通过协商方式或行政裁决确定补偿后，被征收房屋的物权即已发生转移，其所有权人或使用权人继续控制被征收房屋已不具备法律基础。因此，如果被征收人拒不搬迁，国家有责任通过强制手段督促其改正，行政或司法途径的强制搬迁就成为实现公共利益的最终保障。

1. 我国土地征收与城市房屋拆迁制度中的强制拆迁制度

我国最早的土地征收立法——《国家建设征用土地办法》，对拒不履行搬迁义务者，强调采取说服教育的方式。该法第五条规定："土地经核拨以后，用地单位应该协同当地人民委员会向群众进行解释，宣布对被征用土地者补偿安置的各项具体办法，并给他们以必要的准备时间，使群众在当前切身利益得到适当照顾的情况下，自觉地服从国家利益和人民的长远利益，然后才能正式确定土地的征用，进行施工。如果征用大量土地，迁移大量居民甚至迁移整个村庄的，应该先在当地群众中切实做好准备工作，然后把有关征用土地的问题，提交当地人民代表大会讨论解决。"1982年颁布的《国家建设征用土地条例》规定，对拒不签订补偿协议的当事人由土地管理机关裁决，如果还不履行，则通过经济制裁或行政处分督促执行，也未涉及强制拆迁。1998年颁布的《土地管理法实施条例》将拒不签订协议者，纳入"阻挠国家建设征用土地"情节，由土地行政主管部门责令交出土地，如果拒不交出土地，则申请法院强制执行。[1]但是，由于这一规定缺乏解决被征收人补偿争议的前置程序，既对被征收人不公正，也为法院受理责令交地行为的诉讼带来了困难。因此，许多地方通过行政规章或规范性文件，设定征地房屋拆迁裁决机制，或者援用城市房屋拆迁裁决机制，对争议的补偿安置问题实施行政裁决。不过，有的规定裁决后由裁决机关申请法院强制执行，有的是直接套用2001年《拆迁条例》第十七条规定，可以采取行政强制拆迁途径。

---

[1] 该法第四十五条规定："违反土地管理法律、法规规定，阻挠国家建设征用土地的，由县级以上人民政府土地行政主管部门责令交出土地；拒不交出土地的，申请人民法院强制执行。"

1991年《拆迁条例》颁布之前,我国各地方有关城市房屋拆迁立法大多规定拆迁当事人向法院提起民事诉讼,通过司法裁判的执行途径解决强制拆迁问题,如《江苏省城市建设用地管理和房屋拆迁安置试行办法》第十七条规定:"在执行本办法规定时,有关方面如发生争议,由市、县(区)主管机关调解仲裁;调解无效时,各方均有权向司法机关起诉。任何单位或个人未经人民法院裁决均无权强行拆除他人房屋。"1991年《拆迁条例》第十五条规定:"在房屋拆迁公告规定的或者本条例第十四条第一款规定的裁决作出的拆迁期限内,被拆迁人无正当理由拒绝拆迁的,县级以上人民政府可以作出责令限期拆迁的决定,逾期不拆迁的,由县级以上人民政府责成有关部门强制拆迁,或者由房屋拆迁主管部门申请人民法院强制拆迁。"这一规定设定了城市房屋拆迁的两种行政与司法强制两种途径。2001年《拆迁条例》第十七条则在保留1991年《拆迁条例》两种强制途径的情况下,缩小行政强制拆迁的适用范围,将未经拆迁裁决即可实施行政强制拆迁部分予以删除,从而将拆迁裁决明确为强制拆迁的前提。

2. 我国强制拆迁制度的缺失

近些年来,不论是集体土地上的房屋拆迁还是城市房屋拆迁,均出现了大量强制拆迁冲突案件,甚至酿成诸多悲剧,因此强制拆迁已经成为了社会矛盾的焦点。笔者认为,强制拆迁引发被拆迁人的抗争,大多源于补偿过低或安置太差,不过,我国强制拆迁的制度缺陷也是重要原因。

第一,强制拆迁权滥用。法律以强制力为后盾,并不代表任何法律的实现均需通过强制。因此,强制拆迁权的行使应当在其他方式不能达到目标时,在别无选择的情况下实施。而这同时也是行政法必要性原则的要求。但是,在我国强制拆迁权的行使却不受该项法律原则约束,强制拆迁大多以"拔钉子户"的要求高调实施,甚至有些地方还出现夜晚、凌晨实施强制拆迁的个案[1],强制拆迁暴力之恶显露无遗,极大地影响了政府公信力。

第二,行政强制拆迁性质不明。对于行政强制拆迁,究属拆迁裁决的强制执行,还是独立的强制行为,不仅在《拆迁条例》中未能明晰,在司法实践中也造成了混乱。如有的法院就认为,生效拆迁裁决已对当事人的拆迁争议作出明确裁决,亦对搬迁期限有明确规定,在被拆迁人未按裁决规定的期限实

---

[1] 如江阴市法院报道:《我院凌晨冒雨强制拆迁敢山湾钉子户房屋》。http://www.jy-court.cn/Display.asp?ArticleId=3741(2010年2月23日最后访问)。

施搬迁的情况下,市、县人民政府依据2001年《拆迁条例》第十七条第一款规定作出的行政强制拆迁决定,并未给当事人设定新的权利义务,因此不属于人民法院行政诉讼的受案范围。[1] 同时,对于2001年《拆迁条例》第十七条规定中的"责成有关部门强制拆迁"究属内部行为还是外部行为也存在很大争议。如果市、县人民政府"责成行为"仅针对下属部门作出,表现在外的就可能仅仅是"被责成"的部门实施强制拆迁的行为,被拆迁人只能对有关部门实施强制拆迁措施提起诉讼。另外,有些地方将2001年《拆迁条例》第十七条规定的"强制拆迁"分解为"搬迁"与"拆除",对被拆迁人下达"强制搬迁决定",能不能将拆迁如此分解,也成了争议的焦点。[2]

第三,行政强制拆迁主体不明确。2001年《拆迁条例》第十七条规定由市、县人民政府责成"有关部门"强制拆迁。但是,有些地方将市县人民政府的"责成"理解为统一的责成,并且通过政府规章方式将区人民政府作为行政强制拆迁的主体。而且,对于被责成的"有关部门",是否本级政府的组成部门还是包括下级政府的组成部门,均在实践中产生了较大的争议。

第四,被拆迁人司法上的暂时权利保障被忽视。虽然拆迁安置补偿协议或者拆迁裁决生效后,即意味着被拆迁人对被拆迁房屋物权的灭失,但是,被拆迁房屋往往承载着被拆迁人的居住需要,一旦被违法拆除,将会对被拆迁人造成难以弥补的损害。因此,强制拆迁措施实施前应当赋予被拆人通过司法途径申请停止执行的权利。但是,我国《拆迁条例》相关规定却未能为被拆迁人申请暂时权利保护留下空间。[3] 如2001年《拆迁条例》第十五条甚至规定:"拆迁补偿安置协议订立后,被拆迁人或者房屋承租人在搬迁期限内拒绝搬迁的,拆迁人可以依法向仲裁委员会申请仲裁,也可以依法向人民法院起诉。诉讼期间,拆迁人可以依法申请人民法院先予执行。"是否符合先予执行条件,由法院根据民事诉讼当事人申请判断,无需行政法规立法予以强调。

---

[1] 如董蓉不服如皋市人民政府行政强制拆迁批准书上诉案([2004]苏行终字第096号裁定)。不过,同是江苏省高级法院行政审判庭法官曾撰文提出不同的观点,认为不论是责成行为是通过内部命令方式表现,还是直接向行政相对人作出行政强制拆迁决定,对于"该行为涉及的相对人(申请人与被申请人)而言,是一种强制拆迁决定,且产生了直接的法律后果。……对被拆迁人产生实际影响,应该赋予被拆迁人的救济权利。"参见耿宝建,郑琳琳:《行政强制拆迁的失范与规范》(法院内部研讨论文)。

[2] 《南捕厅一居民因拆迁与区政府法庭辩法》,《南京晨报》2009年12月2日。

[3] 顾大松,周佑勇:《强调拆迁利害关系人暂时权利保护探微》,《行政法学研究》2007年第4期。

而且,2001年《拆迁条例》第十七条规定的责成有关部门强制拆迁,将强制拆迁决定隐含于内部行为之中,往往导致被拆迁人无法针对强制拆迁决定提起诉讼,及时向法院申请保护。

3. 房屋征收中强制搬迁行为的独立性

依房屋征收原理,补偿确定时用地人即已取得被征收房屋占地范围的土地使用权,被征收人的房屋所有权、土地使用权即已灭失。因此,无论是通过协议还是裁决确定补偿后,被征收人如果继续使用被征收房屋均无法律基础,为了公共利益需要,征收主管部门可以责令其限期搬迁。如果被征收人拒不改正,法律可以赋予征收主管部门强制权力,以完成征收,也可以申请法院强制执行该责令行为。

《征收条例》最大的立法调整就是将《拆迁条例》中的行政强制与司法强制两轨并存模式调整为单一司法强制模式,以避免行政强制权的滥用,同时遵守行政强制权的法律保留要求。[1] 但是,这一调整仅适用于房屋征收补偿决定未能得到被征收人履行情形,未将签订征收补偿协议后被征收人未履行搬迁义务的情形包含在内,也就是说,现实中强制拆迁司法程序的两轨制,仍然未能体现前述被征收人及时履行搬迁义务的法理。

4. 司法强制搬迁的重心

《征收条例》第二十八条规定:"被征收人在法定期限内不申请行政复议或者不提起行政诉讼,在补偿决定规定的期限内又不搬迁的,由作出房屋征收决定的市、县级人民政府依法申请人民法院强制执行。"这一条规定明确房屋征收中强制搬迁的唯一司法途径,人们将其称之为《征收条例》的最大亮点之一。

但是,考察我国旧有的城市房屋拆迁实践及相关的法律制度,房屋征收活动特别是作出征收补偿具体行政行为之后通过司法强制方式实现被征收人搬迁的路径,仍然存在着诸多制度与现实的难题:

第一,征收补偿争议诉讼与司法强制执行途径的矛盾。

在城市房屋拆迁制度下,拆迁当事人不能达成拆迁安置补偿协议时,任何一方可向拆迁主管部门申请裁决。拆迁裁决后,一方当事人拒不履行裁决确定的义务(主要是被拆迁拒不履行搬迁义务情形),作出裁决的行政机关可

---

[1] 参见国务院法制办于2010年12月15日公布《征收条例》(第二次公开征求意见稿)时对强制搬迁方式调整的说明。

申请人民法院强制执行。同时，不服拆迁裁决的任何一方当事人可向人民法院提起行政诉讼，要求判决撤销。对拆迁裁决的行政诉讼与拆迁裁决的司法强制执行两者并行不悖，这是我国《行政诉讼法》第四十四条所确定的诉讼不停止执行制度的基本体现。但是，基于现行管辖制度，审理拆迁裁决案件与受理拆迁裁决非诉执行法院是同一法院，法院如果在裁定执行拆迁裁决后，判决撤销其审理的同一拆迁裁决，等同于自己否定自己，司法实践中极少出现这类情形。因此，法院处理这种矛盾的方法，往往是在两种方式中选择：或者法院在拆迁裁决裁定执行后对审理拆迁裁决案件走走形式，或者搁置拆迁裁决的非诉执行，待针对拆迁裁决的诉讼作出裁判后，再行决定是否裁定执行。前述法院的两种选择中，要么法院的公正裁判受到侵蚀，要么诉讼法上的不停止执行制度成为具文，这存在着选择的两难。

第二，法院角色的错位——实施强制。

人们普遍认为，法院的核心价值在于公正，为了实现司法公正，法院的角色应定位于中立的第三方。但是，《征收条例》第二十八条的规定，将法院于房屋征收活动中置于实施强制搬迁的角色，这显然与法院作为中立第三方的定位存在着较大的差距。因此，在城市房屋拆迁实践中，法院对于主导甚至参与强制拆迁一直有着先天的过敏。如2004年在城市房屋拆迁纠纷激化时，江苏省高级人民法院就发布《关于进一步规范城市房屋拆迁案件审理工作的通知》，明确要求"各级法院要进一步强化裁判中立观念，确保司法公正。从该通知下发之日起，严禁任何法院和审判人员以任何借口参与地方政府或行政机关组织的'拆迁指挥部''联合执法'以及'合署办公'，如有违者，追究有关法院领导和相关责任人违反审判纪律的责任。此前参与的，应立即退出。"这一通知，有效地规范了法院参与强制拆迁，进而影响法院公信力的乱象。如果房屋征收补偿决定的强制执行只有司法途径，必然导致司法与行政的混同，法院自身的中立地位在房屋征收领域仍然得不到保证，其解决房屋征收纠纷的公信力必然大打折扣。

相反，《征收条例》第二十六条规定的房屋征收补偿决定，具备具体行政行为的法律属性，其强制执行依法理应当遵循行政途径。

在行政法学理论上，我国学者一直坚持具体行政行为效力内容包括执行力。所谓执行力，"是指相对人不履行行政处分所课与的作为或不作为义务时，行政机关不待法院之确定判决，即有权直接以行政处分为执行名义，自行对义务人为强制执行。"也就是说，具体行政行为的强制执行权，依法理应当归属于行政机关。在这种理路下,法院的角色系基于中立第三方地位,对行政强制执行措施所产生的权利侵害,可以依权利人的诉请,实施司法救济。如果行政机关实施强制执行措施有可能造成事后难以弥补的损害时,法院可以通过暂时权利保护制度实施及时有效的救济。

在城市房屋拆迁实践中,最大的困境在于房屋拆迁纠纷的难解,特别是因为补偿的争议导致纠纷旷日持久,进而蔓延至补偿的前后环节,或者对许可不服诉讼,或者对强制提起诉讼,甚至强制实施时的激烈抗争等等。现行房屋征收立法的指导思想却过于相信房屋征收的行政化:房屋征收决定由政府依职权作出;被征收人不依照批准的方案签订补偿协议,政府可以依照方案作出房屋征收补偿决定等等。政府作为补偿责任主体,对与自己产生争议的被征收人作出补偿决定,连基本的自然公正原则均未遵守,这样的极端行政化思路必然导致其立法质量的低劣。[1] 立法者简单地以为,将社会主体排斥于房屋征收活动之外,由行政方主导征收活动,就能避免城市房屋拆迁实践中的诸多矛盾,这显然是一种不切实际的空想。

不论是城市房屋拆迁活动,还是房屋征收活动,当双方当事人就补偿问题达不成协议时,即存在纠纷,而这种纠纷由双方当事人再行反复交涉,也是徒然。依《征收条例》第二十六条规定,再由补偿责任主体——市、县级人民政府依原定征收补偿方案决定,显然会激化矛盾。在双方自行难解纠纷时,这个时候急待第三方的介入。第三方因其与纠纷双方利益关系的区隔,具有解决纠纷的自然公正基础。在诸多第三方中,法院因其诉讼程序机制的完善、中立地位的制度保证以及法官作为法律适用及事实权威等因素,成为解决纠纷的最优第三方。因此,作为最集中的房屋征收纠纷,即补偿达不成协议时,由法院作为第三方解决该纠纷,应当成为房屋征收立法的关键。

在城市房屋拆迁制度中,法院并不具有补偿纠纷的终局解决地位。2001年《拆迁条例》第十六条规定,拆迁当事人达不成补偿协议时,任何一方当事人均可向拆迁主管部门申请裁决。对于拆迁裁决不服的,拆迁当事人可向人民法院提起行政诉讼。但是,我国行政诉讼制度中,人民法院审理行政案件,以审查具体行政行为的合法性为原则,较少处理具体行政行为的合理性问题,即使拆迁裁决违法,法院也仅能判决撤销,要求行政机关重作,并不能直

---

[1] 顾大松:《〈国有土地上房屋征收与补偿条例〉(征求意见稿)修改建议》,《西部法学评论》2010年第3期,第5页。

接行使司法变更权。因此,对于被拆迁人主张的补偿过低、安置不合理等问题,法院并不能直接处理,进而导致拆迁补偿纠纷即使进入司法程序,也不能得到终局解决,未能发挥法院的纠纷解决功能,虚耗宝贵的司法资源。行政机关往往因为拆迁裁决的实体问题在法院不会最终解决,认定被拆迁人最终还得遵循行政途径,因此对于拆迁裁决的作出过于轻率。在实践中,拆迁裁决往往成为威胁被拆迁人签订不合理条件协议的工具。《征收条例》不仅未能保留《拆迁条例》中解决纠纷的裁决制度,更以单方的行政决定方式解决补偿纠纷,未能有效吸取旧城市房屋拆迁实践的教训,必然陷于同样的困境。

搬迁强制权配置于行政机关或者法院,并不是问题的核心。其实质在于纠纷的终局解决,而这恰是法院的当然角色。一旦法院通过司法裁判的方式确定纠纷的最终解决方案,其执行即归于裁判的执行问题。所谓的行政强制权或者非诉强制执行权配置问题就转换为司法裁判的公信力问题。

我国旧城市房屋拆迁的立法,曾经就有将拆迁补偿纠纷交于法院处理的先例。如1982年出台的《江苏省城市建设用地管理和房屋拆迁安置试行办法》第十七条就规定:"在执行本办法规定时,有关方面如发生争议,由市、县(区)主管机关调解仲裁;调解无效时,各方均有权向司法机关起诉。任何单位或个人未经人民法院裁决均无权强行拆除他人房屋。"一段时间以来,司法机关对1991年颁布的《城市房屋拆迁管理条例》第十四条规定的理解,就是认为拆迁当事人达不成协议时,可以直接向法院提起民事诉讼。[1]虽然该条例第十四条规定了协议达不成的行政裁决机制,但实践中的拆迁争议均直接进入法院的民事诉讼途径。2001年新的《城市房屋拆迁管理条例》第十六条明确规定:"拆迁人与被拆迁人或者拆迁人、被拆迁人与房屋承租人达不成拆迁补偿安置协议的,经当事人申请,由房屋拆迁管理部门裁决。"但对于这一条款是否当然排除了未达成补偿协议的当事人向法院提起诉讼的途径,仍然在实践中有不同的做法,仍然有未经裁决程序直接向法院提起民事诉讼,要求确决拆迁补偿的情形。直至2005年,最高人民法院才通过法释〔2005〕9号《关于当事人达不成拆迁补偿安置协议就补偿安置争议提起民事诉讼人民法院应否受理问题的批复》明确:"拆迁人与被拆迁人或者拆迁人、被拆迁人与房屋承租人达不成拆迁补偿安置协议,就补偿安置争议向人民法院提起民

---

〔1〕(〔1993〕法民字第9号)《最高人民法院关于适用〈城市房屋拆迁管理条例〉第十四条有关问题的复函》

事诉讼的,人民法院不予受理,并告知当事人可以按照《城市房屋拆迁管理条例》第十六条的规定向有关部门申请裁决。"

笔者认为,早年司法机关对于未达补偿协议的当事人可以直接向法院提起民事诉讼的理解是准确的。一方面,不论由政府承担补偿,还是社会主体承担补偿,补偿的有无、多少并不因为主体的不同而具有不同的性质,以民事性质认定更具有合理性。而且,将未达成协议的补偿争议按照民事性质处理,便于与达成补偿协议后反悔形成的诉讼性质统一。另一方面,法院通过民事诉讼审理补偿争议,可以有效地避免现行城市房屋拆迁争议人民法院行政审理合法性原则及裁判方式的不足,更能相对彻底地解决补偿争议。[1]

第三节 区段征收

一、区段征收的界定

区段征收,最初产生于治理城市贫民窟的需要,后来逐渐扩张至城市道路建设、促进土地合理利用甚至实现政府经济政策等目标,如台湾地区"土地征收条例"第四条第一项规定:"有下各款情形之一者,得为区段征收:一、新设都市地区之全部或一部,实施开发建设者。二、旧都市地区为公共安全、卫生、交通之需要或促进土地之合理使用实施更新者。三、都市土地之农业区、保护区变更为建筑用地或工业区变更为住宅区、商业区者。四、非都市土地实施开发建设者。五、农村小区为加强公共设施,改善公共卫生之需要或配合农业发展之规划实施更新者。六、其他依法得为区段征收者。"而其"土地法"第二百一十二条第一款规定,实施区段征收的法定原因为:(1)实施台湾地区经济政策,(2)新设都市地域,(3)举办有关防务设备或公用事业等之事业。除此之外,台湾地区现行法中有区段征收规定的还有"平均地权条例"第五十二条至第五十五条规定,"都市计划法"第四十八、五十八、六十八条,"国民住宅条例"第十条及"新市镇开发条例"第六条等。由此可见,台湾地区的区段征收范围已较传统意义上的区段征收大为扩张。

在我国(大陆),土地征收制度及城市房屋拆迁制度中均无区段征收的类型设置,但是,相关实践中却有区段征收类型化的需要,如城市"危旧房"改造

---

[1] 参见顾大松:《房屋征收中法院的角色》,《中国审判》2011年第1期。

中,一方面被拆迁人即"危旧房"居民普遍无法通过市场化方式改善居住条件,需要政府资金大量投入,另一方面,"危旧房"地段大多位于老城区,有一定商业开发的价值,可以藉此筹措资金,缓解政府财政压力,但是将房屋拆除的地块出卖又在形式上与征收的公共利益目的相悖。《征收条例》第八条第(五)项规定的"危房集中、基础设施落后等地段"进行的"旧城区改建",实际上就反映"危旧房"改造类型化的需要。除了城市"危旧房"改造之外,在我国各地的"城中村"改造、旧村改造问题上,也存在着类似问题。因此,针对我国"危旧房"改造、"城中村"改造及旧村改造的实践需求,笔者认为,以改善被征收人住房条件,实现土地集中利用的"危旧房"改造、"城中村"改造,即为我国特有的区段征收。其具体特性即体现在与一般征收的区别之中,主要存在于三方面:

第一,功能上的不同。区段征收主要目标在于改善居住条件,实现土地集中利用,一般征收则限于公益建设项目的完成。

第二,在方法上也存在不同。区段征收的用地人在征收完成后,既可以将土地返还被征收人,也可以将土地出售或出租,以弥补资金缺口,而一般征收的用地人只能以建设项目必需而由自己使用土地,否则即系对征收公共利益目的的违反。[1]

第三,受益人也有不同。区段征收特别是以改善居住条件为目标的征收过程,以被征收人为受益人,而一般征收则往往以被征收人之外社会大众为受益人。

二、"危旧房"改造

(一)"危旧房"改造的含义

所谓"危旧房",可以从"危房"与"旧房"分解的角度予以理解。如建设部《城市危险房屋管理规定》和《房屋完损等级评定标准》规定,根据各类房屋的结构、装修、设备等组成部分的完好、损坏程度,可分为:完好房、基本完好房、一般损坏房、严重损坏房、危险房。而"危险房"是指承重的主要结构严重损坏,影响正常使用,不能确保住户安全的房屋。而对于"旧房"国家无明确的规定,散见地方相关政策规定。如重庆颁发的"危旧房"改造文件就规定,

---

[1] 法国、日本及我国台湾地区的一般征收类型中,甚至规定被征收人在用地人未依核定项目用途使用被征收土地时,在一定年限内享有买回权。参见日本《土地征收法》第一百零六条,台湾地区"土地法"第二百十九条、"都市计划法"第八十三条。

旧房是指 1969 年 12 月 31 日前建成投入使用的房屋。[1]

不过，从"危旧房"改造角度，"危旧房"更是一个整体概念，区别于单独的"危房"与"旧房"的组合。目前，关于"危旧房"的说法，仅散见于少数地方政府的文件规定，如《常州市市区危旧房改造管理暂行办法》（常政发〔2002〕72号）第二条规定："本办法所指危旧房是指市区内地处低洼易涝区域、建筑年代久远、房屋结构陈旧、存在安全隐患的房屋。"不过，也有使用类似"危旧房"的其他概念，如"棚户""危陋房"等[2]，甚至还有带有地方特色的概念，如天津市的"三级跳坑"住宅改造。[3]

但是，"危旧房"更是一个区域的概念。不论将"危旧房"拆分为"危房"与"旧房"，还是将其看作整体概念，仍然属于房屋的定性认识，而非定量认识。而"危旧房改造"中的"危旧房"，应该是一个包含具体区域的定量概念，如2005 年辽宁省大力推进棚户区改造时，既有对"棚户"的定性认识，同时也有棚户区的定量界定："棚户房建筑面积 5 万平方米以上的为棚户区。"而《吉林市人民政府关于吉林市重点棚户区改造的实施意见》（吉市政发〔2006〕7 号）提出的"重点棚户区"为：城市建成区、工业集中区范围内、房屋密度大、建设使用年限久、人均建筑面积小、房屋质量差、配套基础设施不齐全、交通不便、治安和消防隐患大、环境脏乱差、房屋建筑面积 2 万平方米以上的连片平房区及旧危楼。而北京市危旧房改造区域确认标准为范围内三、四、五类房屋建筑面积占房屋总面积的 70％以上或四、五类房屋建筑面积占房屋总面积的30％以上[4]。不过，对于具体危旧房的区域面积标准，往往由地方政府自行界定，全国并无统一标准。《征收条例》第八条第（五）项将"旧城区改建"限定在"危房集中、基础设施落后等地段"，即是对危旧房的区域性概念的运用，只不过其中的"危房集中、基础设施落后"的区域量化，仍然需要各地自行确定。

---

〔1〕 参见《重庆市北碚区人民政府关于加快城区危旧房改造的实施意见》（2008 年 5 月 8 日颁布）。

〔2〕 辽宁省建设厅文件规定"棚户"的标准分为三类：一是主要以木板、土坯、240 mm 厚砖墙为承重结构，以油毡或石棉瓦为屋面材料的简易房屋和棚厦房屋；二是低洼易涝、基础设施配套不齐的小平房；三是按建设部《房屋等级评定标准》和《危险房屋鉴定标准》评定为严重损坏房、危险房的房屋。

〔3〕 见天津市人民政府批转市城乡建设委员会《关于改造我市"三级跳坑"住宅安排意见的报告》（1985 年 1 月 31 日天津市人民政府文件津政发〔1985〕18 号发布）。所谓"三级跳坑"住宅是指"房子比院子低，院子比胡同低，胡同比马路低"的住宅。

〔4〕 《关于印发〈北京市城近郊区危旧房改造区域确认标准〉(暂行)的通知》（京国土房管字〔2000〕438 号）第二条。

基于上述认识,笔者认为,可以将危旧房改造界定为:以改善居住水平为目标,对一定范围内环境差、年代久、有安全隐患的房屋予以征收,统一规划后重新建设的制度。而对于"危旧房"改造理解,需要注意如下几点:

第一,"危旧房"改造不同于"旧城改造"。2001年《拆迁条例》第三条规定:"城市房屋拆迁必须符合城市规划,有利于城市旧区改造和生态环境改善,保护文物古迹。"因此,在城市房屋拆迁实践中,许多城市均以"旧城改造"为名实施拆迁。但是,"旧城改造"是一个非常宽泛的概念,既包括"危旧房"改造,也包括对尚存居住利用价值房屋的拆迁。[1] 同时,因为2001年《拆迁条例》规定的"旧城改造"范围宽泛,也为商业利益的拆迁大开方便之门。因此,在以公共利益需要为其正当性基础的房屋征收制度中,"危旧房"改造以改善居民住房条件为目标,符合房屋征收的要求,而"旧城改造"则因其目的不明确,不能在房屋征收制度下成为独立的类型。

第二,"危旧房"改造范围的土地使用权主体因征收而发生变化。"危旧房"改造以改善原住民居住条件为目的,因此,"危旧房"地域就是当然的新建住宅地块,居民回迁就成为必然。但是,通过征收、建设、回迁,期间危旧房区域的土地使用权主体发生了从被征收人到用地人,再到被征收人的过程,而这种变化是有利于统一规划、统一建设的需要。因此,危旧房改造也存在征收物权变动过程,而非简单的房屋置换。

第三,"危旧房"改造作为法律用语应统一。在我国,国务院未颁布《拆迁条例》之前,即有危旧房改造的政策,但其表述有所不同,如前面提及的"棚户区""三级跳坑"住宅等等,不过"危旧房"的提法更为普遍,也比较为社会大众所接受,《征收条例》第一次公开征求意见稿也采用了"旧危旧房"的术语。[2] 但是,国务院正式颁布实施的《征收条例》第八条使用的是"旧城区改建"的表述,我们认为,这一术语仍然有可能导致旧城改造的滥用,因此使用"危旧房

---

〔1〕 这实际上也不符合我国《循环经济促进法》的原则性要求,见该法第二十五条第二款:"城市人民政府和建筑物的所有者或者使用者,应当采取措施,加强建筑物维护管理,延长建筑物使用寿命。对符合城市规划和工程建设标准,在合理使用寿命内的建筑物,除为了公共利益的需要外,城市人民政府不得决定拆除。"

〔2〕《征收条例》(征求意见稿)第十三条 因危旧房改造的需要征收房屋的,县级以上地方人民政府应当在组织有关部门论证的基础上,征求被征收人的意见。90%以上被征收人同意进行危旧房改造的,县级以上地方人民政府方可作出房屋征收决定;未达到90%被征收人同意的,不得作出房屋征收决定。第十九条 因危旧房改造的需要征收房屋并进行住宅建设的,被征收人享有回迁的权利。

改造"更符合立法的本意。而在国外,与我国"危旧房"类似的表述就是"贫民窟",既指居住条件差,同时也包含居民经济状况差的含义。而"危旧房"改造主要通过征收实现,因此,如果作为房屋征收法律制度的术语,就必须稳定统一,以便规范。

(二)实践中"危旧房"改造的"得"与"失"

多年来,我国各大城市为了改善居民住房条件,提升城建水平,通过城市房屋拆迁制度大力开展危旧房改造,取得了很大的成绩。特别是从2005年东北地区开始的"棚户区"改造,通过政府的大力投入,在改善广大低收入困难群众住房条件方面赢得普遍的好评。如从2005年到2007年两年时间内,辽宁省各级政府拆迁棚户区1 212万平方米,建设回迁楼6 300多栋,30多万户家庭迁入新房,改善了近120万人住房条件。[1] 2009年底,中央部署在全国各大城市推广东北地区的"棚改"经验,将棚户区改造纳入保障性安居工程的重要组成部分,力争在全国范围内用5年时间完成城市和国有工矿集中连片棚户区改造任务。[2]以辽宁省为代表的"棚户区"改造,其基本经验主要有如下五大方面:[3]

第一,资金保证。辽宁省采取"政府补一点,政策减一点,企业筹一点,个人掏一点,市场挣一点,银行贷一点"等办法,多方筹集改造资金。改造期间,政府通过土地无偿划拨,减免34项经营服务与行政事业收费,国家给予了一定支持,省政府补助了18.35亿元,国家开发银行发放了60亿元棚户区改造贷款,省总工会在全省筹集救助资金6 000万元,用于特困户、特困劳模等困难群体的回迁救助。有了资金保证,辽宁省棚户区改造工作得以顺利启动、快速推进。

第二,政府担责。城市两级政府承担棚户区改造的责任。市政府作为投资主体,负责筹措资金、制定政策、编制规划、指挥协调和培训人员;各区政府作为责任主体,承担拆迁组织、工程建设和回迁安置任务。不过,有条件的地方,也不排除通过市场化方式,筹集改造资金,如营口市就对有商业价值的棚

---

[1]《论"棚改精神"》,《光明日报》2007年3月31日。http://news.sina.com.cn/o/2007-03-31/082011538785s.shtml

[2]《李克强:加快推进棚户区改造 加大保障性住房建设力度》,新华网2009年12月28日。http://news.xinhuanet.com/politics/2009-12/28/content_12719086.htm

[3] 本部分主要参考辽宁省建设厅住宅与房地产业处处长王殿武文章:《辽宁省棚户区改造的基本经验与启示》,《中国建设报》2007年8月3日。http://www.chinajsb.cn/gb/content/2007-08/03/content_217786.htm

户区土地,采取招、拍、挂方式出让,成交土地11宗,占地面积157万平方米,拆迁建筑面积50万平方米,动迁居民16 000户。不过,通过市场运作方式筹集资金仍然用于棚户区改造。

第三,统筹规划。棚户区改造既要考虑居住房建设,同时注意基础设施、公用设施与环境配套建设。棚户区改造也注意与城乡发展规划、城市建设规划相结合。

第四,阳光操作。如丹东市有棚户区改造中阳光操作的"三个坚持":一是坚持公开听证。该市棚户区改造的方案和各项制度的出台都面向社会公开听证。通过广泛征求群众意见,组织专家论证提出方案,最后经过规划委员会和政府常务会讨论。二是坚持公示制度。该市通过新闻媒体,向广大群众广泛宣传棚户区改造政策,拆迁方案、许可证、安置图纸等所有需要公示的内容,在拆迁现场公布。对招投标、拆迁进度、增补工程、工程款项支付、户型设计、设施配套方案情况实行了"六公开"。三是坚持公开承诺制度。该市组织参与棚户区改造的各开发企业与政府签订了《承诺书》《回迁承诺书》《预防职务犯罪承诺书》以及《拆迁储备金、项目资本金管理协议书》四书。[1]

第五,保障安居。让棚户区居民住得起、住得稳,是棚户区改造必须解决的基本课题。辽宁省棚户区改造协调小组印发了《关于解决棚户区改造中困难家庭住房问题的指导意见》《关于棚户区居民回迁小区管理的指导意见》等文件,就此问题采取多项有针对性的措施:一是建设了部分小户型回迁房。对无力增加面积的困难家庭,建设小户型回迁房,面积虽然不大,但功能齐全。二是建设了部分廉租房。解决特困家庭的居住问题,使居者有其屋。三是通过社会救济,解决困难家庭居住问题。辽宁省委、省政府领导带头捐款,筹集了几千万元,由省总工会负责补助困难家庭。四是实行自助式小区管理。将小区管理与困难家庭就业相结合,既减少物业管理收费,又扩大了就业。五是保留部分经营用房。用其经营收入解决特困家庭廉租住房补贴、供暖补助、物业费补助以及水、电、气费等方面的补助;或者建立专项资金,用其本息补助有关费用。六是组织市政、环卫、卫生、法律服务进棚户区社区,解决小区管理问题,减少居民支出。七是多渠道安置棚户区居民就业。各市政府利用棚户区改造腾迁的土地,建设就业基地,提供就业岗位;组织棚户区困

---

〔1〕《尊重民意 公开标准 辽宁丹东保障拆迁居民知情权》,《中国建设报》2006年11月27日。

难家庭有劳动能力的人员,进行就业培训,发展建筑业、建材业、服务业等劳动密集型产业,使生活得到保障。

与之相反,许多地方早于辽宁省开展的"危旧房"改造,虽然在推进城市面貌改变、提升城市形象方面取得了较好的效果,但是改善被拆迁人居住条件方面效果并不明显,而且因为大多采取房地产开发方式来进行,由房地产开发主体承担补偿安置义务,因其逐利本性与被拆迁人处于天然对立地位,引发诸多拆迁矛盾,进而引发人们对城市房屋拆迁制度的质疑。笔者认为,各大城市"危旧房"改造存在的主要问题有如下几大方面:

第一,开发为主。不论是城市房屋拆迁,还是房屋征收,均为合法形式剥夺被拆迁人或被征收人房屋所有权的制度,其正当性基础只能是公共利益的需要。如果以商业利润为目标的开发项目成为启动城市房屋拆迁的理由,公共利益异化为商业利益,必然带来被拆迁人权利的侵害。如北京市1990年开始"危旧房"改造时,最初确定的思路为"以区为主""四个结合"。"以区为主"是指以区政府为主进行危改,"四个结合"是指危房改造与新区开发、与住房制度改革、与房地产经营、与古都风貌保护相结合,后来又增加了与市政基础设施建设相结合。但是,因为资金问题,"危旧房"改造却沦为以开发商为主导的模式,引发了诸多问题,比较突出的表现就是:一是被拆迁居民无法回迁。按照1991年《拆迁条例》规定,被拆迁人可以选择货币补偿与产权置换,但是如果无政策规定必须回迁,开发商只会利用被拆迁房屋地段进行商业开发,不会提供回迁房安置,被拆迁人也选无可选。二是开发商"危旧房"改造"挑肥择瘦"。开发商受利益驱动,选中的都是适于商业开发的黄金地段,而大量人口密集、市政设施差,开发收益低的地区,却长期得不到改造,有的立项近10年也得不到落实。三是不利于古都风貌保护。开发商为提高利润,采取大拆大建方式,通过各种方法增加建房容积率,改造后的地段千篇一律,中断城市的历史文化传承。[1]

第二,政府失职。"危旧房"地域环境差、居住条件恶劣,不仅不利于居民生活,同时也存在大量公共卫生及安全威胁,而保障"居者有其屋",实现公民的适足住房权,提升人民生活水平,既是党和政府的中心任务之一,也是我国政府在国际人权法上的庄严承诺。但是,开发模式下的"危旧房"改造,有商

---

[1] 参见《北京危房改造进入微循环时代 15年三次角色转变》,《新京报》2005年1月4日。

业利润的地段得到开发,没有商业利润的区域就被搁置。[1]没有开发商介入,并不等于政府没有责任改造"危旧房"地段。通过开发模式推动的"危旧房"改造,与辽宁省开始的棚户区改造(实质就是"危旧房"改造)最大的区别,就在于政府是否承担主要责任。甚至不少城市在所谓的"经营城市"理念下,将具备商业开发价值的"危旧房"地段土地拍卖,为政府财政而非专门的"危旧房"改造获取资金,不断扩大房屋拆迁规模,助推城市房价刚性上涨,从而增加广大城市居民住房困难。

第三,法律冲突。在开发模式下的"危旧房"改造中,政府为了获得土地出让金,有两种土地使用权出让模式:一是"毛地模式",一是"净地模式"。在"毛地模式"中,政府在房屋拆迁之前将"危旧房"地块国有土地使用权出让,再由取得土地使用权的开发商依城市房屋拆迁程序进行拆迁。这种"毛地出让"模式在法律上一方面违背房地产权利一致原则,另一方面则显化了《土地管理法》第五十八条与《拆迁条例》之间的矛盾,特别是有关土地使用权补偿主体问题引发冲突。在"净地模式"下,一般由具有土地储备职能的机构取得拆迁人资格,对"危旧房"地段实施拆迁,然后在土地市场上出让该地块国有土地使用权。在这种模式下,由于土地储备机构不具有真正项目,人们特别是被拆迁人又普遍质疑其取得拆迁许可证的合法性,政府拆房与卖地之间的"营利"动机也因此暴露无遗。不论是"毛地模式"还是"净地模式",以"营利"为目的的"危旧房"改造均处于法律冲突的两难,因而在法治的轨道上渐行渐远。

(三)房屋征收制度下的"危旧房"改造

在房屋征收制度下,"危旧房"改造应紧紧围绕改善被征收人居住条件的目标,通过征收方式实现"危旧房"居民适足住房权保障为最终目的。因此,我国"危旧房"改造实践,房屋征收制下的"危旧房"改造作为房屋征收的区段征收类型之一,在房屋征收制度中应当处理好如下几个问题。

第一,明确"危旧房"改造区域的认定标准。在一般征收中,建设项目是否为公共利益必需,是房屋征收决定处理的核心问题。但是作为区段征收的"危旧房"改造,则应以确定某一地域是否纳入改造范围为房屋征收决定的重心。在城市房屋拆迁实践中,对于"危旧房"改造区域或者"棚户区"的确定已

---

[1] 即使有商业利润,但因拆迁困难开发商仍然有可能放弃。如曾经因为"票决拆迁"引发国内外广泛关注的北京最大危改工程酒仙桥项目,由于被拆迁人的反对现在仍然搁置。

经有一套行之有效的标准。因此,可以在此基础上,通过国家立法设定"危旧房"改造区域的认定标准,进而通过房屋征收改造住户居住水平。不过,由于改善"危旧房"住户居住水平,属于国家义不容辞的责任,国家不能设定所谓的投票方式由居民来自行决定,将国家的责任转换为居民的同意。因此,《国有土地上房屋征收与补偿条例(征求意见稿)》[简称《征收条例(征求意见稿)》]第十三条设定的"危旧房"改造需征得被征收人90%同意方可进行的条款,显然不符合法理。

第二,成立专业的事业单位具体实施"危旧房"改造。辽宁的"棚户区"改造的经验中,政府担责是其突出点。的确,政府的资金保障、政策优惠及政治动员,是辽宁等省"棚户区"改造获得普遍认可的关键。但是,政府担责更是一种政治责任,常态下的、具体的"危旧房"改造,最好通过设立专门的事业单位通过房屋征收方式施行,同时由国家通过资金补偿、政策优惠等方面支持其从事"危旧房"改造。而且,独立的事业主体,也有利于其对"危旧房"改造地段通过市场运作方式筹集改造资金。

在这一方面,日本的住宅公团制度值得借鉴。

为改善居民居住环境,日本于1955年制定《日本住宅公团法》,由国家出资成立住宅公团,在大城市及其周边修建住宅,进行城区改造。住宅公团为事业单位,不以盈利为主要目的,每年接受国家的资金补助。[1] 1960年日本又制定《居民区改造法》,规定国家对住宅公团承担的危房拆除、临时住宅搭建、新房建设、土地收购平整等发生的费用予以资助。其中对危房拆除、临时住宅搭建补助的额度为1/2,新房建设、土地收购平整为2/3。日本的住宅公团制度在促进都市更新、保障居者有其屋上起到了非常积极的作用。近年来,公团住宅甚至大量入住在日外国人,其居者有其屋的目标也惠及外国人。[2]

第三,对"危旧房"被征收人以回迁安置为重心。"危旧房"一般面积狭小,结构简陋,年代陈旧,其房地产市场价值较小。以等价交换原则实施货币补偿或者进行产权置换,均难实现住房改善目标。因此,"危旧房"改造主体应在政府投入资金的情况下,通过各种方式甚至包括市场运作筹措资金,以

---

〔1〕 1991年,日本住宅公团和宅地开发公团合并,建立了住宅·都市整备公团。2004年,又更成为都市再生机构,专门解决都市郊区化所造成的都市中心区域的衰退问题。

〔2〕《有效缓解找房难题 公团住宅渐成在日外国人天下》,中国侨网,http://www.chinaqw.com/hqhr/ymzx/200801/25/104264.shtml(2011年3月10最后访问)。

被改造地段为基础,建设住宅安置被征收人。《征收条例(征求意见稿)》第十九条第二款曾规定:"因危旧房改造的需要征收房屋并进行住宅建设的,被征收人享有回迁的权利。"这一条款虽然明确了"危旧房"住户回迁的权利,但如果被改造地段征收后不用于住宅建设,这一回迁的权利仍然形同虚设。"危旧房"改造的目的,在于改善住户居住条件,而"危旧房"地段,本来就是居住用地,因此,危旧房被拆除后的地段,在安排基础配套设施用地后,其他部分必须首先满足住宅建设需要。

在这一方面,我们可以借鉴台湾地区区段征收对于被征收人返还抵价地制度,台湾"土地征收条例"第三十九条第二款规定:"抵价地总面积,以征收总面积百分之五十为原则。因情况特殊,经上级主管机关核准者,不在此限。但不得少于百分之四十。曾经农地重划者,该重划地区部分不得少于百分之四十五。"正式出台的《征收条例》删除第一次征求意见稿第十九条规定,在其第二十一条第三款规定:"因旧城区改建征收个人住宅,被征收人选择在改建地段进行房屋产权调换的,作出房屋征收决定的市、县级人民政府应当提供改建地段或者就近地段的房屋。"在"危旧房"改造与被征收人的回迁问题上,以求取得较好的平衡。

三、"城中村"改造

(一)"城中村"的界定

城中村问题是中国由于传统的城乡二元体制,特别是土地征收与城市房屋拆迁制度不统一,在快速城市化、现代化的进程中所出现的中国特有问题。对于"城中村"的含义,从不同的角度,有不同的理解。有人从土地关系角度,指出:"城中村是指那些位于城市规划区范围内或城乡结合部,被城市建成区包围或者半包围的,没有或者仅有少量农用地的村庄。"[1]有人从人员的社会关系角度,认为:"城中村的外部形态是以宅基地为基础的房屋建筑的聚集,实质是血缘地缘等初级社会关系的凝结。"[2]"城中村是指城市总体规划区内仍然保留和实行农村集体所有制、农村经营体制的农村社区。"[3]有人认为广义的"城中村"是指已经纳入城市总体规划发展区内,且农业用地已经

---

[1] 李俊夫:《城中村的改造》,科学出版社2004年版。
[2] 李培林:《巨变:村落的终结——都市里的村庄研究》,《中国社会科学》2002年第1期。
[3] 谭炳才、何启环:《特别关注城中村,城市化的死角》,《经济日报》2002年1月18日。

很少或没有,居民也基本上非农化的中心村落;狭义的"城中村"是指那些农用地与居民早已非农化,村庄已经转为城市建制,只是习惯上仍称为村的社区聚落。[1]

全国各地开展"城中村"改造的城市政府,在其发出有关"城中村"改造的文件时,有时涉及对"城中村"的界定,如深圳市 2004 年发布的《深圳城中村(旧村)改造暂行规定》(深府〔2004〕177 号)第二条就规定:"本规定所称的城中村(含城市待建区域内的旧村,以下统称城中村)是指我市城市化过程中依照有关规定由原农村集体经济组织的村民及继受单位保留使用的非农建设用地的地域范围内的建成区域。"郑州市 2003 年颁布的《郑州市城中村改造暂行规定(试行)》(郑政〔2003〕32 号)第二条规定:"本规定所称城中村,是指在本市市区范围内,使用集体土地,并以村民委员会为组织形式的农民聚居村落。"不过,多数地方政府文件对于"城中村"的界定均未提出明确的标准,其重心纳入改造计划的"城中村"的确定主体与程序,如南京市"城中村"改造建设工作领导小组办公室于 2006 年 5 月发布、经南京市政府办公室转发的《南京市"城中村"改造建设管理暂行办法》第二条就规定:"本办法所称'城中村'是指在以上范围内经市'城中村'改造建设工作领导小组审核并批准的,在土地性质、居住环境、行政管理体制、经济组织形式等方面仍保留原农村特征的村民聚居点。"

笔者认为,"城中村"的形成,一方面源于我国城乡二元社会体制,另一方源于建设用地集体与国有性质的区分。在城市化进程中,城市规划区内的集体土地中的耕地大多经过征收转为国有,纳入城市建设用地范畴,但是,出于房屋拆迁困难等诸多原因,地方政府在土地征收时往往又保留村民宅基地上的房屋。有些地方因为户籍制度改革的推进,将城市规划区内的村组建制撤销,村民转为居民身份,甚至出现了居住在宅基地上的城市居民现象。因此,对于"城中村"的界定,结合村民身份及其住宅用地性质,可分为最广义、广义与狭义三类。最广义的指城市规划区内,经土地征收后仅余非农建设用地的村组,广义则指城市市区范围内经土地征收后,仅余非农建设用地的村组。狭义的城中村则指城市市区范围内,经土地征收后,仅余非农建设用地,且村民已转为城市居民的原村组。

---

[1] 蓝宇蕴:《"城中村":村落终结的最后一环》,《中国社会科学院研究生院学报》2001 年第 6 期。

由于"城中村"特有的土地利用及组织形式,加之其处于城市范围,已经成为我国城市发展过程中特有的社会现象,如有学者就在对"城中村"问题突出的广州、深圳等地调研后,认为其既具有积极意义,也有消极意义。其积极意义为:第一,对村民而言,部分解决其生存问题。第二,为外来人口提供了廉价住房,吸纳了大量的外来人口,为城市的发展提供了部分人力资源。第三,解决了部分外来人口的就业、生计问题。第四,暂时性、部分性维护了社会的稳定。同时,"城中村"的消极意义则为:第一,城市土地利用的不经济。第二,城中村的环境已严重地影响到城市的健康形象。第三,治安、消防、卫生三大问题突出。第四,严重影响到城市的健康和谐发展。[1]不过,从法律角度看,"城中村"还存在突出的问题就是违章建筑的大量存在,甚至所谓的"小产权房"也屡禁不止,实际上反映了土地管理法制在"城中村"范围的失败。

(二)土地征收及城市房屋拆迁制度下的"城中村"改造

由于"城中村"地处城市规划区,系城市发展的储存空间,加之"城中村"诸多负面影响,二十一世纪初以来,各地方的城市纷纷通过制定专门文件,推动"城中村"改造。[2]由于国家无统一的规定,改造模式各地均有不同,但大多进行改造的对象均系前述广义的"城中村"范畴。因为"城中村"改造均不可避免涉及土地性质的改变以及房屋拆迁,从其借助土地征收及城市房屋拆迁制度实施改造角度,笔者将目前已有的"城中村"改造分为如下三类:

第一,传统的征地拆迁模式。2003年北京市制定了《北京市集体土地房屋拆迁管理办法》(2003年5月27日北京市人民政府第9次常务会议审议通过 2003年6月6日北京市人民政府令第124号公布),该政府规章将"城中村"改造包含于统一的集体土地房屋拆迁制度中,只不过在上位法基础上增加了房屋拆迁许可程序,即在用地人取得征地批准后,向区、县国土房地局申请房屋拆迁许可证,以拆迁人身份开始集体土地上房屋拆迁。[3]而用地人一方面在原有"城中村"土地进行基础设施改造,另一方面将拆除后的土地纳

---

〔1〕 王剑青:《城市化进程中城中村的治理——以广州市登峰村为例》,华东师范大学2008年博士论文,第32-36页。

〔2〕 笔者以"城中村"为标题,查询网上法律书店(www.law-lib.com)的法律法规库,即检得100余篇关于"城中村"改造的文件。

〔3〕 参见2003年《北京市集体土地房屋拆迁管理法》第三条、第九条。不过这一规定显然与《中华人民共和国行政许可法》有关许可设定的要求不一致。

入土地储备,作为城市土地增量来源。[1] 由于北京作为中国首都的特殊背景,2005年开始的"城中村"改造由政府全部投入,第一批纳入北京市2005年度城中村改造的24个项目中,就将占地5 191公顷的"城中村"改造成绿地和道路,拆除建筑面积26.66万平方米,涉及拆迁居民4 469户,搬迁工厂117家,动用经费达20多亿元。[2] 后续批次"城中村"改造北京将投入155亿元。[3]

这种改造模式在法律上比较清晰,其最大特点就是集体土地上的房屋拆迁仍然遵循土地征收程序,只不过通过增加许可程序,专门解决"城中村"房屋拆迁问题。不过,在这种改造模式下,需要政府资金的大量投入,在全国很难复制。

第二,城市房屋拆迁模式。由于城市房屋拆迁程序相对规范,且相关制度比较成熟。许多地方在进行"城中村"改造时沿用城市房屋拆迁模式。不过,这种模式面临的首要法律障碍就是"城中村"集体土地转为国有土地性质的问题。不少城市将"城中村"全部村民转为城镇居民,直接将原有的非农建设用地转为国有土地,进而适用《拆迁条例》实施"城中村"改造。[4]

这种处理方式以《土地管理法实施条例》第二条第(五)项规定为依据,但是2005年国务院法制办公室、国土资源部通过国法函〔2005〕36号文指出,《土地管理法实施条例》第二条第(五)项规定"是指农村集体经济组织土地被依法征收后,其成员随土地征收已经全部转为城镇居民,该农村集体经济组织剩余的少量集体土地可以依法征收为国家所有",实质上否定了这种缺少土地征收程序的"城中村"改造模式的合法性。而且,《国务院关于深化改革严格土地管理的决定》(国发〔2004〕28号)第(十)条也规定:"禁止擅自通过'村改居'等方式将农民集体所有土地转为国有土地。"

第三,国有土地管理、征地拆迁模式。有些地方为便于对集体土地进行管理,在"城中村"大部分土地被征收后,剩余土地面积达到一定标准时,则撤销集体经济组织建制,直接将宅基地房屋登记为城市房屋,原宅基地登记为"撤组剩余国有土地",但是,房屋拆迁时仍然适用征地拆迁补偿政策。如《南

---

〔1〕《北京市国土局:城中村改造增量建设用地》,《新京报》2009年12月16日。
〔2〕 万松,裴莹:《北京"城中村"整改调查之一》,《投资北京》2005年Z1期,第48页。
〔3〕《北京重点工程巡礼·市政建设 155亿元改造"城中村"》,《北京娱乐信报》2005年9月21日。
〔4〕 具有代表性的有《中共广州市委办公厅广州市人民政府办公厅关于"城中村"改制工作的若干意见》(穗办〔2002〕17号)。

京市征地房屋拆迁补偿安置办法》(宁政发〔2007〕61号)第二条第二款就规定:"撤组剩余国有土地上原建于集体土地上房屋被拆迁的,以及撤组后原宅基地上依法翻建或改建的房屋被拆迁的,不论被拆迁人是否领取国有土地使用证和房屋产权证,均适用本办法。"这种模式在实施时同样面临着法律困境,特别是被拆迁人不满意补偿问题时,往往以被拆迁房屋占地系国有土地为由,认为拆迁人适用的规范性文件违法。征地拆迁主管部门相关行政行为在诉讼时往往难以得到法院明确的支持。而且,这与最高人民法院有关司法答复的精神也存在冲突。最高法院行政庭曾经在《关于农村集体土地征用后地上房屋拆迁补偿有关问题的答复》(〔2005〕行他字第5号)指出:"行政机关征用农村集体土地之后,被征用土地上的原农村居民对房屋仍享有所有权,房屋所在地已被纳入城市规划区的,应当参照《城市房屋拆迁管理条例》及有关规定对房屋所有权人予以补偿安置。"经过土地征收程序但未在当时拆迁的房屋均应按照《拆迁条例》予以补偿,未经过征收程序直接转为国有性质的"城中村"房屋拆迁显然更应该适用。

(三)房屋征收制度下的"城中村"改造

前述"城中村"改造的三种模式中,就有两种模式适用《拆迁条例》,因此,作为承继城市房屋拆迁制度的房屋征收制度,也应将"城中村"问题纳入规制的范围,为"城中村"改造探索一种可行的法律途径。笔者认为,房屋征收制度下的"城中村"改造,属于以改善被征收人居住条件的区段征收。而从区段征收类型角度切入,房屋征收制度下"城中村"改造应在已有实践的基础下,形成如下特有的规则:

第一,实行"城中村"的集体转制。以广州为发源的城市房屋拆迁改造模式,不仅在土地性质转变上采取了有别于土地法律的要求,而且对于村民在集体经济组织的权益采取了改制的方式,即将集体经济组织转制为股份制企业。这种转制方式不仅是对"城中村"房屋及宅基地具备市场价值的客观认可,同时相较北京的征地拆迁模式能减少大量的财政投入[1],因而实施起来较易得到推行。虽然国法函〔2005〕36号文及国发〔2004〕28号文件对这种做法予以否认,但是仔细研读前述两个文件,笔者认为,"城中村"的集体转制并不违反《土地管理法》有关征地管制的立法本义。

---

〔1〕 据测算,仅广州市中心四十余"城中村"征地拆迁需要的成本就达2 000多亿元。参见庄志强:《广州市城中村改造政策与创新策略研究——以白云新城地区为例》,同济大学2008年硕士学位论文,第32页。

1998年《土地管理法》确定的现行征地管理制度,严格征地的要求主要体现在该法第四十五条中,规定基本农田、超过三十五公顷的耕地征为国有的,均须报国务院批准。可见,《土地管理法》有关严格征地管理的重心在于耕地保护,这与中央一直强调的"十八亿耕地面积红线保护"的精神是一致的。但是,"城中村"所涉及的土地均为非农建设用地,在"城中村"改造时将其一体转为国有土地,并不违背《土地管理法》严格实施征收管理的精神。因此通过房屋征收立法,将区段房屋征收类型适用于城市规划区内,仅余非农建设用地的村组(即最广义的"城中村"),既推动了以改善"城中村"居民居住条件为目标的房屋征收,也能够为"城中村"现有城市房屋拆迁改造模式提供合法的依据,改变其一直处于明显违法的尴尬境地。

第二,以改善"城中村"居民居住条件为基本目标。由于"城中村"情况非常复杂,如广州、深圳等地的"城中村"改造遇到最大的问题就是违章建筑非常庞大,不论是提前的确权还是改造中的补偿测算均遇到非常大的阻力。但是,这毕竟属于土地管理法制或规划法制的问题,在房屋征收制度下无法一并解决。房屋征收应当紧紧围绕"城中村"居民居住条件的改善为根本目标,并根据每个"城中村"的具体情况实施改造。这一种改造,并非仅仅为了"城中村"的原村民,更多为了因为房租便宜、地段良好而大量入住"城中村"房屋的城市外来人口。即使不实施整村拆除、改建,但通过征收方式改造不合于居住的旧有建筑,实现基础设施的配套建设,仍然能够达到改善居住条件的目标。[1]

第三,由政府主导实施"城中村"改造。"城中村"改造最基本的目标在于"城中村"居民居住条件的改善,而这恰是政府的义务,也是房屋征收的正当性基础。因此,对于"城中村"改造,不能因其地段的优越就引入政府与开发商的合作模式,或者因村民的反对就搁置不管。不过,在条件允许的情况下,由改制后的集体经济组织主导实施"城中村"改造,在政府的规划下,引入市

---

[1] 如广州市《关于加快推进"三旧"改造工作的意见》(穗府〔2009〕56号)附件二《关于广州市推进"城中村"(旧村)整治改造的实施意见》第二部分有关"城中村"综合整治的规定:"对位于城市重点功能区外,但环境较差、公共服务配套设施不完善的'城中村',以改善居住环境为目的,清拆违章、抽疏建筑,打通交通道路和消防通道,实现'三线'下地、'雨污分流',加强环境整治和立面整饰,使环境、卫生、消防、房屋安全、市政设施等方面基本达到要求。"

场主体实行自主改造,也不违反政府主导原则。[1]

第四节 扩张征收

一、扩张征收的界定

扩张征收,又称"一并征收""高额征收",系适用征收必要性原则的例外。因此,对于扩张征收的情形,需要法律明确规定,如我国台湾地区"土地征收条例"第五条、第八条就对一并征收情形明确规定,"征收土地时,其土地改良物应一并征收"(第五条)。"有下列各款情形之一者,所有权人得于征收公告之日起一年内向该管直辖市或县(市)主管机关申请一并征收,逾期不予受理:一、征收土地之残余部分面积过小或形势不整,致不能为相当之使用者。二、征收建筑改良物之残余部分不能为相当之使用者。征收土地之残余部分面积过小或形势不整,致不能为相当之使用者。"(第八条)

因此,对于房屋征收中的扩张征收可以这样界定,指房屋所有权人为避免一般征收范围过当导致损害而启动的征收类型。由此,扩张征收的特性主要体现在如下三方面:

第一,扩张征收的程序由被征收人启动,而一般征收程序由用地人启动。对于是否属于一般征收用地范围,由用地人根据其需要及相关条件确定,在向征收主管机关提出申请时作为必备材料,因此一般征收中的被征收人实际上是由用地人通过申请程序予以确定。用地人在以建设项目必需确定的用地范围时,有时出于资金投入的考虑,有时则由于对用地范围涉及影响估计不足,导致未被纳入用地范围的房地产,有可能因为征收项目的实施而受到严重侵害。基于权利保障要求,应当允许该权利人通过申请,由房屋征收主管机关将其纳入被征收人范围,一并征收其相关房地产,并予以补偿。

第二,扩张征收属于征收必要性原则的例外,而一般征收必须遵循必要性原则。确定一般征收的范围,应当以公益事业建设项目的必需为限度,方

---

[1] 如广州猎德村模式。2008年1月,地处广州珠江新城的猎德村改造,被视为广州城中村改造工程的第一个成功试点。政府完全不投资,由猎德村划出一块土地进行拍卖,拍卖所得资金再用于城中村改造。剩余的土地开发按照三三制的原则进行分配,三分之一用作商业用途,三分之一用作村民安置,三分之一用作集体经济预留地。参见"棠下变迁折射广州城市化梦想",《南方日报》2009年9月8日。

能体现征收公权力运行的谨慎。但是,当以公民权利保护为最终目标的必要性原则贯彻实施时,反而会造成公民权利的严重侵害,为避免这种二律背反情形的出现,就应该允许征收必要性原则的例外。不过,由于房地产权利人对于其权利侵害有着更为准确的认知,这种情况下,由权利人而非用地人提出申请就更为恰当。

第三,扩张征收的申请应受一定时效约束。扩张征收属于一般征收附属类型,只有一般征收启动时,才存在扩张征收的空间。而一般征收决定存在效力时间,相应的,权利人提出扩张征收请求,也应在一般征收决定的效力时间范围内,因此应受到时效约束。如前述台湾地区"征收条例"第八条就规定"所有权人得于征收公告之日起一年内向该管直辖市或县(市)主管机关申请一并征收,逾期不予受理"。法国公用征收制度中的全部征购类型也规定,所有者的不动产符合全部征购条件时,应在收到公用征收单位发出补偿金额通知后,15天内向公用征收法官申请判决全部征收购。[1]

二、我国房屋拆迁实践中扩张征收的类似情形

虽然我国土地征收及城市房屋拆迁制度均未规定扩张征收,但是,在相关拆迁实践中均存在扩张征收的类似现象。由于在法律制度上未能确定扩张征收类型,则容易造成相关权利人的合法权益未能得到有效的保障。

城市房屋拆迁中,由于取得建设用地规划许可证系申请城市房屋拆迁许可的前置条件,用地规划红线即为拆迁范围。但是,在规划红线确定时,有时会出现规划红线横穿建筑物情形,如江苏省建设厅文件《对苏州市规划局〈关于规划用地红线图中是否可划定拆迁范围等问题的请示〉的批复》(苏建规〔2004〕364号)就反映了这种情形。该文件第二部分的处理办法是,"如出现规划用地红线不可避免地穿越建筑物的情况,在划定拆迁范围时,应由房屋安全鉴定机构认定拟保留部分建筑物的结构安全性。如建筑物部分拆除将影响拟保留部分的结构安全,应报城市规划行政主管部门重新核定用地红线,保证建筑物在规划红线内外的完整性。建筑物部分拆除不影响拟定保留部分结构安全的,拆迁人如要实施整体拆除,需与房屋所有人协商解决,但不涉及用地红线的变更"。这一种处理办法还适用于道路建设拆迁时,红线穿过临街建筑情形。

---

[1] 王名扬:《法国行政法》,中国政法大学出版社1989年版,第398页。

苏建规〔2004〕364号对规划红线穿过或临近建筑物情形提出了两种处理方法，一是根据安全鉴定调整规划红线，二是由拆迁人与房屋所有人协商解决。但这两种方法均存在欠缺，特别是从房屋所有人角度来讲往往会造成权利保护不足。因此，对于是否纳入拆迁范围应当由房屋所有人提出申请，而非请鉴定机构从安全角度来确定。而且，对于不具有安全隐患建筑物的拆除及补偿问题，通过拆迁人与被拆迁人协商方式处理，在操作时也存在困难。如果拆迁人不积极协商，房屋所有人没有法律根据要求，就不能获得确定的拆迁补偿，仍然会形成较大的利益损失。如果通过征收法制确立相关房屋所有人的扩张征收请求权，就不会造成上述困难。

三、房屋征收制度下扩张征收的适用

城市房屋拆迁实践中的类似扩张征收情形，需要我国征收法制作出回应。因此，从保护征收范围外权利人免受过当侵害目的出发，我国征收法制中的扩张征收类型适用应该包括下列几种情形。

第一，被征收房屋占地范围建设用地使用权一并征收。由于域外征收法制以土地为标的，因此土地上的附着物基于其密切关系，应当一并征收。但是，在例外情形下，也为所有人提供自行迁移的可能。如台湾地区"土地征收条例"第五条就规定："征收土地时，其土地改良物应一并征收。但有下列情形之一者，不在此限：一、土地改良物所有权人要求取回，并自公告期满之日起十五日内自行迁移者。二、坟墓及其他纪念物必须迁移者。三、建筑改良物依法令规定不得建造者。四、农作改良物之种类或数量与正常种植情形不相当者，其不相当部分。五、其他法律另有规定者。前项应征收之土地改良物，得视其兴办事业计划之需要，于土地征收后，征收之。但土地改良物所有权人于需用土地人报请征收土地前，请求同时一并征收其改良物时，需用土地人应同时办理一并征收。"在我国（大陆），由于城市房屋拆迁以房屋对对象，其取得被拆迁房屋占地范围的土地使用权目标没有得到显化。因此，在城市房屋拆迁实践中，当被拆迁人提出其房屋占地范围土地价值需要得到承认时，拆迁人有时会以"房屋拆迁以房屋为对象，土地所有权属于国家"予以反驳。在被拆迁房屋占地面积远大于建筑面积情形下，以房屋为标准计算拆迁补偿时，往往会造成被拆迁房屋市场价值的损失。因此，将被征收房屋占地范围的建设用地使用权纳入扩张征收对象，一方面显化被征收房屋占地范围的土地价值，另一方面也会避免出现征收范围仅仅圈占建筑投影范围，而

排除该房屋所在宗地其余范围情形。

第二,被征收房屋残余部分一并征收。如本节第二部分情形,拆迁红线穿越建筑物,如果严格依照红线范围仅仅拆除部分建筑,一方面可能造成安全隐患,另一方面完全可能造成残余部分价值大为降低。但是,如果仅仅因该残余建筑存在安全隐患调整征收范围予以征收,显然不能充分保障房屋所有人的权利。因此,这种情形应当适用扩张征收情形。

但是,值得讨论的是征收范围邻接地带房地产因此受益升值是否可以纳入扩张征收情形。域外征收法制中有对因公益建设项目而导致周边房地产升值而适用扩张征收做法,但笔者认为,该类情形如适用扩张征收有可能被滥用,且房地产升值有相应的税收调控方式如物业税等规制手段,因此在我国不宜设定类似扩张征收。

第三,被征收房地产附着物一并征收。被征收房屋或土地上附着物如装修材料及机器设备,虽然在物理上可以与房屋或土地分离,但是一旦分离后将会造成装修价值大幅降低或者机器设备不能使用,这种情形应当允许所有人申请扩张征收。

在城市房屋拆迁制度下,虽然《拆迁条例》并无扩张征收类型区分,但并不妨碍被拆迁房屋所有人获得对房屋进行装修部分的补偿,但是,在对被拆迁房屋承租人的装修补偿上有时就会出现争议,特别是产权人与承租人之间就装修部分约定拆迁不赔时更为模糊,如2004年发生在江苏省建湖县的郭宗宏拆迁争议案。2000年,郭宗宏的元亨公司租用了江苏省盐城市建湖县劳动就业处培训楼的三间铺面作服装专卖店,租期四年,2004年5月19日到期。期间,郭宗宏对这家铺面进行过两次装修。2004年2月7号,劳动就业处接到了建湖县拆迁办公室的一个通知,劳动就业处培训楼将被拆迁。由于双方租赁协议约定:"如果合同期内政府规划此房拆迁,则本合同自行终止,乙方(元亨公司)装潢费用甲方(就业处)概不负责。如政府补贴装潢费用,则补贴部分归乙方所有。"而2001年《拆迁条例》第二十七条规定:"拆迁租赁房屋,被拆迁人与房屋承租人解除租赁关系的,或者被拆迁人对房屋承租人进行安置的,拆迁人对被拆迁人给予补偿。被拆迁人与房屋承租人对解除租赁关系达不成协议的,拆迁人应当对被拆迁人实行房屋产权调换。产权调换的房屋由原房屋承租人承租,而被拆迁人应当与原房屋承租人重新订立房屋租赁合同。"也就是说,依该规定,拆迁人仅对产权人有补偿的义务,而产权人依协议处理与承租人的关系。因此,拆迁人没有义务对承租人的装潢损失进行补偿,产权人依协议不具有补偿承租人的义务。因此,这种情形中就发生了有关承租人装潢损失于拆迁中得不到补偿情形,类似争议在城市房屋拆迁中经常发生。

  由于被征收房屋承租人的装潢损失因征收而发生,基于征收造成财产损失应予补偿的原则,通过扩张征收类型设定承租人对其房屋装潢损失的扩张征收请求权,从而使得在城市房屋拆迁制度中未能得到法律保护承租人相关权益的漏洞得以弥补,当为我国房屋征收类型化的空间。

第五章

房屋与土地：房屋征收补偿的共同要素

第一节 房屋征收补偿的基础理论

一、自由主义向功能主义的转变

现代征收理论中，补偿系征收的必要条件。正是在这个意义上，人们常说，无补偿即无征收。不过，对于如何确定征收补偿，学界从不同的角度出发，提出了多种理论观点。在此，笔者将其区分为自由主义的征收补偿理论与功能主义的征收补偿理论两大类。

（一）自由主义的征收补偿理论

在中外历史上，曾经有过一段漫长的时期，征收与补偿之间并无必然的联系。不过，从英国大宪章开始，西方法制中即已出现财产权须受平等保护的自由主义思潮。正是在自由主义的影响下，征收补偿的相关理论应运而生，其中主要的有特别牺牲说与公共负担平等说。

特别牺牲说的代表人物是德国学者奥托·梅耶。他认为，即使财产权受到宪法的保护，但是财产权的行使还是要受到一定内在的、社会的限制，只有当财产的征收或限制超过这些内在限制时，才产生补偿问题。也就是说，在这种理论下，当公权力对于财产权的侵害是所有社会成员都平等承担的，则无补偿问题。如果财产权的公权力侵害系由社会个别成员承担，这种情况下，即构成征收，需要补偿。在这种理论影响下，除了应予补偿的公权力侵害之外,德国联邦普通法院裁判中还出现了多种应予补偿的"类似征收之侵害""具有征收效果之侵害"情形。德国联邦普通法院以特别牺牲说为据所发展的"征收理论",重心在于区分是否补偿问题,而非如何补偿,因此对于征收制度而言,特别是补偿标准的确定方面,意义不彰。[1]

公共负担平等说认为,平等对待是国家与人民关系的基本准则。因此,当一部分人因公权力承担义务重于相同情况的其他人时,国家应设法调整和平衡这种义务不均衡现象。因为公权力行为的受益者为社会全体,社会全体因此应当承担公权力行为的损害。[2]这种理论以补偿的来源为侧重点,一方面强调作为受益者的社会公众应承担对被征收人的补偿义务,另一方面则强调了征收补偿的公平标准,即被征收人的补偿应当放在社会公众的层面上予以衡量。如德国"联邦基本法"第十四条规定"征收补偿之确定,应就公共利益与当事人利益为合理之衡量",为征收补偿标准设定了以社会承受能力为限的标准。[3]

(二)功能主义的征收补偿理论

与注重权利保护的自由主义征收补偿理论不同,功能主义视角的征收理论不仅将启动征收的国家视作社会组织的一员,同时强调征收对于社会的有机作用。考诸历史上对征收补偿有影响的功能主义理论,主要包括起源于罗马法的国库理论及现代公共选择理论。

国库概念源于罗马法。在罗马法中,国库作为皇帝以外的一个法人,它拥有服务于国家目的的财政权并有特别的收入,国库在民法和诉讼中具有优势。这一概念后来为德国公法所继受,并发展成为一个系统的理论学说。该学说认为,国库是与行使公权力的行政机关相并列的,在所有民事财产法律关系中代表邦君主一方。在主权措施之外君主被视为独立的、私法上的法人,即国库。在这种理论之下,国家因建设的需要征收私人财产,其地位仍然与被征收人的私人处于平等地位。因此,采取私法的自愿、平等协商方式赎买被征收人财产是其首选。如在普通法系代表国家的英国,其征收制度就称

---

[1] 翁岳生主编:《行政法》(下),中国法制出版社2002年版,第1674-1685页。
[2] 王太高:《行政补偿制度研究》,北京大学出版社2004年版,第68页。
[3] 国内学界多认为特别牺牲说与公共负担平等说属于一个问题的两个方面,但未能准确把握两种学说所针对的具体征收问题。前者为征收行为确定标准,附带解决补偿问题,后者重心在于确定补偿原则,而非征收行为。如沈开举:《征收、征用与补偿》;王太高:《行政补偿制度研究》,北京大学出版社2004年版,第68页。

为强制赎买,而补偿争议的司法救济仍然由普通法院管辖,适用普通法原则予以裁判。

公共选择理论系上个世纪中期发展起来的政治学理论,其代表人物有布坎南等。这一理论以经济学的工具分析政府及其制定的政策,其主要分析方法就是将政府、官员的行为视为经济学上的理性人,进而分析其决策行为。在征收补偿问题的研究上,公共选择理论采取了不同于自由主义的规范立场,将经济繁荣、社会稳定假定为所有理性政府决策的价值基础,因而得出这样的结论:补偿过低与过高均会造成政府的"财政错觉",唯有确定征收的公正补偿原则,才能将政府从一个权力机构转变为一个理性人,和普通理性的个人一样,政府在决定过程中也必须平衡成本和收益,从而有助于保证征收行为符合社会利益。[1] 不过,公共选择理论对于征收公正补偿的强调,不限于强调其避免"财政错觉"的经济功能,同时强调其同时具备"限制社会冲突,保持政治稳定"的社会功能。[2]

征收作为公权力运作的形态,也是国家实现其政治目标的法律方式之一。因此,在征收法制下,征收同时具有推动社会经济发展的效果。正是在这种功能主义路径下,英法早期创设征收法制时,其主要目标就在于实现城市贫民窟的治理,以促进城市的发展,后来则将征收法制发展为城市更新的重要手段之一。在我国台湾地区的"土地法"第二百一十二条,甚至明确将实现当局"经济政策"作为征收启动的法定情形。也就是说,征收及征收补偿已经被纳入公共政策的范畴。正是在这个意义上,被征收人于征收中并不局限通过权利损失的填平获得补偿,而更应该通过征收获得新的机会——或者是居住条件的改善,或者实现就业与经济发展,等等。而在这种功能主义的征收理论指引下,征收补偿应当避免局限于旧自由主义理论中以财产权为核心的思路,应在确定补偿时同时处理被征收人的住房权保障、经济发展等经济社会文化权利问题。

二、公正原则对房屋征收补偿的要求

自由主义征收补偿理论中,权利的平等保护是其出发点,而功能主义的征收补偿理论,则将公权力主体与被征收人纳入平等地位予以考量。因此,

---

[1] 张千帆:《"公正补偿"与征收权的宪法限制》,《法学研究》2005年第2期。
[2] 张千帆:《"公正补偿"与征收权的宪法限制》,《法学研究》2005年第2期。

人们往往将"公平"确定为征收补偿的原则。不过,值得注意的是,有时人们又往往将"公平补偿"与"公正补偿"混用,如对美国第五宪法修正案中"Just compensation"的不同翻译。[1] 那么,征收"公平补偿"与"公正补偿"是否存在不同？如果不同,那又该如何取舍呢？

笔者在第二章房屋征收公正原则部分就讨论了"公平补偿"与"公正补偿"区分问题,指出"公正补偿"既有实体意义,也有程序意义。相较于"公平补偿"而言,"公正补偿"因其包含的程序意义,更能准确的表达事先补偿的重要征收规则。有可能事后的补偿对所有被拆迁人都是公平的,但肯定是不公正的。在我国城市房屋拆迁制度中,曾经就有未确定补偿即行强制搬迁的规则,如1991年《拆迁条例》第十五条有关规定。[2] 也许在1991年《拆迁条例》的立法者眼里,补偿问题与拆迁问题是两个阶段的问题,只要后续的补偿是依法进行的,对于被拆迁人就不存在公平问题。但是,迟来的正义不是正义,事后的公平补偿对于所有被拆迁人却是不公正的。因此,相较于仅有实体意义的公平补偿,具有实体与程序双重意义的公正补偿更具价值。

同时,公正更是一种是现代社会利益分配的理想状态。[3] 以功能主义立场解读征收制度,其补偿同时也应具有社会利益分配的功能。如果以公平为准则处理被征收人的补偿问题,依现行城市房屋拆迁制度相关规定,以公开市场上被征收房屋市场价格标准补偿被征收人,应该是符合要求的。[4] 但是,从征收制度的分配功能论之,则很难回答被征收人这样的疑问：难道我的利益就不是公共利益？因此,征收补偿对于被征收人而言,同时应具备促进居住改善、经济提升的功能,而不仅仅是以其被征收房屋的财产属性予以公平补偿。

基于公正补偿的程序规则及其社会分配功能,笔者认为,以公正原则统

---

〔1〕 如国内学者在研究征收补偿问题时,对该句的翻译就分为"公平"与"公正"两大类。如沈开举《征收、征用与补偿》用的是"公平补偿"(第90页)；王太高在其《行政补偿制度研究》中对该法案的翻译也使用的是"公平补偿"(第135页)。而张千帆等学者则使用"公正补偿"翻译,如其文章《"公正补偿"与征收权的宪法限制》,《法学研究》2005年第2期。

〔2〕 参见1991年《拆迁条例》第十五条规定："在房屋拆迁公告规定的或者本条例第十四条第一款规定的裁决作出的拆迁期限内,被拆迁人无正当理由拒绝拆迁的,县级以上人民政府可以作出责令限期拆迁的决定,逾期不拆迁的,由县级以上人民政府责成有关部门强制拆迁,或者由房屋拆迁主管部门申请人民法院强制拆迁。"

〔3〕 韩跃红：《公平与正义的联系和区别》,《哲学研究》2007年第12期。

〔4〕 2001年《拆迁条例》第二十四条规定："货币补偿的金额,根据被拆迁房屋的区位、用途、建筑面积的因素,以房地产市场评估价格确定。"

摄房屋征收补偿更具制度意义,在避免"公平补偿"局限性方面,也有着至关重要的作用。具体而言,公正原则于房屋征收补偿中主要体现在如下几方面:

第一,事先补偿。我国2004年颁布的第二十条宪法修正案,将宪法第十条第三款"国家为了公共利益的需要,可以依照法律规定对土地实行征用"。修改为:"国家为了公共利益的需要,可以依照法律规定对土地实行征收或者征用并给予补偿。"该宪法修正案将征收补偿上升到宪法规定的高度,对补偿于征收制度中的地位提高具有非常积极的意义。宪法第二十二条修正案有关财产征收的条款也有类似规定。但是,这两条宪法修正案有关条款对于征收与补偿的关系仍然语焉不详,所谓的"征收并给予补偿"可以理解为征收后再补偿,也可以理解为征收的同时给予补偿,应该说这是宪法修改时的一大遗憾。不过,基于征收物权创设效力的生效要件即为补偿确定的认知[1],即使宪法修正案存在模糊之处,该两条规定有关补偿与征收的关系从法理上也是确定的。但是,宪法修正案中的遗憾,对于具体法律的制定仍然有很大的影响,如《物权法》第二十八条规定:"因人民法院、仲裁委员会的法律文书或者人民政府的征收决定等,导致物权设立、变更、转让或者消灭的,自法律文书或者人民政府的征收决定等生效时发生效力。"这一条规定以征收决定的生效时间确定征收的物权效力,必然导致征收中物权变动与补偿的关系不能得到恰当的配置,甚至会出现1991年《拆迁条例》第十四条规定的局面:被拆迁人尚未通过协议或裁决方式确定补偿时,政府即可通过责令限期搬迁的方式实现强制搬迁。

第二,同等配置被征收人财产权与住房权保障。被征收房屋具有财产属性,同时也具有住房权属性。如果仅以被征收房屋的财产属性为补偿基础,则通过客观计算其市场价格进行补偿即可实现公正。但是,若以被征收房屋的住房权属性为基础,则不能仅仅计算被征收房屋的市场价格进行补偿。对于被征收对象的房屋,就不能"仅是头上有一遮瓦的住处或把住所完全视为一商品而已,而应该把它视为安全、和平和尊严地居住某处的权利"[2]。因此,房屋征收在拆除被征收人房屋的同时,必须同时保障被征收人的适足住房权,这既是我国社会几千年来的理想,也是我国加入相关国际人权公约后

---

[1] 参见论文第三章第二节有关房屋征收法律属性部分。

[2] 1991年联合国经济、社会和文化权利委员会第六次会议通过的《第4号一般性意见:适足住房权》。

承担的当然义务。

我国历史上的城市房屋拆迁制度,曾经以被拆迁人的安置为重心,推动了被拆迁居民居住条件的改善,并获得了城市居民的普遍欢迎。但是,当2001年《拆迁条例》适应市场经济大潮,进行等价补偿的市场化转型时,却触发了近些年来大规模拆迁冲突,其中不乏因为住房权保障不当的因素。因此,在房屋征收制度的构建中,只有纠正《拆迁条例》市场化转型的弊端,方能实现征收补偿的公正。

第三,通过补偿实现被征收人的发展。以功能主义审视房屋征收制度,通过征收补偿促进被征收人利益也是题中应有之义。在我国各大城市的"城中村"改造过程中,成功的改造模式往往就是在尊重村民的基础上,通过征收赋予村民发展机会,进而获得村民的普遍配合,实现了城中村改造的目标。如深圳的"田厦新村"改造模式中,即通过宅基地入股方式予以补偿,为村民提供了改造后的发展机会。而对于政府而言,也收获了通过城中村改造推动城市发展的目标,甚至间接通过被拆迁村民向社会出租安置房源,还发挥了一定的廉租房保障功能。在总结"田厦新村"改造模式的成效时,就有人认为这种模式存在三个方面的优点:一是深圳市政府方面达到了改造旧城区的城市规划目标;二是解决了城中村村民要求保持同以往相同的较高收益的问题;三是为深圳的廉租房建设指引了一个新的方向。[1]因此,通过征收补偿方式,充分尊重被征收人的发展诉求,实现征收目标与被征收人的共同发展,这也是我国房屋征收制度功能主义路径的重要表现。

三、"补偿"与"安置"的辨析

所谓的"安置",依其字面意义,系使人或事物有着落、安放的意思。在城市房屋拆迁制度中,"安置"则有着实现房屋使用人居有所安的性质。如在1991年《拆迁条例》就有专章规定"拆迁安置",其对象为"被拆除房屋使用人",而所谓"被拆迁房屋使用人"是指在拆迁范围内具有正式户口的公民和在拆迁范围内具有营业执照或者作为正式办公地的机关、团体、企业、事业单位。不论是私房产权人还是公房承租人,均系拆迁人提供房屋供其居住的对象。因此,这里的"拆迁安置",具有典型的实现被拆迁人适足住房权的属性。

---

〔1〕 杨丽媚:《宅基地入股:城中村改造的新模式》,《北京房地产》2007年第1期,第41页。

但是,"拆迁安置"的适足住房权保障属性,却在2001年《拆迁条例》所确定的拆迁补偿市场化潮流中消失无踪。如2001年《拆迁条例》第三章"拆迁补偿与安置"中,仅第二十七条规定了为房屋使用人提供安置房屋的内容,即"被拆迁人对房屋承租人进行安置的,拆迁人对被拆迁人给予补偿"。而根据这一条规定,安置承租人是被拆迁房屋所有人的义务,而非拆迁人的义务,这与1991年《拆迁条例》第三章规定由拆迁人对被拆迁房屋使用人予以安置又有着显然的不同。也就是说,在2001年《拆迁条例》中实行的补偿市场化转型中,拆迁人对房屋使用人(承租人)的住房权保障义务已经异化为被拆迁人的义务,使得处于弱势地位的房屋使用人更处于非常不利的地位。[1]

在城市房屋拆迁制度中,"安置"有其特定的适足住房权保障属性,虽然市场化的补偿标准已经将其排斥于2001年《拆迁条例》所代表的城市房屋拆迁制度之外,但是,由于被征收房屋所承载的住房权属性,以及国家的公民适足住房权保障义务,对于被征收人的"安置",仍然系房屋征收法律制度关联的重要方面,不过,对于被征收房屋使用人的住房权保障问题,有其独有的经济适用房、廉租房法律法规及政策体系,在房屋征收法律制度的论述中就不再展开。

第二节 房屋征收的财产补偿

一、房屋征收财产补偿的确立

在很长一段时间以来,由于社会主义计划经济的影响,我国相关法律规定房屋拆迁的补偿一直采用实物安置的方式。对于私有产权的房屋,也主要采用实物补偿的方式,如果产权人选择货币补偿,也仅补偿被拆迁房屋的建筑费用,并不注重被拆迁房屋的财产属性。如广东省1987年针对华侨私有房屋拆迁而颁布的《广东省国家建设征用土地拆除城镇华侨房屋的规定》第七条第二项规定:"业主要求付给补偿费的,由县级人民政府房管部门根据原房屋的质量、建筑面积以及建筑物的附属庭园地和配套生活设施,核定相当

---

[1] 如在城市拆迁实践中,被拆迁房屋所有人为获取其最大利益,往往不会再对承租人安置,即使该条第二款规定的产权置换后由被承租人继续租赁要求,也很难得到执行。因此,有些地方为了解决公房承租人在这一条规定下的不利地位,直接规定公房承租人直接取得货币补偿。如《南京市城市房屋拆迁管理办法》(南京市政府227号令)相关规定第三十六条规定。

于复建新房的费用和搬迁费,由建设用地单位给付。"有时连建筑成本费用也不支付,如1982年颁布的《江苏省城市建设用地管理和房屋拆迁安置试行办法》第十二条中就规定:"如房屋产权人不愿作价处理,可在规定期限内自行拆除,由主管机关适当补偿拆除人工费。"在1991年出台的《拆迁条例》中,对于被拆迁房屋的作价补偿,也仍然采用建筑成本标准,如该条例第二十条第三款规定:"作价补偿的金额按照所拆房屋建筑面积的重置价格结合成新结算。"

随着社会主义市场经济建设的深入,被拆迁房屋的财产属性日渐显现。2001年制定的《拆迁条例》则顺应了这一时代要求,在其第二十四条中规定:"货币补偿的金额,根据被拆迁房屋的区位、用途、建筑面积等因素,以房地产市场评估价格确定。"应该说,这一条规定确认了城市房屋于拆迁时的财产属性,并通过市场评估方式实现其公平补偿。不过,对于集体土地上的房屋,其财产属性仍然未能在拆迁时得到广泛认可,如《江苏省土地管理条例》第二十六条第(三)项就规定:"房屋及其他建筑物、构筑物,按照重置价格结合成新确定。"将集体土地上的房屋补偿问题仍然视作建筑成本的弥补。

2007年实施的《物权法》第四十二条规定,将城市房屋拆迁定性为房屋征收,将其与2004年颁布的第二十二条宪法修正案财产征收条款接轨,显化了被拆迁房屋的财产属性,直接将城市房屋拆迁时代推向了城市房屋征收时代。同时,《物权法》明确规定宅基地使用权的用益物权属性,也为集体土地上房屋的拆迁补偿设定了财产补偿的要求,对于促进集体土地上房屋拆迁中的财产权保护具有非常积极的意义。[1] 因此可以断言,在《物权法》之下的房屋征收制度,已经进入了房屋征收的财产补偿阶段。

二、房屋征收财产补偿的标准

所谓标准,系指衡量事物的准则。因此,房屋征收财产补偿的标准,将是对因房屋征收而遭受财产损失的被征收人实施补偿的准则。

对于征收中财产补偿的标准,主要分完全补偿、公平补偿与合理补偿三大类。

---

〔1〕 如《物权法》第一百三十一条规定:"因不动产或者动产被征收、征用致使用益物权消灭或者影响用益物权行使的,用益物权人有权依照本法第四十二条、第四十四条的规定获得相应补偿。"因为宅基地使用权属于用益物权,因此这一条规定更是明确了集体土地拆迁时的财产补偿要求。

第一，完全补偿标准。十九世纪征收制度发轫之初，整个欧洲弥漫着一种自由主义思潮，这种理念反映在征收制度上，就是出现征收补偿的完全补偿标准。如1873年德国巴伐利亚邦颁布的《公益征收法》就规定，征收除了要补偿被征收物的"通常价值"外，还要补偿因征收而引起的其他"不利益"。1794年普鲁士一般法规定"除一般价值外应斟酌特别价值"（第一章第九条）；1874年普鲁士《土地征收法》承继了该规定，该法第一条明确规定，征收补偿以"全额"为之。在第八条第一项又规定："对于土地所有权之征收补偿，为被征收土地及包括被征收之附属物及孳息在内的充分价值。"[1]如澳葡当局制定的第12/92/M号法律第二条第一款规定："经穷尽以私法途径取得财产的可能性后，方可采取征收"，澳门政府因公共利益需要主要采取私法方式取得被征收土地，强制性的征收权一直备而不用。这种征收法下的协议购买方式，也是完全补偿标准的征收法制。

完全补偿标准，要在被征收财产的通常价值之外，对被征收人于被征收财产上的主观价值或者因征收而造成的间接损失也要考虑在内，这在主张"守夜人政府"的自由主义法治时代可能成立，但随着政府干预经济与社会的力度逐渐加强，坚持完全补偿标准将对公共财政增添沉重负担，并使政府丧失通过征收促进公共利益的动机。因此，完全补偿标准在现代征收法制中并不占据主要地位。如强调财产权社会义务的《魏玛宪法》就在其第一百五十三条第二款规定"公用征收除联邦法律有特别规定外，应予以相当之补偿"，结束了早期德国各邦财产征收完全补偿标准占主流的时代。

第二，公平补偿标准。公平的核心理念是指同样的情况同样对待，不同的情况不同对待。因此，公平补偿标准又可称为相当补偿标准。如台湾有学者就引用德国联邦普通法院创设的"重新筹措理论"来说明公平补偿标准。[2]日本学者在解读其宪法第二十九条第三款规定的"正当补偿"时，认为该标准系补偿被收用人的全部财产损失，即补偿被收用财产的一般市场交易价格。[3]日本法院的判例也采用了这样的观点，认为"土地收用法上的损失补偿的目的在于：当因特定的公益上必要的事业收用土地时，为求得因该收用而使该土地所有者等蒙受的特别牺牲的救济，应该进行完全补偿，也就

---

[1] 陈新民：《宪法基本权利之基本理论》（上），台湾元照出版公司1999年版，第393、486页。

[2] 翁岳生主编：《行政法》（下），中国法制出版社2002年版，第1723页。

[3] 杨建顺：《日本行政法通论》，中国法制出版社1998年版，第605页。

是说,应该予以使收用前后被收用者的财产价格相等的补偿",土地收用时的补偿金额为"足够被收用者在附近取得与被收用土地同等的代替地所需金额"。[1]而德国"联邦基本法"第十四条第三款规定补偿"经公众利益和关系人权益的适当斟酌予以确定"比较抽象、模糊,但这一规定依联邦最高法院的表述,即为"补偿金额可以购买到同样种类和质量的财产,从而平衡被征收人的损失"。[2]法国"人权宣言"第十七条和"民法典"第五百四十五条均规定,公用征收应公正补偿,而公用征收法典第一部分第一编进一步规定"补偿金额必须包括由于公用征收产生的全部直接的、物质的和确定的损失在内",应该说,这一补偿标准仍然与前述补偿标准并无二致。在美国,以被征收财产"公平市场价值"为补偿标准,联邦最高法院的判例就指出,个人有权获得相对于被征收财产而言"完全和严格等同"(full and exact equivalent)的补偿,使之"在金钱上处于和财产没有被征收时同样的地位"。[3]

在我国,由于2001年《拆迁条例》第二十四条的规定,城市被拆迁房屋的财产补偿以其市场评估价格为基础,实际上就已确立了公平补偿标准。建设部2003年颁布的《城市房屋拆迁估价指导意见》(建住房〔2003〕234号)第十一条第三款规定:"拆迁估价的价值标准为公开市场价值,不考虑房屋租赁、抵押、查封等因素的影响。"第十六条也明确规定:"拆迁估价一般应当采用市场比较法。不具备市场比较法条件的,可以采用其他估价方法,并在估价报告中充分说明原因。"这两条规定明确被拆迁房屋按照公开市场上同等房屋价值予以补偿,与域外法制中的公平补偿标准并无二致。而德国法上的"重新筹措理论",与《房地产估价规范》(GB/T50291—1999)对市场比较法的界定也无太大的区别,即"将估价对象与在估价时点近期有过交易的类似房地产进行比较,对这些类似房地产的已知价格作适当的修正,以此估算估价对象的客观合理价格或价值的方法"(2.0.12)。《征收条例》第十九条规定:"被征收房屋价值的补偿,不得低于房屋征收决定公告之日被征收房屋类似房地

---

[1] 日本最高法院判决,1973年10月18日,民事判决集,第27卷,第1210页。转引自杨建顺著:《日本行政法通论》,第607页。

[2] 参见BGHZ,第39卷,第199页以下。转引自毛雷尔著,高家伟译:《德国行政法学总论》,第696页。

[3] Seaboard Air Line Ry. v. United States, 261 U.S. 299 (1923), at 304. 转引自张千帆:《"公正补偿"与征收权的宪法限制》,《法学研究》2005年第2期。

产的市场价格。"这是对2001年《拆迁条例》第二十四条规定的继承[1],反映了国有土地上被征收房屋的财产补偿立法,仍然遵循了公平补偿的标准。

第三,合理补偿标准。在台湾地区,虽然学者多认为因征收而造成的财产损失应采用"公平补偿"标准,但实务上多以"合理补偿"为标准,如其"大法官会议"释字第440号指出:当局依法行使公权力致人民之财产遭受损失,若逾期社会责任所应忍受之范围,形成个人之特别牺牲者,应予合理补偿。不过,对于"合理标准"与"公平标准"的界限,台湾地区的理论与实务界仍然存在混淆,如台湾地区"行政院"曾发函指出:当局为行政行为之损失补偿,如无成文法与习惯法之依据,应依据公平合理之原则办理("行政院"1971年5月17日台内字第四三八七号令)。这一文件,将"公平"与"合理"标准混同,实难让人进行准确理解。一般认为,公平标准为市场等值标准,而合理标准并非"全额赔偿,而是为合理适当之赔偿"。[2]

在我国(大陆),早期的城市房屋拆迁制度对于被拆迁房屋的财产补偿即采用合理补偿标准,如本节第一部分有关城市房屋拆迁立法中的货币补偿条款。但是,对于被拆迁人的实物补偿,却大都采用同等条件下的房屋置换,应该说还是符合公平补偿标准,如1990年《江苏省城市房屋拆迁管理条例》(1990年12月19日江苏省第七届人民代表大会常务委员会第十八次会议通过)第十一条规定:"拆迁人对被拆除房屋的所有人,应依法给予合理补偿。补偿可采用作价补偿、产权调换或作价补偿和产权调换相结合的形式。"虽然这一条规定了拆迁补偿的合理标准,但该地方性法规第十三条规定的产权调换补偿形式,却仍然采取的是重新筹措的公平补偿标准。[3] 正是因为产权调换方式保障了拆迁补偿的公平,在二十世纪八九十年代,大多数被拆迁人仍然欢迎城市房屋拆迁的进行。

---

[1] 不过,2001年《拆迁条例》第二十四条规定被拆迁房屋的市场评估具体方法由省、自治区、直辖市人民政府制定,而《征收条例》第十九条第三款规定房屋征收评估办法由国务院城乡建设主管部门制定,这反映了立法者力求避免旧城市房屋拆迁实践中评估行政化弊端的意图。

[2] 翁岳生主编:《行政法》(下),李建良撰"损失补偿"部分,中国法制出版社2002年版,第1723页。

[3] 第十三条 以产权调换形式偿还的私有和单位自有住宅房屋,偿还建筑面积与被拆除建筑面积相等的,按照重置价格结合成新与建筑安装工程造价结算;偿还建筑面积超过被拆除建筑面积且在规定安置标准内的,超过部分按照住宅房屋的成本结算;偿还建筑面积超过规定安置标准的,超过部分按照商品房价格结算。

在我国,集体土地上房屋的拆迁补偿,仍然适用合理补偿标准。《土地管理法》第四十七条第三款规定:"被征收土地上的附着物和青苗费的补偿标准,由省、自治区、直辖市规定。"〔1〕集体土地上的房屋属于地上附着物,因此,各省、市、自治区普遍通过地方立法或规范性文件方式,规定集体土地房屋拆迁补偿标准,对被拆迁房屋的货币补偿,普遍采用重置价格结合成新方法确定价值,如《江苏省土地管理条例》第二十六第(三)项就规定:"房屋及其他建筑物、构筑物的补偿费,按照重置价格结合成新确定。"〔2〕这一标准以被拆迁房屋建设投入费用为计价基础,并不能反映被拆迁房屋的市场价值。而被拆迁房屋所占用的土地,法律上属于宅基地使用权性质,一直以来未能被法律确认为使用权人的财产。在少数地区,推行集体土地房屋拆迁时,将宅基地区位价与被拆迁房屋重置价的总和作为被拆迁房屋货币补偿价格,如《北京市宅基地房屋拆迁补偿规则》第三条规定:"房屋拆迁补偿价,由宅基地区位补偿价、被拆迁房屋重置成新价构成;计算公式为:房屋拆迁补偿价＝宅基地区位补偿价×宅基地面积＋被拆迁房屋重置成新价。"其中的"宅基地区位补偿价",依该规则规定,"由区县人民政府以乡镇为单位……确定并报市国土房管局备案"。由此可见,对于集体土地上的房屋拆迁,其价格补偿系以建设投入为准,并结合政府对宅基地的定价确定,这显然没有实现市场补偿,因此属于合理补偿。这一方面是由于集体土地房屋属于限制性财产,其市场价值无法量化,另一方面则因为集体土地房屋拆迁以安置为主,计算其财产价值并作价补偿方式毕竟是少数。

《物权法》颁布后,确定了宅基地使用权的用益物权属性,而依据《物权法》第一百二十一条规定,宅基地使用权于征收时依法应予补偿。《物权法》前述相关规定显化了宅基地的财产属性,因此,在房屋征收制度的影响下,对于集体土地上的被征收房屋,在实行财产补偿时,也逐渐在部分领域向国有

---

〔1〕 这里的"补偿标准"系具体的补偿计价,只不过因其反复适用性,而将其称为标准,并非本节"合理补偿标准""公平补偿标准"意义上的"补偿标准"。类似的"补偿标准"法律规定还有:《土地管理法实施条例》第二十五条第一款规定"征用土地方案经依法批准后,由被征用土地所在地的市、县人民政府组织实施,并将批准征地机关、批准文号、征用土地的用途、范围、面积以及征地补偿标准、农业人员安置办法和办理征地补偿的期限等,在被征用土地所在地的乡(镇)、村予以公告",《江苏省土地管理条例》第二十条规定:"土地补偿费、安置补助费、地上附着物和青苗补偿费的具体标准,由设区的市人民政府确定,并报省人民政府备案"等等。

〔2〕 类似规定还有《广西壮族自治区实施〈中华人民共和国土地管理法〉办法》第五十五条规定,《福建省实施〈中华人民共和国土地管理法〉办法》第三十条规定等等。

土地上的房屋征收靠拢,适用公平补偿标准。

三、房屋征收财产补偿的范围

(一)域外征收制度中财产补偿的范围

法国公用征收法典第一部对于征收财产补偿的范围规定非常清晰,即为:"补偿金额必须包括由于公用征收产生的全部直接的、物质的和确定的损失在内。"所谓直接损失是指和公用征收之间具有直接的因果联系的损失。而物质的损失是指丧失财产的利益而言,不包括精神上的和感情上的损失在内。确定的损失是指已发生或将来一定发生的损失,不包括将来可能发生的不确定的损失在内。[1]

在日本,土地征收的补偿范围主要有:(1)土地及以外权利的补偿,具体标准为《日本土地收用法》第七十一条规定,"针对征收土地和与该土地相关的所有权以外之权利的补偿金额数为:参考近旁类地交易价格等后而得事业认定公告时的适当价格乘以因权利取得裁决时物价变动而得校正系数后所得数额。"(2)其他损失补偿,主要包括"残地补偿"(第七十四条)、"工程费用的补偿"(第七十五条)、"转移费的补偿"(第七十七条)、"转移物件的补偿",通常所受损失之补偿(包括误耕费、营业损失、建筑物转移的租金损失以及其他因征收而让土地所有者或关系人承受的通常损失,第八十八条)。[2]对于"转移物件"的补偿,主要有两种情形,一是转移物件明显困难,或者转移物件明显难以实现其一直以来的使用目的(第七十八条),一是转移费超过取得转移物件所需价格时(第七十九条)。

在德国征收法制上,其补偿范围原则上限于与交易价值相应的被征收财产损失,不过,根据联邦最高法院判决,同时也补偿因征收造成的结果损失或者结果费用,但这类补偿限于直接后果损失,如因分割造成不动产价值的降低,搬家支出,企业搬迁费用,必要的法律咨询费,但不包括间接后果损失,如

---

[1] 王名扬:《法国行政法》,中国政法大学1988年版,第393页。
[2] 日本土地收用法第七十四条:因征收或使用同一土地所有者一块土地的一部分而造成残地价格下跌或者其他与残地相关的损失时,必须补偿该损失。
第七十五条 因征收或使用同一土地所有者一块土地的一部分而有必要在残地新建、改建、增建、修缮通道、沟渠、坦墙、栅栏、其他工作物,或者堆土、挖土时,必须补偿所需费用。
第七十七条 征收或使用土地上有物件时,只有补偿转移费后才能转移该物件。若物件被分割、物件不整体转移则明显难以实现其一直以来的使用目的时,其所有者可以请求物件整体的转移费。

重新取得补偿客体的支出(经纪人费用、重新建设的支出等)。[1] 德国 1960 年 6 月 23 日通过的"联邦建筑法典"详细规定了征收补偿范围,主要指"实体损失"与"其他财产损失"。实体损失,是指被征收土地及其他标的物的"市价"。而根据该法第一百四十二条第二款规定,所谓市价,系指依通常交易,该(被征收)土地及其他标的所具备的法律(权利)状态、事实特征、其他状况及其所在的地点,所做的价值决定,特殊的及个人的关系,不列入该价值决定范围内。而其他财产损失,根据"联邦建筑法典"第九十六条第一款,是指实体补偿后,所有权人仍有的其他损失。根据联邦最高法院的判决,这种其他财产损失是一种因征收而产生的直接及必然的损害。[2]

在英国,根据"强制收买法"及法院相关判例,强制收买的补偿范围主要有三类:(1) 土地价值的补偿;(2) 权利受侵扰的损失补偿(Compensation for Disturbance);(3) 损害补偿(Injurious Affections)。其中,权利受侵扰的损失补偿指被收买的土地所有人或实际占用土地人,因土地被强制收买后,因失去对土地的控制权而遭受的损失,依法院判例主要包括搬迁费用、存货损失、商誉损失等。而损害补偿,则包括残余地损害补偿、邻地损害补偿等。[3]

我国香港特别行政区收回土地补偿范围包括:(1) 土地房屋(Land and Buildings)补偿。其补偿按有关土地权益根据收回土地当日的公开市场价值(Open Market Value)计算。(2) 地役权(Easement)及临时占用权补偿。因终止地役权的补偿,按收回土地时的地役权价值补偿,临时占用权补偿按占用期间的公开市值租金计算。(3) 商业损失(Business Loss)补偿。因收地而导致商号结束营业或须从收回物业迁往别处经营带来暂时或永久的营业损失的补偿;被迫变卖固定设备、装置、机器及存货的损失之补偿;迁往别处所涉及的开支以及发放给受影响雇员的遣散费的补偿;应付或减低封路影响而须支付的开支之补偿等。(4) 特惠津贴(Extra Gratia)。特惠津贴发放给拥有法律权利获补偿的业主或租户,即合法住宅用户,其中租户可获待"搬迁津贴"补偿。

我国台湾地区土地征收的补偿范围主要有:(1) 地价补偿。(2) 佃农补

---

[1] [德]哈特穆特·毛雷尔著,高家伟译:《行政法学总论》,法律出版社 2000 年版,第 698、701 页。

[2] 沈开举:《征收、征用与补偿》,法律出版社 2006 年版,第 235、236 页。

[3] 涂义光:《土地征收之比较研究》,成文出版有限公司 1981 年版,第 309、310 页。

偿。(3)土地改良物补偿。(3)迁移费补偿。(4)营业损失补偿费。(5)接连地损失补偿等。[1]

综观域外征收法制确定的财产补偿范围,可以概括其特点为:

第一,财产补偿范围法定。大陆法系国家与英美法系国家对于财产的认识有着较大的差异。大陆法系国家认为财产是指民事权利的客体而非民事权利本身。英美法系所谓的"财产"是一种权利、一种法律关系,它重在描述某物被权利主体拥有,并可以对其自由占有、使用、处分的状态。[2]因此,在征收的财产补偿范围问题上,许多国家往往通过宪法或宪法性法律确定标准,继而通过立法的方式确定财产补偿的具体范围。如联邦德国1949年颁布的"联邦基本法"第十四条第三款规定:"……征收仅得以法律或根据法律而为之。该法律应规定补偿之种类及范围,补偿之决定,应公开衡量公共利益及当事人利益。"也就是说,具体的补偿范围,通过民意机关通过法律设定。因此,不能以宽泛的财产概念来确定补偿范围,而应以立法方式来确定。一方面,这既是征收法律保留原则的要求,另一方面,也是由于需要补偿的财产范围在不同时代、不同地域有着不同的认识所致。

第二,不同的征收法制与实践,补偿的范围有所不同,但其核心在于不动产的财产补偿问题。征收法制发轫之初,在于公益事业建设的需要。因为不动产特别是建设用地的不可替代性,通过市场方式无法取得或者取得的成本过高,需要通过行使征收权占有并实施新的公益建设。因此,征收的标的物,即以不动产特别是土地为核心,其财产补偿范围的确定,即紧紧围绕不动产的财产价值设计。在此之外的补偿范围,则因其与不动产的关联程度确定:如关系紧密无法分离或者分离后无价值或价值极低,则应纳入补偿范围,如土地上的房屋依其物理特性可以迁离,但由于迁离后价值受损,因此一并纳入补偿范围。同时,房屋内的装潢部分则因其附着于房屋,因房屋纳入补偿范围,也应一并补偿。如果能够与被征收不动产上分离,且价值不会产生大的贬损,则只补偿其搬迁费用,如被征收房屋内的机器设备等。在此意义上,我们可以说,征收的财产补偿范围系指"具体的、现有财产的存续,而不针对

---

[1] 参见翁岳生主编:《行政法》(下),李建良撰"损失补偿"部分,中国法制出版社2002年版,第1723-1727页。

[2] 参见余立力:《论财产及其形态上的新变化》,《法商研究》2003年第6期。

职业机会、收入的可能性、期待"[1]。美国学者在评论财产补偿法的特征时也指出:"公正补偿意味着不完全补偿。"[2]

(二)我国房屋征收中的财产补偿范围

1.现有立法规定

我国《宪法》第十三条第三款规定:"国家为了公共利益的需要,可以依照法律规定对公民的私有财产实行征收或者征用并给予补偿。"这一规定实际上确立了我国房屋征收立法必须同时规范补偿的宪法要求。

基于全国人大常委会的授权,国务院于2011年1月21日公布实施的《征收条例》第十七条对于国有土地上房屋征收的补偿范围作了明确的规定,即包括如下三类:"(一)被征收房屋价值的补偿;(二)因征收房屋造成的搬迁、临时安置的补偿;(三)因征收房屋造成的停产停业损失的补偿。"这一条规定,即为房屋征收的财产补偿范围。同时,《征收条例》第十九条、第二十二条、第二十三条进一步细化了第十七条规定。[3]因此,国有土地上的房屋征收的财产补偿范围已经有了明确的法律规定。

集体土地上房屋征收时的财产补偿范围,目前的立法并无明确的规定。如《土地管理法》第四十七条第三项规定:"被征收土地上的附着物和青苗费的补偿标准,由省、自治区、直辖市规定。"各省、自治区、直辖市在涉及土地征收时,往往又将设定补偿的权限交由下级人民政府,如《江苏省土地管理条例》第二十六条在确定被征收房屋的重置补偿标准时,又规定"土地补偿费、安置补助费、地上附着物和青苗补偿费的具体标准,由设区的市人民政府确定,并报省人民政府备案"。这种将具体的补偿标准交由下级政府规定的做

---

〔1〕 [德]哈特穆特·毛雷尔著,高家伟译:《行政法学总论》,法律出版社2000年版,第682页。

〔2〕 Thomas W. Merrill, Incomplete Compensation for Takings, 11 N. Y. U. Environmental Law Journal 110 (2002), at 111.转引自张千帆:《"公正补偿"与征收权的宪法限制》,《法学研究》2005年第2期。

〔3〕 第十九条 对被征收房屋价值的补偿,不得低于房屋征收决定公告之日被征收房屋类似房地产的市场价格。被征收房屋的价值,由具有相应资质的房地产价格评估机构按照房屋征收评估办法评估确定。

第二十二条 因征收房屋造成搬迁的,房屋征收部门应当向被征收人支付搬迁费;选择房屋产权调换的,产权调换房屋交付前,房屋征收部门应当向被征收人支付临时安置费或者提供周转用房。

第二十三条 对因征收房屋造成停产停业损失的补偿,根据房屋被征收前的效益、停产停业期限等因素确定。具体办法由省、自治区、直辖市制定。

法,与我国宪法规定的征收法律保留原则相悖,在实践中不仅造成各地有关集体土地房屋征收补偿范围的混乱,也往往造成房屋补偿纠纷的难解。[1]甚至有地方立法将补偿问题又交回国家,如《广东省实施〈中华人民共和国土地管理法〉办法》(2009年1月1日实施)第三十条就规定:"拆除单位和个人的房屋,按国家的有关规定给予补偿。"

不过,由于《征收条例》的出台,集体土地上房屋征收问题已经纳入紧迫的修法议程。《征收条例》颁布时,国务院法制办公室有关负责人在接受媒体采访时就明确:"我们将会同有关部门抓紧对土地管理法有集体土地征收与补偿的规定作出修改,由国务院尽早向全国人大常委会提出议案。"[2]而在集体土地房屋征收补偿标准的问题上,有关权威人士已经提出了向《征收条例》看齐的修法思路,如中央农村工作中央农村工作领导小组副组长、办公室主任陈锡文在2011年1月31日国务院新闻办举行的三农及水利工作新闻发布会就表示,集体土地征收应当遵循国有土地征收同样的原则,应遵循市场定价标准进行补偿。[3] 这说明,集体土地上房屋旧有的合理补偿标准,已经面临着被公平补偿标准代替的大趋势,因此仅将房屋作为集体土地上的附着物纳入补偿范围的旧有规定必然也将面临着大的调整。

2. 现有立法的缺失

虽然《征收条例》明确了国有土地上房屋征收的财产补偿范围,且对集体土地上房屋征收范围的细化也有很强的参考作用,但以公平补偿标准衡量,仍然存在诸多缺失,主要表现在如下两大方面:

第一,土地使用权被虚化,甚至未纳入补偿范围。

不论是《拆迁条例》还是《征收条例》,其对象仅明确为"城市规划区内的国有土地上房屋"或"国有土地上的房屋",确定补偿因此以房屋为主,而房屋占地范围内的国有建设用地使用权因素并未显化。如在城市房屋拆迁实践中,由于拆迁补偿以房屋建筑面积为计价基础,在某些情况下仍然会出现被拆迁房屋评估价格与其公开市场价值差距较大的情况,特别是占地面积大于

---

[1] 如根据《中华人民共和国土地管理法实施条例》第二十五条规定:"对补偿标准有争议的,由县级以上地方人民政府协调;协调不成的,由批准征用土地的人民政府裁决。"实践中,批准征收的省级人民政府在裁决有关征地房屋补偿纠纷时,因为无立法细化的补偿规定,只能以市县人民政府规范性文件设定的范围、价格等规定为依据,其裁决过程实际沦为补偿是否计算错误的问题。

[2] 见2011年1月23日《人民日报》。

[3] 见2011年2月1日《新京报》。

建筑面积的被拆迁房屋,如果以房屋面积为基础计算该类房屋,其市场价格就会严重偏离实际。针对这种情况,有些地方在立法中要求拆迁评估增加土地因素的权重,如《江苏省城市房屋拆迁管理条例》第十八条第(三)项规定,被拆迁房屋估价因素——建筑面积为"房屋所有权证书载明的建筑面积或者房产管理部门确认的实际测量面积。房屋建筑面积小于土地使用面积的,区位补偿面积应当按照土地使用面积计算",这一规定就将地大于房、容积率较低的被拆迁房屋土地因素在估价时予以适当参考。而国家标准《房地产估价规范》则更进一步,明确将被拆迁房屋的土地使用权价值纳入其评估价值组成部分,该规范第6.7.6规定:"依法以有偿出让、转让方式取得的土地使用权,根据社会公共利益需要拆迁其地上房屋时,对该土地使用权如果视为提前收回处理,则应在拆迁补偿估价中包括土地使用权的补偿估价。此种土地使用权补偿估价,应根据该土地使用权的剩余年限所对应的正常市场价格进行。"

但是,不论是江苏省地方性法规的特别要求还是《房地产估价规范》的6.7.6部分规定,均未能显化被拆迁房屋土地价值问题,如前者仅只是在确定区位价时的一种例外做法,而所谓的"区位价"又是一个模糊的概念,决定权在于政府,这与被拆迁房屋公平价值由房地产市场评估价确定之间,又存在手段上的悖离。而《房地产估价规范》有关被拆迁房屋土地使用权价值的单独评估规定,仅适用于出让土地使用权,不适于划拨土地使用权情形,显然也会存在问题。[1]

城市房屋由于房屋与土地的不可分性,以公平补偿为标准,被拆迁房屋的公开市场价值离不开其占地范围内的土地使用权。但是,由于在城市房屋拆迁制度设立之初,我国商品经济并不发达,城市土地并未作为市场要素予以重视,导致城市房屋拆迁制度围绕房屋进行制度设计,将土地因素隐含在房屋之中。今天,随着社会主义市场经济建设日渐深入,土地的市场价值已经远高于房屋价值,城市房屋征收制度有关被拆迁房屋的计价基础应该作出调整,特别应该将被征收房屋占地范围的国有土地使用权因素于评估中予以显化,方能体现不同地段、不同容积率的房屋的不同市场价值,进而推动《征收条例》已经确立的公平财产补偿标准得以完全贯彻。

---

〔1〕 因为划拨土地使用权的形成非常复杂,既有历史因素,也有法律因素,如果因为其无偿取得性就否认其财产属性,既与当前司法实践不相符合,也是不尊重历史的做法。参见王达:《房屋征收及拆迁中的土地补偿问题》,《中国房地产》2008年第3期,第46、47页。

在集体土地房屋拆迁过程中,因为房屋占地属于集体所有,且房屋拆迁后以安置为主,因此宅基地范围内的土地补偿费用依法应支付给所有权人,即集体经济组织,只有在某些情况下,方部分或全部支付给被拆迁房屋所有人。如《海南省土地征收补偿安置管理办法》第十三条规定:"(一)被征地集体重新安排宅基地给被拆迁人自行建房的,市、县、自治县人民政府向被征地集体支付宅基地补偿费,向被拆迁人支付房屋等附着物补偿费……(三)被拆迁人选择货币补偿的,市、县、自治县人民政府应当一次性向被拆迁人支付宅基地补偿费、房屋等附着物补偿费。"类似规定还见于《江西省土地征用管理办法》第十八规定:"房屋拆迁户重建房屋的用地,按下列情况办理:(一)统一安排了还建地的,必须在还建地上建房;除一次性付给拆迁户房屋拆迁补偿费外,不再支付宅基地的补偿费用。(二)未统一安排还建地的,除一次性付给拆迁户房屋拆迁补偿费外,还应对拆迁户新建房屋所占用土地按《实施办法》的有关规定给予补偿,但不得重复计算征用土地面积。"

《物权法》颁布后,确定了宅基地使用权的用益物权属性。依据《物权法》第一百二十一条规定,宅基地使用权于征收时依法应予补偿。而国土资源部在2010年6月26日发布的《关于进一步做好征地管理工作的通知》中也明确规定:"拆迁补偿既要考虑被拆迁的房屋,还要考虑被征收的宅基地。房屋拆迁按建筑重置成本补偿,宅基地征收按当地规定的征地标准补偿。"该文件第一次明确提出了宅基地补偿问题,将其明确纳入征收补偿范围。当然,不论是《物权法》的规定,还是国土资源部通知,均有待于《土地管理法》及相关法律法规就此的调整,方能实现集体土地房屋征收补偿范围扩张至宅基地的目标。

第二,房屋承租人因征收而产生的财产损失,未明确纳入补偿范围。

房屋征收决定具有消灭被征收房屋所有权利负担的法律效力,因此,一旦房屋征收决定生效,被征收房屋上的租赁关系即解除,无需租赁协议的特别约定。最终颁布实施的《征收条例》,即取消了第一次公开征求意见稿第二十九条规定,这是符合法理的处理。[1]但是,不论旧《拆迁条例》还是新的《征收条例》均未明确将房屋(包括公房与私房)承租人因征收或拆迁导致的财产损失纳入补偿范围,这必将导致房屋征收实践中对承租人权利保护的

---

[1] 笔者曾就此问题,提出明确的修改建议,其理论根据即源于此,参见顾大松:《〈国有土地上房屋征收与补偿条例〉(征求意见稿)十大修改建议》,《西部法学评论》2010年第3期。

缺失。

2001年《拆迁条例》第二十七条规定："拆迁租赁房屋，被拆迁人与房屋承租人解除租赁关系的，或者被拆迁人对房屋承租人进行安置的，拆迁人对被拆迁人给予补偿。被拆迁人与房屋承租人对解除租赁关系达不成协议的，拆迁人应当对被拆迁人实行房屋产权调换。产权调换的房屋由原房屋承租人承租，被拆迁人应当与原房屋承租人重新订立房屋租赁合同。"这一条款反映城市房屋拆迁制度产生时浓厚的计划经济特性。在城市房屋拆迁制度产生之初，被拆迁房屋大多属于国有或集体公房，对于房屋所有人的财产补偿并非问题的核心，关键在于公房承租人的安置。对于公房承租人而言，公房租赁关系具有明显的福利待遇性质。因此，一旦公房拆迁，承租人仍然需要住房安置，财产补偿在住房未商品化的年代没有实际意义。是以早年的城市房屋拆迁的法规包括地方与中央，均以安置为核心。后来，随着社会主义商品经济及市场经济的发展，城市住房商品化逐渐成为主流，公房则顺应潮流，大多以成本价出售给承租人，成为原承租人的个人房产。但是，少部分未能出售的公房在拆迁时，仍然存在着安置的问题，因此，2001年《拆迁条例》二十九条规定其立法本意在于保障公房承租人的住房权。但是，由于住房改革的推进，对于承租人而言，即使未出售的公房也具有强烈的财产属性，地方法规在设定公房拆迁补偿时，逐渐注重承租人的财产补偿而非安置，2001年《拆迁条例》第二十九条的立法本意并未得到贯彻。2003年实施的《南京市城市房屋拆迁管理办法》三十五条就规定："拆迁执行政府规定租金标准的公有住宅房屋，拆迁人应当将货币补偿金额的10%支付给被拆迁人，90%支付给房屋承租人，租赁关系终止。"2001年10月实施的《上海市城市房屋拆迁管理实施细则》第三十七条第三款也规定："拆迁执行政府规定租金标准的公有出租居住房屋且被拆迁人选择货币补偿的，拆迁人应当按下列规定对房屋承租人进行补偿安置：（一）房屋承租人选择货币补偿或者价值标准房屋调换的，其货币补偿金额的计算公式为：（被拆除房屋的房地产市场单价×80%＋价格补贴）×被拆除房屋的建筑面积；（二）符合本细则第三十九条规定的，房屋承租人还可以选择面积标准房屋调换。"在这种情形下，即使未出售的公房，遇到拆迁时也作为承租人的财产纳入补偿范围。

2007年10月1日实施的《中华人民共和国物权法》并未确定不动产租赁权的物权属性，将不动产租赁权纳入房屋征收的财产补偿范围并不存在直接的法律依据。但是，对于包括公房承租权在内的不动产租赁权，我国多数学者认为,不动产租赁权属于债权范畴,应通过合同法加以规范,但为保护承租人的利益,应赋予不动产租赁权的物权效力。也有学者认为不动产租赁权已经具备了物权的性质,应当将其规定一种用益物权。[1]在我国司法实践中,公房承租权在特定条件下,也可以作为遗产继承。如原建设部1994年颁布的《城市公有房屋管理规定》第二十八条规定:"承租住宅用房的,承租人在租赁期限内死亡,其共同居住两年以上的家庭成员愿意继续履行原契约的,可以办理更名手续。"这一规定往往成为各地法院判决继承公房承租权的依据。

新颁布的《征收条例》未将被征收房屋承租人纳入被征收人范畴,也未明确公房承租权的财产属性,既未秉承旧《拆迁条例》第二十九条安置公房承租人的立法路径,也未将地方立法承认公房承租权的财产属性予以补偿上升为中央立法,必然导致房屋征收财产补偿范围的重大缺失。

同时,对于私房承租人,在房屋征收时同样有可能遭受财产损失,如装潢、搬迁损失等。如果对于私房承租人适用《拆迁条例》第二十九条规定,一方面与原有立法本意不合,另一方面也有可能因为租赁协议的约定得不到补偿。因为私房租赁协议往往约定房屋拆迁时承租人损失不予补偿。按照《拆迁条例》第二十二条规定,拆迁人仅对产权人有安置补偿的义务,而产权人依协议处理与承租人的关系。这种情况下,承租人特别是经营性用房因拆迁遭到的损失如装潢、停产停业损失得不到补偿,就会拒绝搬迁,形成拆迁纠纷。新颁布的《征收条例》未将房屋承租人的财产损失明确纳入补偿,也导致私房承租人因房屋征收受到的财产损失不能依法请求补偿。

经2004年第二十二条宪法修正案的调整,我国宪法第十三条第三款规定"国家为了公共利益的需要,可以依照法律规定对公民的私有财产实行征收或者征用并给予补偿"。因此,对于被征收房屋承租人而言,其损失系由征收行为所致,当然应当获得补偿。即使租赁协议约定承租人损失因房屋征收不予补偿,但是宪法财产征收条款赋予承租人财产损失的补偿请求权,并不因为民事约定而灭失。因此,房屋承租人的损失应当依法纳入财产补偿范围,方能实现财产权的平等保护,也更切合房屋征收补偿的公平标准要求。

---

[1] 房绍坤:《用益物权基本问题研究》,北京大学出版社2006年版,第67页。

四、被征收房屋财产价值的确定机制

在现实中,不论是我国国有土地上还是集体土地上的房屋征收,补偿均为问题的核心。如前所述,公平标准已经成为我国国有土地上房屋征收补偿的法定要求,也对集体土地上房屋征收补偿产生重要的指导作用。但是,如何确定被征收房屋的财产价值,进而实现被征收房屋的公平补偿,仍然是我国房屋征收制度与实践的难点,因此如何构建科学合理的被征收房屋财产价值确定方式、方法,仍然是我国房屋征收法律制度需要努力的方向。

(一) 现行制度规定及其缺失分析

1. 集体土地上房屋征收价值确定的方式、方法

我国现行土地征收法律法规将集体土地上房屋定性为土地上的附着物,因此,被征收房屋的价值主要遵循两种方法:一是重置成本结合成新方法,即以征收时点时重新建设被征收房屋所需的成本为基数,以被征收房屋成新率为加权系数,以此确定被征收房屋的价值。二是残值法,即征收时点被征收房屋的物质构成的剩余价值。价值确定方式有协商,也有评估。不过,也有少数地方规定对集体土地上的被征收房屋价值确定参照或直接采用城市房屋拆迁的方式方法进行,如《江西省征用土地管理办法》第十七条就规定:"征用土地涉及房屋拆迁的,必须给被拆迁房屋的所有者支付房屋拆迁补偿费。城市规划区外的房屋拆迁安置办法和补偿标准,由县级人民政府根据当地的实际情况和国家有关城市房屋拆迁补偿办法和标准制订,报设区的市人民政府批准后执行;城市规划区内的房屋拆迁安置办法和补偿标准,按国家和省政府有关城市房屋拆迁的规定执行。"[1](详见表一)

各地有关法规对被征收房屋占地范围内的宅基地在多数情况下则未规定补偿,如明确规定补偿时,则参照其他农用地一定年限的产值确定价值,定价方式为政府定价。只有北京市在其政府规章《北京市集体土地房屋拆迁管理办法》第十四条中规定宅基地按照区位价补偿,不过其定价方式也实行政府定价。[2]

---

[1] 基于确定现行法规对于集体土地上房屋征收补偿的确定方式方法需要,笔者仅以地方性法规为梳理对象,以论证现行征收法律制度需要改进的方向。

[2] 北京市国土资源管理局为执行《北京市集体土地房屋拆迁管理办法》第十四条规定,于2003年8月1日起施行《北京市宅基地房屋拆迁补偿规则》,规定宅基地区位补偿价由区县人民政府以乡镇为单位确定并公布,报市国土房管局备案。

表一　各地集体土地上被征收房屋价值确定方式、方法

序号	法规名称	法规及规章规定	方式、方法
1	安徽省实施《中华人民共和国土地管理法》办法 (1987年12月20日安徽省第六届人民代表大会常务委员会第三十三次会议通过　根据1989年7月7日安徽省第七届人民代表大会常务委员会第十一次会议关于修改《安徽省实施〈土地管理〉办法》的决定修正　根据1992年12月19日安徽省第七届人民代表大会常务委员会第三十四次会议关于修改《安徽省实施〈土地管理法〉办法》的决定修正　2000年9月22日安徽省第九届人民代表大会常务委员会第十八次会议修订)	第三十七条　被征用土地上的青苗和附着物的补偿标准： (五)房屋及其他附着物的补偿费标准，由省人民政府规定。	重置成本法 评估 宅基地未补偿
2	北京市实施《中华人民共和国土地管理法》办法 (1991年3月15日北京市第九届人民代表大会常务委员会第二十六次会议通过)	第二十六条　征用集体所有的土地，用地单位应当按照下列规定向被征地单位支付土地补偿费： (三)征用宅基地、积肥场、场院地，按相连有收益土地前三年平均年产值5倍的标准补偿。 被征用土地上的附着物和青苗的补偿标准，按照市人民政府的规定执行。	政府定价(宅基地)
	北京市集体土地房屋拆迁管理办法 (2003年5月27日市人民政府第9次常务会议通过，现予公布，自2003年8月1日起施行。)	第十四条　拆迁宅基地上房屋实行货币补偿的，拆迁人应当向被拆迁人支付补偿款。补偿款按照被拆除房屋的重置成新价和宅基地的区位补偿价确定。房屋重置成新价的评估规则和宅基地区位补偿价的计算办法由市国土房管局制定并公布。	重置成本法 评估 政府定价

续表

序号	法规名称	法规及规章规定	方式、方法
3	福建省实施《中华人民共和国土地管理法》办法 (1999年10月22日福建省第九届人民代表大会常务委员会第十四次会议通过)	第三十条 青苗和地上附着物补偿费应当支付给土地承包经营者或者地上建筑物的产权人。青苗或者地上附着物补偿费按下列标准计付： (三)房屋及其他建筑物、构筑物的补偿费,按重置价格并结合成新确定。具体标准由市、县人民政府制定,报上一级人民政府批准后执行。	重置成本法评估
4	广西壮族自治区实施《中华人民共和国土地管理法》办法 (2001年7月29日广西壮族自治区第九届人民代表大会常务委员会第二十五次会议通过)	第五十五条 被征用土地上的青苗和附着物补偿费按照下列规定执行： (三)房屋及其他建筑物、构筑物,按重置价格并结合成新确定补偿费,具体标准由设区的市、县(市)人民政府规定。	重置成本法评估
5	海南经济特区土地管理条例 (1994年6月24日海南省第一届人民代表大会常务委员会第九次会议通过 1999年9月24日海南省第二届人民代表大会常务委员会第九次会议修订 根据2006年3月30日海南省第三届人民代表大会常务委员会第二十二次会议《关于修改〈海南经济特区土地管理条例〉的决定》修正)	第二十七条 土地补偿费按下列标准支付： …… 被征用土地上的房屋以及农田水利设施、水井、坟墓等其他附着物的补偿标准,由市、县、自治县人民政府规定,报省人民政府批准后执行。	重置成本法评估
6	海南省土地征收补偿安置管理办法 (办法自2007年10月1日起施行。1995年9月12日海南省人民政府公布的《海南经济特区土地征用管理规定》同时废止。)	第十二条 房屋等地上附着物的补偿标准由市、县、自治县人民政府根据其重置价格、折旧等组织测算,报省人民政府批准。 第十三条 征收过程中拆迁农民房屋的,市、县、自治县人民政府应当按照下列规定予以补偿和安置： (一)被征地集体重新安排宅基地给被拆迁人自行建房的,市、县、自治县人民政府向被征地集体支付宅基地补偿费,向被拆迁人支付房屋等附着物补偿费；	重置成本法评估 有条件补偿 产值法 政府定价

续表

序号	法规名称	法规及规章规定	方式、方法
		(二)被征地集体的土地全部被征收、村庄需要整体搬迁的,市、县、自治县人民政府按照每户每人20—40平方米建筑面积的标准统一建设安置房予以安置,建设费用从房屋等附着物补偿费中扣除;不足部分由市、县、自治县人民政府给予补贴。 (三)被拆迁人选择货币补偿的,市、县、自治县人民政府应当一次性向被拆迁人支付宅基地补偿费、房屋等附着物补偿费。	
7	河北省土地管理条例 (2002年3月30日河北省第九届人民代表大会常务委员会第二十六次会议《关于修改〈河北省土地管理条例〉的决定》修正)	第三十九条 征用耕地的土地补偿费,为该耕地被征用前三年平均年产值的六倍至十倍。征用耕地以外的其他农用地和建设用地的土地补偿费,为该土地所在乡(镇)耕地前三年平均年产值的五倍至八倍。 第四十二条 征用土地的青苗补偿费按当季作物的产值计算。地上附着物补偿费标准由设区的市人民政府制定,报省人民政府批准后执行。	重置成本法 评估 参照产值法 政府定价
8	河南省实施《土地管理法》办法	第三十四条 征用农民集体的土地,按以下规定给予补偿: (四)附着物的补偿办法和标准,按省人民政府规定执行。征地公告发布之日起,新增加的附着物不予补偿。	重置成本法 评估
9	黑龙江省土地管理条例 (1999年12月18日黑龙江省第九届人民代表大会常务委员会第十三次会议通过)	第二十七条 征用土地按下列标准支付土地补偿费: (二)征用宅基地和乡村企业等建设用地的,为当地旱地前三年平均年产值的四倍。 第二十九条 被征用的土地上有青苗的,应当支付青苗补偿费,其标准为当年当季该作物的产值。被征用土地上有建筑物、构筑物等附着物的,应当按国家和省规定或者双方约定的标准给予补偿;没有规定或者约定标准的,由市、县人民政府根据实际损失价值确定。	残值法 协商或政府定价 参照产值法 政府定价

续表

序号	法规名称	法规及规章规定	方式、方法
10	湖北省土地管理实施办法	第二十六条 征用土地按照下列标准支付土地补偿费,安置补助费和地上附着物、青苗等补偿费: (一)征用耕地的,土地补偿费为该耕地被征用前三年年产值6倍以上10倍以下;征用其他土地的,土地补偿费为邻近耕地前三年平均年产值的5至6倍;被征用土地上的青苗,能计算产值的,按产值补偿,不能计算产值的给予合理补偿;被征用土地上的建筑物、构筑物等地上附着物的补偿标准参照市场价格予以合理补偿。在征用土地方案公告后抢种、抢建的不予补偿。	参照市场价格评估 参照产值法 政府定价
11	吉林省土地管理条例 (1994年1月15日吉林省第八届人民代表大会常务委员会第七次会议通过 根据1997年9月26日吉林省第八届人民代表大会常务委员会第三十二次会议《关于修改〈吉林省土地管理条例〉的决定》修正 2002年8月2日吉林省第九届人民代表大会常务委员会第三十一次会议修订通过)	第二十五条 征用土地应当按照下列标准支付土地补偿费: (五)其他土地,为该地邻近旱田前三年平均年产值的二至四倍。 第二十七条 被征用土地的青苗补偿费按一个栽培期产值计算;能如期收获的不予补偿。苗木、花草以及多年生经济林木等,可以移植的,支付移植费用;不能移植的,给予合理补偿或者作价收购。 被征用土地上附着物的补偿标准,由双方约定;约定不成的,由双方认可的或者市(州)、县(市)人民政府指定的具有评估资质的评估机构通过评估确认。	重置成本法 协商或评估 参照产值法 政府定价
12	江西省实施《中华人民共和国土地管理法》办法 (江西省人民代表大会常务委员会颁布时间2000年4月29日)	第二十七条 征用土地应当按下列规定付给征地单位土地补偿费,法律、行政法规另有规定的从其规定: (四)征用宅基地,比照邻近耕地前3年平均年产值的4至5倍计算。 第二十九条 征用土地应当按下列规定付给被征地单位地上附着物和青苗补偿费:	

续表

序号	法规名称	法规及规章规定	方式、方法
		（一）被征用土地上的青苗补偿费按实际损失补偿，房屋、树木等附着物作价赔偿，也可以另行修建和栽种，在公布征地方案后抢种的树木和抢建的设施，不予补偿； （二）城市规划区内的房屋拆迁安置办法和补偿标准，按国家和省有关城市房屋拆迁的规定执行。	
12	江西省征用土地管理办法 （《江西省人民代表大会常务委员会关于修改〈江西省征用土地管理办法〉的决定》已由江西省第九届人民代表大会常务委员会第二十七次会议于2001年12月22日通过，现予公布，自公布之日起施行。）	第十七条　征用土地涉及房屋拆迁的，必须给被拆迁房屋的所有者支付房屋拆迁补偿费。 城市规划区外的房屋拆迁安置办法和补偿标准，由县级人民政府根据当地的实际情况和国家有关城市房屋拆迁补偿办法和标准制订，报设区的市人民政府批准后执行；城市规划区内的房屋拆迁安置办法和补偿标准，按国家和省政府有关城市房屋拆迁的规定执行。 第十八条　房屋拆迁户重建房屋的用地，按下列情况办理： （一）统一安排了还建地的，必须在还建地上建房；除一次性付给拆迁户房屋拆迁补偿费外，不再支付宅基地的补偿费用。 （二）未统一安排还建地的，除一次性付给拆迁户房屋拆迁补偿费外，还应对拆迁户新建房屋所占用土地按《实施办法》的有关规定给予补偿，但不得重复计算征用土地面积。 （三）拆迁户重建房屋的用地标准按《实施办法》第四十一条的规定执行。	市场比较法 协商或评估 参照产值法 政府定价

续表

序号	法规名称	法规及规章规定	方式、方法
14	辽宁省实施《中华人民共和国土地管理法》办法 (1993年7月23日辽宁省第八届人民代表大会常务委员会第三次会议通过)	第二十七条 国家建设征用、划拨土地,由用地单位按下列标准支付补偿费: (一)征用耕地,按该耕地被征用前三年平均年产值的五至六倍补偿; (二)征用其他有收益的土地,按该土地被征用前三年平均年产值的四至五倍补偿; (三)征用无收益的土地不予补偿。 (四)国家建设用地,确因工程急需,必须毁坏青苗的,补偿经营者当年的经济损失; (五)被征用土地上的附着物,按实际价值补偿。	残值法 协商 不补偿
15	四川省《中华人民共和国土地管理法》实施办法 (根据1997年10月17日四川省第八届人民代表大会常务委员会第二十九次会议《关于修改四川省〈中华人民共和国土地管理法〉实施办法的决定》第三次修正)	第二十六条 国家建设征用土地,由用地单位按下列标准支付以下费用: (一)土地补偿费。征用耕地,为该耕地被征用前3年平均年产值的4至6倍;征用其他土地,为被征地所在农业集体经济组织前3年耕地平均每亩年产值的2至3倍。 (二)青苗、附着物补偿费。按实际损失合理补偿。补偿标准,由县级人民政府制定,报设区的市、自治州人民政府或者地区行政公署批准后执行。从协商征地方案时起,抢种的竹木和抢建的设施,一律不予补偿。	残值法 协商 参照产值法 政府定价
16	宁夏回族自治区土地管理条例 (2000年11月17日自治区第八届人大常委会第十六次会议通过)	第四十六条 征用土地的,用地单位应当按照下列项目和标准支付费用: (一)土地补偿费:……征用宅基地、打谷场,按照邻近耕地的补偿标准补偿。国家和自治区重点建设项目按上述标准的下限补偿。 ……	

续表

序号	法规名称	法规及规章规定	方式、方法
		（四）地面附着物补偿：具体标准由自治区人民政府土地行政主管部门会同物价等有关部门根据当地实际情况制定。大中型建设项目的具体补偿标准由自治区人民政府制定。	重置成本法 协商或评估 参照产值法 政府定价
17	上海市实施《中华人民共和国土地管理法》办法 （《上海市实施〈中华人民共和国土地管理法〉办法》已由上海市第十一届人民代表大会常务委员会第二十三次会议于2000年11月17日修订通过，现予公布，自2001年1月1日起施行。）	第三十二条 征用农民集体所有的土地的，应当按照下列规定支付征地费用： （一）向被征地的村民委员会或者村民小组支付土地补偿费； （二）向被征地上的房屋、青苗等附着物的所有人支付有关的补偿费； （三）向被征地的农村村民支付安置补助费。	
18	天津市土地管理条例 （2006年12月18日天津市第十四届人民代表大会常务委员会第三十四次会议第二次修订 2006年12月18日天津市人民代表大会常务委员会公告第86号公布自2007年3月1日起施行）	第五十二条 征收土地的补偿费用，按照年产值倍数或者征地区片综合地价确定。具体办法由市人民政府根据法律、法规和本市实际情况规定。	政府定价
19	云南省土地管理条例	第二十三条 征用土地的土地补偿费标准为： （三）征用宅基地、打谷场、晒场等生产、生活用地，按照原土地类别补偿。	产值法
20	江苏省土地管理条例（根据2004年4月16日江苏省第十届人民代表大会常务委员会第九次会议《关于修改〈江苏省土地管理条例〉的决定》第二次修正）	第二十六条 征用土地按照以下标准给予补偿： （三）地上附着物和青苗补偿费 1. 房屋及其他建筑物、构筑物的补偿费，按照重置价格结合成新确定；	重置成本法 协商和评估

续表

序号	法规名称	法规及规章规定	方式、方法
21	浙江省实施《中华人民共和国土地管理法》办法 (2000年7月5日浙江省第九届人民代表大会常务委员会公告第24号公布)	第二十三条 征用土地的土地补偿费按照下列标准计付： (四)征用建设用地的，参照当地耕地的补偿标准补偿。 第二十六条 被征用土地上的青苗补偿费按照当季作物的产值计算；被征用土地上的树木和建筑物、构筑物、农田水利设施等的补偿费，按照其实际价值计算；征用土地方案公告后种植的树木、农作物或者建造的设施不予补偿。	残值法 协商 参照产值法 政府定价

2. 现行集体土地房屋征收法律法规的缺失

梳理现有的法律法规，我们发现在集体土地上房屋征收补偿确定上存在诸多缺陷，在很大程度上影响补偿公平乃至征收活动的完成。

第一，依据混乱、缺失。《土地管理法》及《土地管理法实施条例》均未统一规范被征收房屋价值确定问题，仅由《土地管理法》授权地方立法制定，而地方立法又往往将问题交由地方政府决定。这显然与我国《立法法》规定的征收法律保留原则相悖，其直接后果就是现有的价值确定方式、方法混乱、政出多门。有的由地方性法规规定，有的由规范性文件确定，甚至有的规定后等于没有规定，如《广东省实施〈中华人民共和国土地管理法〉办法》(2009年1月1日实施)第三十条规定，"拆除单位和个人的房屋，按国家的有关规定给予补偿"。原来国家交由地方立法的问题，又交回国家，形成事实上的依据缺失。

第二，方法冲突。集体土地上的房屋在我国属于法律上的限制流通物，其市场价值不彰，因此不少地方法规以重置成本价结合成新法确定其价值。这种方法在拆除房屋后对农民实施住房安置的背景下，并不与公平补偿标准相悖。因为一方面原有的限制流通物转换为可流通的安置房，实现了被征收人财产的显化，另一方面，即使不由政府提供安置房，而是由被征收人取得新的宅基地重建，仍然与公平补偿标准所蕴含的重新筹措意义相当。但是，有些地方立法时将其生硬地纳入国有土地上房屋征收体系，直接依照国有土地上房屋性质确定其价值，并对其实施货币补偿，往往造成对农民权益的重大侵害。

第三,方式简单。对于被征收房屋价值确定方式,目前的地方性法规均规定得较为简单,主要为协商、评估或参照城市房屋拆迁进行。实践中,协商往往就是在评估的基础上进行,如果双方在评估的基础上协商不成,并无进一步的良好解决方案。即使《土地管理法实施条例》第二十五条规定的裁决方式,由于其诸多局限,在实践中效果不彰。[1]

第四,价格依据行政化。对于被征收房屋的确定方法,不论是农村房屋征收时主要采用的重置价格结合成新方法,还是城市房屋征收首选的市场比较方法,均有可能实现公平补偿的目标,二者之间并不存在优劣之分。但是,作为评估依据的各种标准,却往往由政府文件设定。政府既属于补偿义务主体,又作为征收人,往往存在文件制定的怠惰。如南京市政府现行的征地房屋拆迁补偿政策系2007年颁布的《南京市征地房屋拆迁补偿安置办法》(宁政发〔2007〕61号),但具体房屋拆迁补偿费标准,却按照2004年的文件执行。因此,按照行政化的价格依据依重置成本法确定被征收房屋价值,必然形成扭曲。[2]

3. 国有土地上房屋征收中财产价值确定的方式、方法

1991国务院颁布的《拆迁条例》,在对被拆迁房屋价值确定问题,沿袭集体土地房屋被征收时的价值确定方法,即通过重置成本法确定其补偿。该条例第二十条规定:"拆迁补偿实行产权调换、作价补偿,或者产权调换和作价补偿相结合的形式。产权调换的面积按照所拆房屋的建筑面积计算。作价补偿的金额按照所拆房屋建筑面积的重置价格结合成新结算。"由于该条例规定对被拆迁人以安置为主,且以被拆迁房屋使用人为安置基准,可以适当增加安置面积。[3]因此,1991年《拆迁条例》下的拆迁补偿不仅实现了公平,而且在多数地区实施了改善被拆迁人居住情况,获得被拆迁人的普遍欢迎。城市房屋拆迁受到被拆迁人的普遍欢迎,条例所设定的房屋价值确定方式就

---

〔1〕 参见论文第四章第二节"房屋征收补偿纠纷解决机制"部分。

〔2〕 在此情形下,合法房屋的评估价格显然偏低,被征收的农民则通过"疯狂"搭建以获得更多补偿,或者采取假离婚、分户的方式争取更多的安置房。参见《南京古稀老人为拆迁补偿假离婚 官方紧急叫停》,《扬子晚报》2010年9月15日。

〔3〕 参见该条例第三十条规定:"拆除住宅房屋,由省、自治区、直辖市人民政府根据当地实际情况,按照原建筑面积,也可以按照原使用面积或者原居住面积(以下简称原面积)安置。对按照原面积安置住房有困难的被拆除房屋使用人,可以适当增加安置面积。增加安置面积的具体办法,由省、自治区、直辖市人民政府规定。"

相对简单,即协商和裁决。[1]

随着住房商品化的发展及我国社会主义市场经济建设的日益深入,国务院于2001年颁布新的《拆迁条例》,对旧条例中的被拆迁房屋价值确定方式、方法进行了大的调整。首先,以市场价格法代替重置成本法,该条例第二十四条规定:"货币补偿的金额,根据被拆迁房屋的区位、建筑面积等因素,以房地产市场评估价格确定。具体办法由省、自治区、直辖市人民政府制定。"其次,增加了评估确定被拆迁房屋价值的方式。由于住房的商品属性日趋明显,公房在改革过程中普遍由承租人通过成本价购得,因此以市场价格确定被拆迁房屋价值也具有现实的基础,而第三方评估就成了确定被拆迁房屋价值较为公允的方式,后续的裁决也具有相对客观的基础。再次,将拆迁主管部门对补偿的裁决程序强化。该条例第十七条规定:"被拆迁人或者房屋承租人在裁决规定的搬迁期限内未搬迁的,由房屋所在地的市、县人民政府责成有关部门强制拆迁,或者由房屋拆迁管理部门依法申请人民法院强制拆迁。"这一规定明确拆迁裁决为强制拆迁的唯一前提条件,取消了1991年条例第十五条中被拆迁人"在房屋拆迁公告规定的"拆迁期限内无正当理由拒绝搬迁、由政府责令强制拆迁的规定,从而推动了拆迁裁决机制的正常运作。

2011年1月21日国务院公布施行的《征收条例》,在被征收房屋价值确定方式方法上,承继了2001年《拆迁条例》的基本内核,同时提供了进步的空间。

首先,在方法上坚持市场价格法。如该条例第十九条规定:"对被征收房屋价值的补偿,不得低于房屋征收决定公告之日被征收房屋类似房地产的市场价格。被征收房屋的价值,由具有相应资质的房地产价格评估机构按照房屋征收评估办法评估确定。"这一条规定,不仅设立了确定被征收房屋价值的基本方法,同时也为征收当事人通过协商方式确定被征收房屋高于评估价值留有余地。因为在2001年《拆迁条例》第二十四条规定中,规定"货币补偿的金额,根据被拆迁房屋的区位、用途、建筑面积等因素,以房地产市场评估价格确定"。在制度层面上给协商确定被拆迁房屋价值的空间不大。[2]

---

[1] 1991年《拆迁条例》第十二条 在房屋拆迁主管部门公布的规定拆迁期限内,拆迁人应当与被拆迁人依照本条例的规定就补偿、安置等问题签订书面协议。第十四条 拆迁人与被拆迁人对补偿形式和补偿金额、安置用房面积和安置地点、搬迁过渡方式和过渡期限,经协商达不成协议的,由批准拆迁的房屋拆迁主管部门裁决。

[2] 当然,在2001年《拆迁条例》中,拆迁当事人之间补偿关系属于民事性质,双方就被拆迁房屋自愿达成的补偿协议高于评估价值也是大量存在。

其次，统一了评估方式。在2001年《拆迁条例》二十四条中规定，具体的评估办法由省、自治区、直辖市人民政府制定，实践中则出现了大量限制性规定，从而影响被拆迁房屋市场评估价格的形成。《征收条例》第十九条第三款规定"房屋征收评估办法由国务院住房城乡建设主管部门制定"，这将有力地提升评估方法的统一性、科学性[1]，有效排除地方政府从制度上干预评估工作。

再次，为协商方式预留了更多的空间。一方面，在房屋征收决定作出前的阶段，被征收人可以通过政府征求公众意见期间（《征收条例》第十条第二款）、听证会期间（《征收条例》第十一条第二款），对征收补偿方案表达意见。而这实质上是一种集体的协商机制，有利于形成公允的被征收房屋价格。同时，房屋征收决定作出后，被征收人个体仍然与征收部门之间可以就"补偿方式、补偿金额和支付期限、用于产权调换房屋的地点和面积、搬迁费、临时安置费或者周转用房、停产停业损失、搬迁期限、过渡方式和过渡期限等事项"，订立协议（《征收条例》第二十五条）。这种多阶段的协商，相较于2001年《拆迁条例》中被拆迁人仅能于拆迁许可后与拆迁人协商而言，有了更大的进步。

（二）改进被征收房屋财产价值确定方式、方法

虽然我国现行立法已经确定了被征收房屋财产价值的公平补偿标准，特别是在国有土地上房屋征收制度已经有较为完整的方式方法，但是，考察现行房屋征收法律法规的相关制度，仍然存在诸多不足，有必要加以改进，具体在如下四方面：

第一，加强立法，贯彻征收法律保留原则的要求。

补偿系房屋征收活动的重心，也是引发征收纠纷的主要源头。我国《宪法》及《立法法》确立的征收法律保留原则，均要求法律在规范财产征收的同时，应当规定补偿问题。而中央立法机关通过授权，将补偿确定问题交由地方人大或地方政府规定，是导致我国集体土地上房屋征收补偿依据混乱的重要原因。因此，有必要在修改《土地管理法》有关征收部分条款时，借鉴国务

---

[1] 如住房城乡建设部于2010年12月30日公布的《国有土地上房屋征收评估方法》（征求意见稿）在科学性上就存在三大亮点：一是排除行政干预评估，规定"市、县人民政府可以推荐社会信誉好、综合实力强、具有相应资质的房地产估价机构供当事人选择，但不得限制其他符合条件的房地产估价机构参与评估活动"。二是规定"被征收建筑物及其占用范围内的建设用地使用权的价值应当一并评估"。三是规定"可以同时选用两种或者两种以上评估方法评估的，应当选用两种或者两种以上评估方法评估"。

院在《征收条例》中将房屋征收评估办法统一交由中央部门制定的经验,将集体土地上被征收房屋价值确定方式方法纳入法律设定的较高层级,从而消弭被征收房屋价值确定依据混乱甚至缺失问题。

第二,区分对象,选择方法的适用。

在我国,因为城乡二元体制分割,特别是集体土地上房屋的财产属性不彰,在法律上仍然属于集体土地上的附着物,简单地将其纳入财产补偿范畴仍然存在着较大的法律障碍。因此,通过重置成本法确定被征收房屋价值,以安置方式解决被征收农民的居住问题,并不与公平补偿标准存在根本矛盾。问题的关键在于避免对于集体土地上的房屋采用重置成本法确定其价值,却又采取货币补偿,不解决被征收人的安置问题,这必将会造成极大的不公平。同时,由于当前我国集体土地上房屋已经出现了市场化的趋势,宅基地的财产属性已经得到立法的确认,少数地区也正在进行实质性的宅基地流转试验,因此在对宅基地征收时,仍然有必要按照市场方法确定价值并予以补偿。

第三,探索新的方式,推进市场价格法的完善。

在房地产市场日趋成熟的今天,城乡建设主管部门通过部门规章统一评估方式,对于确定被征收房屋的财产价值必将很大的帮助,有利于推动国有土地上的房屋征收补活动的顺利进行。但是,房屋财产价值的形成方式并不限于中立机构的评估。公开市场上的交易及自愿估值方式——作为优于中立评估的两种财产确定方式[1],完全有必要在征收法律制度的完善过程中予以引进:一是由征收部门在不启动征收程序的情况下,通过公开市场交易方式,取得拟征收范围的私人房屋产权。这种方式既避免了征收程序的复杂,也会形成较为公允的市场价格。即使未能完全收购成功,已有的交易案例也能为确定正式的征收补偿方案提供帮助。二是在征收决定前由被征收人集体参与征收补偿方案的征求意见过程及听证会中,也可以在被征收人自我估值的基础上,由被征收人集体或征收部门提出征收补偿方案,反复磋商,通过集体议价方式确定公平的补偿。正如有学者所指出的,"价值的本质是主观的自我评价",而"市场估值本质而言是在尊重个人自我估值的前提下进行的"。[2]因此,通过征收立法确定公开市场交易及自我估值方式,不失为

---

[1] 许德风:《论私法上财产的定价——以交易中的估值机制为中心》,《中国法学》2009年第6期。

[2] 许德风:《论私法上财产的定价——以交易中的估值机制为中心》,《中国法学》2009年第6期。

促进征收补偿公平的有益探索。

第四,加强配套制度的建设。

前述被征收房屋财产价值确定方式方法的改进,不能孤立地发生作用,特别需要配套制度的支持。如前所述,如果坚持集体土地上房屋价值确定的重置成本法,就必须与配套的安置房制度相配合。同时,引进被征收人的自我估值方式,也可以与我国正在推行的房产税制度进程相适应[1],通过被征收人平时的纳税申报确定房屋被征收时的市场价值。甚至在慎重研究的基础上,可以在借鉴我国台湾地区已有的照价收买制度,抑制申报价格明显低于市场价格的现象[2],进而完成系统的房产税征收与房屋征收。

第三节 房屋征收的土地发展权益补偿

一、房屋征收财产补偿的不足

(一)农村房屋财产属性的限制

农民对其建于集体土地上的房屋享有所有权,但是按照土地管理法及相关政策的规定,农村房屋却不能自由买卖、出租、抵押,其所有者权能受到严格限制,实际上只具备生活资料地位,在法律上属于限制流通物。因此,农村房屋征收时很难确定市场价值,这也是以农村房屋财产属性确定其补偿价值的难题。[3]

同时,农村房屋的宅基地的财产属性,一直以来也存在法律上的障碍。根据我国《宪法》及《土地管理法》相关规定,"宅基地和自留地、自留山,属于农民集体所有"。农民个体仅对宅基地享有使用价值,在法律上也不允许宅

---

[1] 如上海与重庆推出房产税试点时,有关部委负责人就表示条件成熟时,在统筹考虑对基本需求居住面积免税等因素的基础上,在全国范围内对个人拥有的住房征收房产税(见《三部委答问:房产税试点收入将用于保障房建设》,《中国证券报》2011年1月28日)

[2] 所谓的照价收买制度,系依孙中山先生所主张的"平均地权"思想所设计,即当土地所有人正常申报地价,国家征收税费,若所有人低价申报以规避税费时,则国家可行使照价收买权,从而遏制土地投机。参见赵达文:《土地征收与补偿之研究》,成文出版社1981年版。

[3] 2011年1月30日,中央农村工作领导小组副组长、办公室主任陈锡文在国新办举行的"三农工作和水利改革发展"新闻发布会上指出,《征收条例》中的一些重要原则,对于下一步修改土地管理法中涉及征收农村集体土地的问题有很强的指导意义,并强调必须按照市场经济的原则,根据市场定价的原则进行补偿,集体土地的征收补偿完全可以通过农民和政府的协商、谈判形成补偿价格。这是一个有利于征收补偿市场法的重要思路。

基地自由流动,甚至在宅基地能否由城市居民继承的问题也一直未有定论。因此,在征地拆迁或房屋征收时,宅基地的补偿问题多年来在法律层面上一直未能有所改变。2007年实施的《物权法》将宅基地使用权纳入用益物权范畴,这是立法保护农民财产权的重要举措,改变了一直以来我国法律对农民宅基地财产属性的否定。不仅如此,《物权法》第一百二十一条进一步明确规定:"因不动产或者动产被征收、征用致使用益物权消灭或者影响用益物权行使的,用益物权人有权依照本法第四十二条、第四十四条的规定获得相应补偿。"《物权法》的上述规定,对于征收时确定宅基地的财产补偿起到了重要的意义。

但是,宅基地使用权遇到征收时如何"依法获得相应的补偿",相应的法律规定仍然缺失。为了贯彻《物权法》的规定,国土资源部曾于2008年7月6日发布《国土资源部关于进一步加快宅基地使用权登记发证工作的通知》(国土资发〔2008〕146号),文件重点在于加强宅基地使用权证书的登记发证工作,以保护农民的宅基地使用权,同时该文件也提出:"在征地拆迁时,要依据宅基地使用权证书进行补偿。"这一规定可以理解为对宅基地应当补偿,以可以理解为宅基地证书仅为确定补偿的依据,其操作性仍然存在困难。国土资源部在2010年6月26日发布的《关于进一步做好征地管理工作的通知》中又规定:"拆迁补偿既要考虑被拆迁的房屋,还要考虑被征收的宅基地。房屋拆迁按建筑重置成本补偿,宅基地征收按当地规定的征地标准补偿。"对于宅基地征收时的财产补偿标准有了较明确的说法,但是这一要求也仅仅解决了宅基地补偿从无到有的问题,但对宅基地财产价值的确定仍然采取政府定价的方式,不能完全解决宅基地财产价值的问题。

因此,不论是农村房屋还是宅基地使用权,虽然均已经在法律上具备财产属性,但是由于其法律上的限制,并不属于完全意义的财产,征收时对其财产价值实施补偿,也难以实现公平。

(二)财产补偿公平标准的不足

由于我国城市房地产市场的不断完善,国有土地上房屋在公开市场上已经有了一套成熟的价值形成规则。对国有土地上房屋实施征收时,通过评估方式确定其市场价格已经成为我国立法的基本制度,《征收条例》甚至为第三方评估之外的价值形成方式留下了较大空间。因此,对于国有土地上房屋而言,征收时财产补偿适用公平标准已经是一个不争的事实。

但是,即使适用公平标准对被征收人财产损失予以补偿仍然存在诸多不足。

首先,公平补偿标准不能实现被征收人的住房权保障。如果征收范围内的房屋过小,住房条件差,其市场总价过低,即使严格适用公平补偿标准,仍然不能通过补偿有效改善其居住条件,财产补偿的公平标准并不能实现住房保障功能。也就是说,被征收房屋的财产补偿的公平标准"见物并不见人",对于某些弱势群体而言,无法实现被征收房屋承载的住房权保障功能,更不可能实现被征收人住房条件的改善,既不能完成《物权法》第四十二条所要求的居住保障,也无法实现我国加入经济社会文化权利公约所承诺的适足住房权保障义务。

其次,公平补偿标准不能发挥增量利益的分配功能。因为公益建设需要启动的房屋征收活动,在其建设完成后,很大程度上推动了当地的发展。但是,由于发展价值量化难以确定,受益主体也往往并非已灭失房屋的被征收人。而且,按照现有的《征收条例》所确立的模式,房屋征收活动仅为被征收房屋所有权消灭与征收范围内国有土地使用权的收回过程,至于拆除被征收房屋后,原征收范围的国有土地使用权如何使用,是否按照原来拟定的项目使用,《征收条例》并无刚性的约束。而且,《征收条例》第八条第一款第(五)项所确定的旧城区改建事项的立法本意,确定旧城区改建既是实现公共利益的手段,也是房屋征收公共利益目的表现。《征收条例》第九条规定"……旧城区改建,应当纳入市、县级国民经济和社会发展年度计划",第十一条规定"因旧城区改建需要征收房屋,多数被征收人认为征收补偿方案不符合本条例规定的,市、县级人民政府应当组织由被征收人和公众代表参加的听证会,并根据听证会情况修改方案"。也就是说,"旧城区改建"中依法对被征收人实施补偿与安置,即为该项目公共利益性的体现。《征收条例》同时规定了人大审定与公众正式参与的听证程序,以程序方式强化"旧城区改造"的公共利益性。因此,在旧城区改造活动中,通过房屋征收程序收回国有土地使用权后引入商业主体实施开发,并不意味着对房屋征收公共利益标准的违反。但是,旧城区改建活动恰是城市房屋拆迁纠纷集中部分,因为按照被拆迁房屋于拆迁时点时的市场价值予以补偿,与房屋拆除后原地段新开发房屋的市场价格之间往往存在很大的差距,直接引发被拆迁人的不满。《征收条例》对于旧城区改建的被征收房屋仍然在原则上适用市场价格补偿,将会延续城市房屋拆迁制度的同样问题。

通过以上分析,我们认识到对被征收房屋仅仅适用财产补偿的公平标准仍然存在不足,特别是在贯彻征收公正法律原则方面,更不能体现征收活动形成的增量利益向被征收人分配的功能,因此有必要寻求新的解决思路。

二、被征收人土地发展权补偿的引入

在我国,土地属于国家或集体所有,不论城市或农村,房屋所有人只能取得占地范围内的土地使用权。因此,我国宪法将因公共利益需要而实施的土地所有权征收设定为土地征收,涉及房屋所有权与土地使用权的征收则为房屋征收。区别于土地征收,房屋征收立法均以房屋为核心指向。但是,不论是国有土地上的房屋还是集体土地上的房屋,其财产价值的核心组成部分在于土地而非房屋。而且,不论国有还是集体土地使用权,在未被收回改建时仅具有静态价值,一旦收回改建时,其动态价值的归属就成征收活动利益分配的关键,而这实际上是一个土地发展权补偿问题。因此,为了平衡被征收房屋财产补偿的不足,有必要解决被征收人土地发展权补偿问题。

(一)土地发展权的概念

土地发展权的立法最早源于英国1947年颁布的《城乡规划法》。该法规定,土地发展权归属于国家,任何一个土地所有者要变更土地用途必须申请发展许可。1974年以来,美国又在分区规划(Zoning)制度的基础上,设立了可转让的发展权(Transferable Development Rights,TDR)制度,即为了实现保护历史遗迹、地标建筑等目标,土地所有人的发展权可以转让,让渡的发展权在转让地块上作废,而可以在受让地块上与其现有的发展权相加而存在。后来,法国、德国、意大利、加拿大、新加坡、韩国等国及我国台湾地区都陆续建立了土地发展权制度。[1]

目前,国际上关于土地发展权的定义比较统一,是指对土地在利用上进行再发展的权利,包括在空间上向纵深方向发展,在使用时变更土地用途之权。国内学者对于土地发展权则有狭义、广义与最广义之分。狭义的土地发展权仅指土地用途的变更,广义的土地发展权包括土地利用和再开发的用途转变以及提高利用强度而获利的权利,而最广义的土地发展权不仅包括土地用途的变更,土地开发利用强度的提升,还包括对土地投入的增加。如有学者就将最广义的土地发展权界定为"土地发展权是可以与土地所有权相分离的、反映土地动态使用中权益增量的财产权",意味着"改变土地用途、提高土

---

[1] 刘雯波:《我国土地发展权研究现状》,《安徽农业科学》2009年第19期。

地利用集约度以及增加对土地的投入而产生的发展性利益的权利归属和利益分配"。[1]当前,广义的土地发展权逐渐得到国内多数研究者的认同,而最广义的土地发展权往往为规划学界所使用,如英国1971年《城乡规划法》第十二条界定的土地发展即为"地中、地表、地上及地下的建筑、土地工程、采矿或其他工事,或对土地、建筑物使用而进行的任意实质改变"。笔者赞同最广义的土地发展权概念,因为它不仅解释了我国征收过程中土地性质、用途改变产生的利益增加原理,同时也将土地发展权问题回归其产生之初的规划管制视野,深刻揭示了旧城区改建时的利益产生机制。

(二)基于规划管制目的的域外土地发展权补偿制度

最早提出土地发展权的1947年英国《城乡规划法》,其立法主要目的在于实现粮食自给,因此特别注重保护农地规模,强调农地神圣不可侵犯,对每一份农地都进行详细的规划以实现控制。根据该法规定,土地发展权属于国家,任何变更土地用途的行为均应向中央土地委员会申请发展许可并缴纳发展费。不过,根据该法规定,国家在拒绝土地所有者的发展许可后应当实行补偿。这就是英国最初的土地发展权补偿制度,带有非常明显的管制补偿性质。

后来在美国发展起来的可转让发展权制度,也具有典型的管制补偿性质,只不过该补偿通过市场方式由受转让方承担。在美国的分区规划制度下,每一规划区块使用类别、建筑高度、容积率、前后侧院的距离等事项均在分区规划中都有详细规定。在既定的详细分区规划下,土地所有人可以据此自行开发,正是在此意义,我们通常说美国的土地发展权归于土地所有人。但是,政府为了保护城市历史古迹或地标建筑,允许土地所有人可以买卖分区规划中可量化的容积率指标,使得需要管制地段的土地所有者失去变更土地用途的权利,同时由购买者按照市场价格补偿。这种可转让的发展权制度"主要用于保护历史古迹,开辟或保留开放空间,保存城市环境敏感地带等等",[2]并实现了良好的规划目标。

在我国台湾地区,土地发展权补偿则以容积移转的方式表现出来,主要实施范围主要针对城市更新及古迹保存等领域。所谓"容积移转",是指允许

---

[1] 刘国臻:《土地发展权研究》,广东省普通高校人文社会科学"十五"规划研究项目研究报告,第3页。

[2] 胡静:《美国的土地开发权转让制度及成效借鉴》,《时代经贸》2007年第9期,第62页。

原属于一块土地的可建筑容积之一部分或全部,移转至另一块可建筑土地上使用。台湾地区的"文化资产保存法"第三十五条规定"古迹除以政府机关为管理机关者外,其所定着之土地、古迹保存用地、保存区、其他使用用地或分区内土地,因古迹之指定古迹保存用地、保存区、其他使用用地或分区之编定、划定或变更,致其原依法可建筑之基准容积受到限制部分,得等值移转至其他地区建筑使用或享有其他奖励措施"。《古迹土地容积移转办法》第三条则具体规定:"实施容积率管制地区内,经指定为古迹,除以政府机关为管理机关者外,其所定着之土地、古迹保存用地、保存区、其他使用用地或分区内土地,因古迹之指定、古迹保存用地、保存区、其他使用用地或分区之划定、编定或变更,致其原依法可建筑之基准容积受到限制部分,土地所有权人得依本办法申请移转至其他地区建筑使用。"

三、我国征收实践中土地发展权补偿的缺失

(一)严格管制政策下我国土地发展权的缺失

在我国,不论是集体土地还是国有土地上均施行严格的管制政策,任何土地用途的变更、性质的变化及强化土地利用的开发行为均通过事前的政府规划或许可控制。

在集体土地上,我国实行非常严格的三级规划、计划、用途管制体系。首先,通过土地利用总体规划在中央、地方直至乡镇一级,将总体规划控制目标层层分解落实。其次,按照土地利用总体规划编制与审批途径确定土地年度利用计划,实行建设用地总量控制。最后,实行严格的土地用途管制,其中包括严格的耕地保护制度及基本农田保护制度。不仅如此,《土地管理法》还规定,除了农民申请宅基地及乡镇企业用地等有限情形,任何单位和个人进行建设的,必须使用国有建设用地,而集体土地转国有建设用地则通过省级政府及国务院征地审批严格控制。集体土地受到严格的三级管制,动态的开发利用需要将集体土地转为建设用地时,必须经过中央和省一级政府土地征收及农用地转建设用地的审批,因此,集体土地只能在法定状态下使用,任何开发利用均受到严格的禁止或限制,甚至在同一用途范围的利用强度变化也不允许,如《基本农田保护条例》第十七条就规定:"禁止任何单位和个人占用基本农田发展林果业和挖塘养鱼。"

国有土地特别是城市规划区内国有土地的开发利用,则受到规划法律体系的严格管制。首先,通过编制规划方式总体控制城市国有土地。依照规划

法律规定,城市规划有总体规划和详细规划,而详细规划又分为控制性详细规划和修建性详细规划,其中,建设用地规模属于强制性内容。其次,任何单位或个人为利用国有土地必须取得建设用地规划许可与建设工程规划许可。不论是国有划拨土地使用权还是出让国有土地使用权,其前置条件就是获得建设用地规划许可,以确定建设位置、面积、允许建设的范围。[1] 对于开发性质的国有土地使用权,《中华人民共和国城乡规划法》(简称《城乡规划法》)第三十八条规定:"在城市、镇规划区内以出让方式提供国有土地使用权的,在国有土地使用权出让前,城市、县人民政府城乡规划主管部门应当依据控制性详细规划,提出出让地块的位置、使用性质、开发强度等规划条件,作为国有土地使用权出让合同的组成部分。未确定规划条件的地块,不得出让国有土地使用权。以出让方式取得国有土地使用权的建设项目,在签订国有土地使用权出让合同后,建设单位应当持建设项目的批准、核准、备案文件和国有土地使用权出让合同,向城市、县人民政府城乡规划主管部门领取建设用地规划许可证。"第三十九条规定:"规划条件未纳入国有土地使用权出让合同的,该国有土地使用权出让合同无效。"也就是说,任何对国有土地开发性质的利用,已经在出让合同中确定,表明政府已通过收取土地出让金的方式实现土地发展权益。[2]

正是基于国家对集体土地与国有土地开发利用的严格事前规划(计划)、许可控制,我国现有的国有与集体土地上并不存在法定的土地发展权。有学者就指出,我国现有土地产权体系是由土地所有权、使用权、租赁权、抵押权等多项权能构成的权利束,其特征是以静态的土地所有权和使用权为中心,"只反映土地利用的静态权利,未能反映土地利用的动态权利"[3]。

(二)土地征收与城市房屋拆迁中错位的土地发展权益分配及其影响

不论是土地征收,还是房屋征收,均为利用被征收土地或房屋占地范围

---

[1]《中华人民共和国城乡规划法》第三十七条规定:"在城市、镇规划区内以划拨方式提供国有土地使用权的建设项目,经有关部门批准、核准、备案后,建设单位应当向城市、县人民政府城乡规划主管部门提出建设用地规划许可申请,由城市、县人民政府城乡规划主管部门依据控制性详细规划核定建设用地的位置、面积、允许建设的范围,核发建设用地规划许可证。建设单位在取得建设用地规划许可证后,方可向县级以上地方人民政府土地主管部门申请用地,经县级以上人民政府审批后,由土地主管部门划拨土地。"

[2] 正是因为土地出让合同已经设定了开发强度,房地产开发商往往通过事后更改规划容积率方式获取不当利益,实质上这也是我国城市规划领域的乱象之一。

[3] 刘国臻:《论我国土地利用管理制度改革》,人民法院出版社 2006 年版,第 144 页。

的土地开展重新建设服务,其中就包括大量的开发利用,如发展工业、开发房地产等等。在我国严格的土地管制法律及政策体系下,土地征收或房屋征收就构成实现土地发展权益的主要方式。[1]但是,通过征收形成的土地发展利益却未能在政府、用地人及被征收人之间公正的分配,进而引发大量的社会矛盾与冲突。

由于集体土地只能通过土地征收转为国有建设用地,进而通过政府出让国有土地使用权的方式开发利用,实质上政府垄断了集体土地的发展利益。同时,因为征地时对农民补偿仅以静态的农用产值确定,政府取得的土地发展利益与农民的征收补偿之间的差距巨大,有人测算,在征地过程中,如果成本为100,农民得到的补偿只占其中的5%～10%,农村集体及农民所得到征地补偿大概为出让价的1/10,而该出让价格又大约是市场价格的1/5,也就是说补偿价格、出让价格和市场价格的比例为1∶10∶50。[2]据估算,改革开放以后,征地补偿与征后出让的土地总价之间至少有50 000亿元差距。[3]

在城市房屋拆迁中,由于《拆迁条例》并未明确城市房屋拆迁的公共利益标准,大量的商业开发行为通过城市房屋拆迁活动进行,政府通过出让拆迁范围内的国有土地使用权,获得包括土地用途变更后的发展权益在内的土地出让金,开发商则获得土地开发强度增加的发展权益,被拆迁人依法只能获得静态的二手房市场价格补偿。三者之间的利益分配存在巨大的反差,旧城改造往往成了一场分享土地发展权益的政府与开发商之间的一场"盛宴"。例如北京组织编制的前门地区旧城保护与复兴规划,其中提出要遵循"小规模、渐进式"的更新理念,在评审中被专家们给予了高度的评价,但在委托开发公司实施的过程中却引发了始料未及的利益纠纷。有的居民居住在300 m² 四合院中,只拿到了170 m² 建筑面积的补偿款,价格是8 020元/m²,合计100来万;而同期某公司在当地准备出售的"中式豪华高科技别墅",每平方米售价高达5万元以上,每座豪宅四合院"大小控制在200～800 m²,估计会以1 000万～5 000万的价格销售"。[4]

---

〔1〕 甚至可以说就是唯一方式。因为城市个人房屋除非经鉴定为危房,不允许翻建。而农村宅基地房屋即使允许翻建,因其财产属性的限制,其发展利益在法律上也不存在。

〔2〕 温铁军、朱守银:《中国农业基本经营制度研究》,《经济研究参考》1996年E1期,第32-48页。

〔3〕 陈望新:《浅谈征地拆迁中存在的问题及对策》,《中国市场》2007年第22期,第90-91页。

〔4〕 引自《南方周末》2006年10月12日,B10版。

大量的土地发展权益通过征收后的开发产生,但是,该权益并未公正地在政府、用地人及被征收人之间分配,进而导致被征收人财产收益、居住、生活水平没有得到实质性的提高,甚至还有所降低。不论土地属于国有或者集体所有,经过征收后的土地发展利益没有在政府、商业主体及被征收人之间均衡分配,特别是被征收人处于天然的弱势地位,其利益未能得到足够的体现,因此被征收人或被拆迁人通过形形色色的方式抗拒征地与城市房屋拆迁就在所难免,进而加大社会成本,因为征收拆迁、城市房屋拆迁引发的上访潮多年来居高不下,政府为了控制包括该类矛盾的"维稳"工作已经陷入了"越维越不稳"的怪圈。在某些地区,政府颁布的安置补偿政策无法公正解决被征地农民的正当诉求,征地拆迁过程甚至出现了大量被默许的"种房子""假离婚"现象,为争取政策之外的安置补偿的乱象,在某些方面已经构成对社会正常伦理的挑战。[1]

四、土地发展权益补偿方式在我国征收实践中的萌芽

虽然我国法律上并未设定被征收人的土地发展权,但为了解决矛盾,特别是因为土地征收中开发利益巨大,加之旧有征地安置补偿政策实施的困难,不少地区已经开始探索在土地征收中配置土地发展权益的制度创新,并取得了良好的社会效果,而在国家建设用地总量控制目标的倒逼之下,我国不少地方以"城乡建设用地增减挂钩试点"名义开始的土地整理、旧村改造的农村房屋拆迁,也催生了宅基地使用权的发展权益向宅基地使用权人倾斜的实践,甚至出现了类似美国规划法上的土地发展权交易的重庆"地票"模式,为土地发展权益价值确定及分配探索了一条可行的市场交易新路。因此,通过梳理该类实践创新,可以在一定程度上窥见土地征收及房屋征收土地发展权益补偿制度的现实土壤。

(一)"城中村改造"的城市房屋拆迁模式

本书第四章第三节中总结的"城中村改造"城市房屋拆迁模式,政府在管理"城中村"时,对于撤村后的剩余集体土地直接收归国有,并依照《拆迁条例》实施拆迁和补偿,虽然存在规避土地征收程序的直接表现,与我国现行法

---

[1]《南京古稀老人为拆迁补偿假离婚 官方紧急叫停》,《扬子晚报》2010年9月15日。根据报道,拆迁户之所以争着离婚,与当地政府部门及拆迁现场有人放出的"话外音"有关:"分户可以多获得补偿款、低价申购安置房""这次拆迁是市政府的大项目,资金有保障""9月13日办理的离婚有效,之后的就不算数了"……诸多的语言导向,让拆迁居民纷纷拥往婚姻登记处。

律规定及征地管理要求不合,但这种模式实际上就是将宅基地从集体土地性质变更为国有性质的土地发展利益归于被拆迁人,并在拆迁时将村民集体土地上的房屋作为国有土地上房屋的补偿,以此方式向其分配土地发展利益。虽然这一模式最大的法律障碍在规避了土地征收强制法定程序,但是,因为其对城中村农民宅基地上的土地发展权益的尊重,加之城市房屋拆迁程序的规范,在不少地区得到了普遍的推行,取得了较好的效果。

(二)土地征收中的"留地安置"模式

土地征收中的留地安置模式最早出现在深圳经济特区。二十世纪九十年代初,在建设资金紧缺,政府没有财力对整个失地农民的住宅和生活等方面进行补偿的情况下,深圳特区政府给原农村集体划拨一定数量的土地,由村集体经济组织成立股份公司经营预留地,从中获得收益并以此解决失地农民的就业与生活。随着经济的发展和城镇化的不断深入,越来越多的地方开始采用留地安置这种办法安置失地农民。如1999年重庆市政府出台《重庆市征地补偿安置办法》(渝府令〔1999〕55号),该办法第十八条规定,按照每个农转非人员20至30平方米的标准向村集体经济组织划拨土地,用于发展生产,安置农转非人员;浙江省2002年出台文件规定:"市县征地单位须将10%～15%的被征用土地,留给被征地村合作经济组织,用于发展二、三产业,产生稳定的经济收入,反哺失地农民"。2004年国土资源部《关于印发〈关于完善征地补偿安置制度的指导意见〉的通知》(国土资发〔2004〕238号)就提出,"对有长期稳定收益的项目用地,在农户自愿的前提下,被征地农村集体经济组织经与用地单位协商,可以以征地补偿安置费用入股,或以经批准的建设用地土地使用权作价入股。农村集体经济组织和农户通过合同约定以优先股的方式获取收益"。这一指导意见实质上是对留地安置模式的肯定。

土地征收中的"留地安置"模式,早期的制度创新源于征地补偿资金不足,后来已经逐渐成为被征收人在一定比例共享集体土地转为国有建设用地发展权益的有效机制,在各地得到了普遍的欢迎并得到了进一步的推广。从我国城市化进程较快的深圳、浙江以及上海等地的安置经验来看,留地安置的农民在工资性收入、房屋出租收入、留用地经营收入和社会保障等方面有了基本的保障。从实施效果看,绝大多数采用留地安置的地区,失地农民土地权益、农村可持续发展均得到了保障。

(三)土地征收与旧村改造同步的厦门"金包银"模式

2005年以来,厦门开展许多集中区和软件园区等产业开发园区建设。

为了解决园区建设的征地难和被征地农民生产、生活出路问题,以留地安置模式为基础,结合旧村改造目标,推行"金包银"的政策创新。所谓的"金包银",特指在工业集中区、开发区等成片建设的区域,保留村庄居民点,按工业集中区开发建设的要求统一规划,落实人均 15 ㎡ 的农民预留用地政策,对村庄外围进行改造建设。其中,"金"是指紧邻工业集中区,在住宅较密集、人口相对集中且规划允许保留的村庄外围为工业集中区规划建设的配套用房(简称"金边")。"金边"的建设必须统一政策、统一规划、统一标准,一般为底层店面、上部公寓的商业用房,为村民提供经营性收入的来源,被征地农民通过享受征地拆迁政策,以征地补偿款为投入,基本实现每户被征地农民拥有一套居住用房、一套公寓(用作出租)和一个店面(或一份股份)。"银"是指"金边"内按照城市标准进行改造建设的村庄,实现就地城市化(简称"银里")。"银里"改造项目采用"改造模式"和"金包金模式"。所谓"改造模式",是指建筑和房屋比较新的就地改造村庄必须按城市社区的标准统一规划改造旧村,包括村内道路的疏通修建、供电、通讯、给排水、垃圾处理等。所谓"金包金模式",是指旧村建筑和房屋比较旧,且拆迁数量较大的村庄必须按照城镇格局进行新村建设,因其"边"和"里"都是新的,故称为"金包金模式"。[1]

厦门"金包银"模式不仅有留地安置模式由失地农民一定比例共享农用地变更性质与用途的土地发展权益的优点,同时对已经纳入城市范围的农村房屋采取城市社区标准重新建设,通过加强投入,既改善了失地农民的居住条件,也实现了农民宅基地的土地发展权益,克服了留地安置模式中原有农村地区私搭乱建的乱象[2]。

(四)"城乡建设用地指标增减挂钩试点"中的重庆"地票"模式

如前所述,我国在土地管理领域对集体土地实行严格的包括规划、计划、用途的三级管制体系,其中的计划管制就包括在土地利用中施行建设用地总量控制政策。随着经济发展的加快,各省建设用地总量一直存在缺口,有些经济发展较快的地区甚至出现二十年的计划在十年之内就使用完毕情形,如 2001 年底浙江省实际使用的建设占用耕地总量已经达到 99.2 万亩,而

---

〔1〕 何子张,曹伟:《土地发展权视角下的土地征用政策分析——兼论厦门"金包银"政策》,《规划管理》2009 年第 1 期,第 73 页。

〔2〕 如深圳的留地安置模式中,就出现了原有村民房屋建设管理失控,数量庞大的"握手楼"拔地而起,大量私房翻建改建禁而不止。参见王如渊,孟凌:《对我国失地农民"留地安置"模式几个问题的思考——以深圳特区为例》,《中国软科学》2005 年第 10 期,第 19 页。

1997—2010年仅100万亩建设占用耕地指标。[1]

在建设用地总量控制的管制政策下,各省无法向严格执行"18亿亩红线不动摇"目标的中央申请获得更多建设用地指标,转而纷纷通过土地整治等方式,将农村宅基地、乡镇企业用地、农村公共设施和公益事业建设用地等农村集体建设用地复垦为耕地,以腾出存量建设用地指标。为了筹措土地资金,重庆市创造性地运用市场方式,将经过土地整理后取得的建设用地挂钩指标即"地票"推向市场,由具有用地意向的单位或个人通过土地使用权交易市场公开竞价买卖。根据《重庆农村土地交易所管理暂行办法》第二十七条规定,"地票"落地时,可以纳入新增建设用地计划,增加等量城镇建设用地,并冲抵新增建设用地土地有偿使用费和耕地开垦费。用地单位为了获得新增建设用地,纷纷到重庆农村土地市场交易所拍卖"地票"。重庆农村土地交易所自2008年12月4日成立到2009年底,共开展8次土地"地票"交易,交易"地票"54宗,总计13 500亩,成交金额总计达12.89亿元,最高成交单价14.33万元/亩。

根据土地发展权理论,土地整治中将包括农村宅基地在内的农村建设用地复垦为耕地时,实质上是土地用途的变更,这一动态过程即土地发展权益的空间。而重庆的"地票"模式,则将反映这一土地变更用途的发展权益用挂钩指标的虚拟方式推向市场,由用地单位竞价,价高者得。这实际上是一个市场方式的土地发展权益还原过程。也就是说,"地票"交易价格就是市场方式形成的耕地向建设用地转换过程的土地发展价值。对于土地整理后通过市场显化的土地发展权益,重庆市将其倾斜分配于给集体土地的使用权人、所有权人,如《重庆农村土地交易所管理暂行办法》第三十一条第(二)项、第(三)项分别规定:"农村宅基地使用权交易收益,原则上大部分归农民家庭所有,小部分归农村集体经济组织所有,具体分配比例由农民家庭和农村集体经济组织协商确定;乡镇企业用地、农村公共设施和公益事业建设用地等集体建设用地使用权交易收益,归农村集体经济组织所有。"《国务院关于严格规范城乡建设用地增减挂钩试点 切实做好农村土地整理治工作的通知》(国发〔2010〕47号)也明确规定:"经批准将节约的指标少量调剂给城镇使用的,其他土地增值收益必须及时全部返还农村。"

---

[1] 见《关于要求追加规划建设占用耕地指标的请示》(浙土资〔2002〕7号),转引自汪晖 陶然:《论土地发展权转移与交易的"浙江模式"——制度起源、操作模式及其重要含义》,《管理世界》2009年第8期,第43页。

重庆"地票"模式的优点,在于探索了一条通过市场方式确定集体土地发展权益的模式,并在利益分配上向集体经济组织与农民倾斜,不失为推动农村房屋征收土地发展权益公正补偿的创新机制。

五、构建我国房屋征收中的土地发展权益补偿制度

我国土地征收与房屋征收过程中土地发展权益补偿的缺失,实际上揭示了我国静态土地权利的制度与动态的土地利用之间的割裂。在实践中,已经出现了多种承认被征收人土地发展权益的征收补偿创新模式,其中大多属于集体土地上的房屋征收过程中,如"城中村"改造的城市房屋拆迁模式、厦门的"金包银"模式、重庆的"地票"模式。其中,重庆的"地票"模式,更是创设了一种土地发展权益补偿市场化的方式,虽然国土资源部目前在大力整顿城乡建设用地指标试点过程中侵害农民权益行为,但是主管部门认为,重庆这一模式仍然有其优越性,因此有认真总结经验的基础上通过立法予以细化的必要。[1] 而按照国家城乡统筹发展、城市反哺农村的基本精神,"城中村"改造的城市房屋拆迁模式,优化留地安置政策下一体推行旧村改造的厦门"金包银"模式,完全有必要通过集体土地上房屋征收立法方式予以明确并细化具体制度,进而实现农村房屋被征收人土地发展权益补偿。

《征收条例》实施后,国有土地上的房屋征收活动只能以公共利益建设为目的,而因国防外交需要、交通基础设施建设、公共事业建设需要乃至保障性安居工程建设的需要,所开展的具体建设活动并不存在对征收范围土地的商业利用,也就不存在被征收人的土地发展权益损失问题。但是,由于房屋征收活动与土地利用制度的分离,房屋征收类型中的旧城区改建活动仍然存在被征收人土地发展权益损失的可能。因为《征收条例》解决的是因公共利益需要征收房屋所有权同时收回国有土地使用权的问题,至于房屋征收完成后,征收范围内的土地如何利用,《征收条例》没有刚性的约束,并没有排除政府重新出让土地筹措资金的情形,因此完全可能重复前述城市房屋拆迁过程中被拆迁人土地发展权益损失巨大的问题。

在商业主导即开发性的城市房屋拆迁活动中,即使以被拆迁房屋市场评估价格补偿,被征收人仍然会发生土地发展权益的流失,其直接表现就是:

---

[1] 如国土资源部规划司长董祚继就表示,清理之后肯定还要进一步地扩大增减挂钩试点的规模,而地票模式用市场的行为来引入社会资金,是当前农村土地整治方案很好的补充。参见《城乡建设用地增减挂钩仅批73万亩 国土部严查》,《经济观察报》2011年2月19日。

政府通过拆迁活动收回国有土地使用权重新出让时,在出让合同中通过规划变更设定了出让土地的新用途或更高的开发强度,即使拆迁公告前后现状相同,出让地块市场价值仍然发生很大的变化。拆迁过程中的这一"乾坤大挪移",同时表现在《土地管理法》与《物权法》之间对同一块土地的定性上面。被征收人于房屋占地范围的土地使用权,在土地法律体系下被称之为"国有土地使用权",而在《物权法》下却被称之为"建设用地使用权"。在《物权法》意义上,房和地之间的关系特别是房和地之间比率变化直接影响建设用地使用权的财产价值,而这恰也是一个规划问题。

因此,保障城市房屋征收中被征收人土地发展权益不致流失的方案,实际上应该回到土地发展权产生的制度本源,即规划制度上寻找答案。

目前,在静态权利状况下,被征收房屋因为规划条件确定,则其价值确定,一旦城市规划变动,特别是准许同一范围国有土地上可建设的房屋面积(也就是建筑容积率)发生了变化,该规划范围内土地按照新的规划条件进行建设,就有可能取得开发利益。不过,我国现有的规划法律严格限制房屋所有人自行申请规划变动,拆旧房建新房,实际上是造成旧城改造中被拆迁人土地发展权益流失的规划原因。因此,调整我国的规划法体系,允许国有土地上房屋所有人依法申请调整规划,就是解决房屋征收中被征收人土地发展权益流失的有效机制。因为一旦允许申请调整规划,具有开发利益的旧城区就有可能由房屋所有人自行拆除改建,以实现建设用地使用权的升值,也有可能由商业主体购买房屋所有人,进而开发该地块。[1] 在这一种规划制度下,《征收条例》第八条所设定的旧城区改建活动也只能成为房屋所有人自行改建之外的补充,并在增加投入的情况下实现征收目的,当然也就不存在被征收人土地发展权益损失的问题了。

---

〔1〕 这种方式如果更进一步,特别是允许调整后的规划指标如容积率进入市场流通,实际就是美国所首倡的土地发展权转让制度了。

第六章

《征收条例》的落实与改进

一、被征收人权利在地方的制度落实与保障

2011年1月21日,《国有土地上房屋征收与补偿条例》颁布实施,标志着我国城市更新从拆迁时代进入了征收时代。但是,不论是城市房屋拆迁法规,还是国有土地上的房屋征收法规,推动城市更新仅只是其实现公共利益的客观表现之一,而征收法作为一种重要的法律制度,其本质在于为被征收人提供重要的权利保护。而征收过程中如何实现权利保护,既需要被征收人为权利或基本人权而斗争,也应有地方法制扩张被征收人权利的空间。因此,本书通过梳理2011年度各地方为推进本地区国有土地上房屋征收与补偿活动,在《征收条例》基础上进行的制度建设成果,以揭示被征收人权利在地方的落实与创制情况,更期能通过地方政府已有努力的展示,为地方后续法制建设特别是地方性法规的立法提供参考。

一、基础数据与基本思路

(一)基础数据

《征收条例》出台后,地方政府纷纷制定各种效力层级的国有土地上房屋征收与补偿规范。但是由于各地政府发布文件的渠道各异,目前缺乏一个官方的全面政府规范性文件数据库,通过商业法律数据库收集相关规范,应当相对全面些。笔者在学界使用较多的"北大法宝"2011年数据库中,以"国有

全国人大常委会授权立法。该四十二条规定主要涉及被征收人权利保护的两个方面，一是对被征收人财产权的保护，二是涉及被征收人的住房权保护。如该条中"为了公共利益的需要，依照法律规定的权限和程序可以征收集体所有的土地和单位、个人的房屋及其他不动产"规定，既可以理解为房屋征收的权力来源，也可以视为被征收人财产权的界限，即只能基于公共利益而征收，而该条第三款"征收单位、个人的房屋及其他不动产，应当依法给予拆迁补偿，维护被征收人的合法权益；征收个人住宅的，还应当保障被征收人的居住条件"的规定，更是明确被征收人于征收活动中必须的财产权保障方式，即获得拆迁补偿，个人住宅被征收时，则应当保障被征人的适足住房权。[1]

《征收条例》对被征收人权利的保护，主要围绕上述《物权法》四十二条规定设定制度：一是细化国有土地上房屋征收的公共利益标准，如该条例第八条第一款的六项规定。二是规定了拆迁补偿的范围，即该条例第十七条第一款规定的三项内容"（一）被征收房屋价值的补偿；（二）因征收房屋造成的搬迁、临时安置的补偿；（三）因征收房屋造成的停产停业损失的补偿"。三是原则性规定了被征收人住房保障的方式，即该条例第十八条规定"征收个人住宅，被征收人符合住房保障条件的，作出房屋征收决定的市、县级人民政府应当优先给予住房保障。具体办法由省、自治区、直辖市制定"。

由于《物权法》《征收条例》对于被征收人财产权及住房权保障均有原则性规定，因此本书认为，地方政府对于《征收条例》已经明确的财产权与住房权保障部分的细化规定，属于对被征收人权利的制度落实，这是本书的第一层次。

同时地方政府规章与规范性文件对于《征收条例》未能涉及的被征收人权利保障的规定，属于地方政府对被征收人权利的创制，这是本书的第二层

---

[1] 我国于1997年签署、2001年2月28日批准的联合国《经济、社会及文化权利国际公约》第十一条第一款确定了我国保障公民适足住房权的法律义务。该款规定："本公约缔约各国承认人人有权为他自己和家庭获得相当的生活水准，包括足够的食物、衣着和住房，并能不断改进生活条件。各缔约国将采取适当的步骤保证实现这一权利，并承认为此而实行基于自愿同意的国际合作的重要性。"为了便于对适足住房权的理解，联合国经济、社会和文化权利委员会于1991年12月12日通过《第4号一般性意见：适足住房权》，对"适足住房权"的概念进行了全面的和权威的解释，其基本含义主要包括七个方面：即住房使用权法律保障的适当性、住房设施与居住需求的适当性、住房费用与收入的适当性、住房空间的安全健康适当性、住房机会与弱势群体的适当性、住房地点的便利适当性和住房建筑的文化适当性。

土地上房屋征收与补偿"为标题检索,共获得两类数据:地方政府规章9件(见附表1);地方规范性文件69件(见附表2)。在9件地方政府规章中,齐齐哈尔市政府于2011年3月25日发布的《齐齐哈尔市中心城区国有土地上房屋征收与补偿办法》(市政府第3号令),不久后即为市政府第5号令发布的同名政府规章所代替。而在69件地方规范性文件中,有20件省级政府规范性文件,其中由省政府办公厅发布,名为"贯彻(落实)《征收条例》"的文件占多数,共有16件,其余文件均以省政府名义发布,如《北京市人民政府关于印发北京市国有土地上房屋征收与补偿实施意见的通知》等;也有省级行政主管部门发布的规范性文件5件,如《北京市住房和城乡建设委员会关于印发〈北京市国有土地上房屋征收与补偿中住房保障优先配租配售管理办法〉的通知》等。而在其余46件省级以下地方人民政府发布的规范性文件中,有政府常务会议通过并以市政府令形式发布的2件,即辽源市政府于2011年4月11日发布的《辽源市国有土地上房屋征收与补偿办法》(市政府第72号令)与《娄底市国有土地上房屋征收与补偿实施办法》(娄底市政府令33号),而以市(区)政府文名义形式发布的规范性文件有27件,如《开封市人民政府印发关于开封市国有土地上房屋征收与补偿试行意见的通知》(汴政〔2011〕110号)、《重庆市合川区人民政府关于印发合川区国有土地上房屋征收与补偿实施细则的通知》(合川府发〔2011〕7号)等,而以市政府办公厅(室)文发布的规范性文件有15件,如《宁波市政府办公厅关于印发宁波市市区国有土地上房屋征收与补偿工作考核办法(试行)的通知》(甬政办发〔2011〕299号)、《镇江市人民政府办公室关于贯彻落实〈国有土地上房屋征收与补偿条例〉的通知》(镇政办发〔2011〕51号)等。

在上述地方政府规章与地方政府规范性文件中,对于规范本地区国有土地上房屋征收与补偿活动较为全面的首推政府规章,其中以《上海市国有土地上房屋征收与补偿实施细则》为典型,而在地方政府规范性文件中,又以政府令或市政府文件规定的内容较为全面,其他以政府办公厅(室)名义或主管部门出台的文件相对次之,主要以要求下级贯彻落实为目标,间或针对某一特定问题进行强调,如《河南省住房和城乡建设厅关于印发〈2011年河南省纠正国有土地上房屋征收与补偿违法违规问题工作实施意见〉的通知》等。而以省级行政区域为标准,2011年制定地方政府规范性文件数量,排在前列的分别为江苏(11)、河南(10)、山东(7)、湖南(7)、安徽(3)。

(二) 基本思路

国务院颁布实施的《征收条例》,系直接基于《物权法》第四十二条规定的次,主要包括如下五个方面。

第一,被征收人范围的扩大。《征收条例》第二条规定:"为了公共利益的需要,征收国有土地上单位、个人的房屋,应当对被征收房屋所有权人(以下称被征收人)给予公平补偿。"这里的被征收人仅为被征收房屋所有权人,并不能完全包括因为国有土地上房屋征收活动而财产权被剥夺的主体,因此,地方政府规章与规范性文件将房屋所有权人之外的主体纳入财产权保障的对象,即属于本书被征收人权利保障的创制,在2011年地方政府相关规范中,主要有被征收房屋承租人(包括公房承租人与私房承租人)、使用人、抵押权人几类。

第二,基于被征收房屋(不动产)而产生的土地发展权。"土地发展权是可以与土地所有权相分离的、反映土地动态使用中权益增量的财产权",意味着"改变土地用途、提高土地利用集约度以及增加对土地的投入而产生的发展性利益的权利归属和利益分配"。[1] 国有土地上房屋征收活动,特别是旧城区改建活动,往往就是被征收房屋占地变更用途或加强开发而形成增量利益的一个过程,其中往往蕴含着一个土地发展权益的分配问题。在《征收条例》立法征求公众意见过程中,就有人对这一问题有所触及,如长沙市7 000余人的建议书中有关评估部分就提出,被征收房屋应"根据被征收拆迁房屋的区位、用途、建筑结构、新旧程度、建筑面积、升值比率及土地使用权升值等因素,以房屋及土地使用权的市场价格确定"[2]。而多年来从事房屋拆迁法律服务的王才亮律师等人则提出:"因危房改造的需要征收房屋……回迁房或产权调换的房屋应为新建商品房。""被征收房屋的房地产市场评估价格由具有相应资质的房地产价格评估机构,按照房地产估价规范和有关规定确定,但不得低于房屋征收决定生效之日同一地段的商品房的市场销售价格。"[3]

正式出台的《征收条例》未能完全接受民间的上述建议,仅只在该条例第十九条中规定:"对被征收房屋价值的补偿,不得低于房屋征收决定公告之日被征收房屋类似房地产的市场价格。"这一条规定既可以理解为对被征收房

---

〔1〕 刘国臻:《土地发展权研究》,广东省普通高校人文社会科学"十五"规划研究项目研究报告。

〔2〕 《两民间万言书拟今日送国务院 建言征收条例》,《新京报》2010年12月29日。

〔3〕 王才亮:《关于对〈国有土地上房屋征收与补偿条例〉(征求意见稿)的立法建议》。http://blog.sina.com.cn/s/blog_49858b220100gjex.html.(2012年5月1日)

屋的价值补偿,以被征收人房屋二手房价格为标准,也可以理解为为实现高于被征收房屋二手房价格的征收补偿,实则为地方依据土地发展权原理实现高于被征收房屋二手房价格的征收补偿的契机。在事实上,在本书所梳理的地方政府规章与地方规范性文件中,也出现了地方政府对被征收人共享征收活动形成的土地发展权益的创制。

第三,被征收房屋"住改非"的补偿。被征收房屋虽然在房产登记时属于住宅性质,但是因为地段等各方面原因,可以作为经营用房使用。经营用房的财产价值往往高于住宅用途的房屋,但是确定的标准却存在困难,在法律上也存在冲突。因此,是否即如何认定原属住宅登记用途房屋改变为经营用途的财产价值,一直是城市房屋拆迁实践中疑难与矛盾焦点。《征收条例》未能提出解决的方案,因此各地方政府规章也规范性文件在此方面的创制,实质上也系对被征收人财产权的保护表现。

第四,被征收人的程序权利。《征收条例》中的房屋征收决定、房屋征收补偿决定环节,均系公权力活动,被征收人及关系人的权利保障不限于实体权利,也包括程序权利,如同意权、听证权、知情权等。由于《征收条例》仅具原则性规定,地方具有大量创制的空间,本书也将在研读相关数据的基础上,进行全面的解读。

第五,其他性质的权利。由于被征收房屋对于被征收人而言,不仅系其重要财产与居住保障,同时也往往关涉其他权利,如被征收房屋未成年人因房屋拆除的受教育权利保障问题,实际上也是地方政府创制的空间。

二、地方政府对被征收人权利保护的制度落实

由于《征收条例》对被征收人的财产权与住房权保障两方面已作出规定,因此地方政府的制度落实也主要集中于该两类权利。同时,因为《征收条例》第十八条规定住房保障"具体办法由省、自治区、直辖市制定",因此住房权保障的地方制度则更为详细。

(一)地方政府对被征收人财产权保护的制度落实

《征收条例》对被征收人财产权保护规定,集中在该条例第十七条第一款规定的三项内容。其中,被征收房屋价值的补偿,根据《征收条例》第十九条规定,"由具有相应资质的房地产价格评估机构按照房屋征收评估办法评估确定"。由于住建部于2011年6月3日颁布《国有土地上房屋征收评估办法》(建房〔2011〕77号),地方政府在被征收房屋价值确定上并无多大细化落实的空间,因此本部分内容主要集中在"因征收房屋造成的搬迁、临时安置的补偿"与"因征收房屋造成的停产停业损失的补偿"地方制度落实两大部分。《征收条例》第二十四条规定:"市、县级人民政府作出房屋征收决定前,应当组织有关部门依法对征收范围内未经登记的建筑进行调查、认定和处理。对认定为合法建筑和未超过批准期限的临时建筑的,应当给予补偿;对认定为违法建筑和超过批准期限的临时建筑的,不予补偿。"根据什么条件认定合法建筑与未超过批准期限的临时建筑,也是地方政府规章与规范性文件落实《征收条例》该款规定,实现被征收人财产权保障的重要方面。

1. 搬迁与临时安置补偿制度

由于搬迁费与临时安置费在征收补偿总费用中占比不大,且各地决定相关费用的因素不一,因此各地方政府规章与规范性文件往往采取相对灵活的规定,甚至规定由更低效力层级的文件中规定,如《上海市国有土地上房屋征收与补偿实施细则》第二十七条中就规定:"临时安置费和搬迁费的具体标准由区(县)人民政府制定。"《东营市人民政府办公室关于公布东营市中心城国有土地上房屋征收与补偿标准的通知》甚至规定:"搬迁费、临时安置费按房屋征收补偿方案执行。"

不过,也有在地方政府规章与规范性文件规定了较为明确的搬迁与临时安置费用标准,如除上海市之外的其他8个省市地方政府规章,江苏省宿迁市、无锡市,山东省菏泽、枣庄、济南3市的规范性文件。从已有规定房屋搬迁与临时安置补偿标准的地方政府规章与规范性文件内容来看,主要有三种类型:

第一,以被征收人或房屋承租人计户发放。如《吉林市城市国有土地上房屋征收与补偿暂行办法》第四十二条规定:"搬迁费按照房屋所有权证或者租赁使用证计户,一次性发放每户1000元。"类似规定还有《本溪市国有土地上房屋征收与补偿办法》第二十九条规定:"房屋征收部门按每户1000元标准向被征收人或公有房屋承租人一次性支付搬迁补助费(含误工补助费)。"《长春市国有土地上房屋征收与补偿暂行办法》第二十九条则规定:"征收住宅房屋,按照每户300元的标准给予被征收人搬迁补偿。"

第二,以被征收房屋建筑面积为标准发放。如《宿迁市人民政府关于印发宿迁市市区国有土地上房屋征收与补偿暂行办法的通知》第三十二条规定:"房屋征收部门应当对被征收人支付搬迁补助费。征收住宅和商业用房,搬迁补助费按10元/平方米支付;征收生产用房,搬迁补助费按20元/平方米支付,如房屋内有重型机械设备或精密仪器需要搬迁的,搬迁补助费标准上浮20%;征收办公用房,搬迁补助费按6元/平方米支付,教学、医疗用房参照执行;征收仓储用房,搬迁补助费按12元/平方米支付。被征收人搬迁补助费不足1 000元的按照1 000元计算。计算面积时按被征收房屋的合法建筑面积计算。"《枣庄市人民政府关于进一步规范国有土地上房屋征收与补偿工作的意见》三、(五)部分规定:"房屋征收部门应当对被征收人支付一次性搬迁补偿费,住宅房屋每户标准为500元;非住宅房屋标准为每平方米10元。非住宅房屋的搬迁补偿费包括设备、用具等的拆除、运输、安装以及其他费用。实施司法强制执行的不支付搬迁补偿费。"

第三,由征收部门与被征收人协商或委托评估机构评估确定。这种标准一般适用于非住宅房屋的搬迁与安置补偿。如《长春市国有土地上房屋征收与补偿暂行办法》第二十九条规定:"征收非住宅房屋,应当根据设备拆装、运输所发生的费用给予搬迁补偿。对无法恢复使用的设备,应当按照重置价格结合成新给予补偿;具体补偿金额,可以协商确定,也可以委托评估机构评估确定。"

2. 停产停业损失补偿制度

《征收条例》第十七条将《城市房屋拆迁管理条例》中没有规定的停产停业损失补偿费用纳入征收补偿范围,并在第二十三条中明确规定:"对因征收房屋造成停产停业损失的补偿,根据房屋被征收前的效益、停产停业期限等因素确定。具体办法由省、自治区、直辖市制定。"这是《征收条例》保障被征收人权利方面的一大进步。

但是,在2011年数据中,各省、自治区、直辖市对于停产停业损失补偿的规定仍然较少,只有上海市、江苏省、甘肃省做了进一步的细化规定,其他省、自治区、直辖市往往简单援用《征收条例》第二十三条规定,如《山东省人民政府办公厅关于贯彻实施〈国有土地上房屋征收与补偿条例〉有关问题的通知》第三部分中就规定:"对因征收房屋造成停产停业损失的补偿,根据房屋被征收前的效益、停产停业期限等因素确定。"不过,在省级以下地方政府已经制定的政府规章中,有关停产停业损失补偿标准规定则较为详细,而江苏省各市政府因为有省政府文件规定,有关停产停业损失补偿也规定得较为细致。目前已有规定的地方政府规章与规范性文件中,共有三种停产停业损失补偿类型:

第一,按照被征收房屋补偿价格的一定比例给付停产停业损失补偿。如

《宿迁市人民政府关于印发宿迁市市区国有土地上房屋征收与补偿暂行办法的通知》第三十五条规定:"征收非住宅房屋造成停产、停业的,根据实际生产、经营状况,给予不超过货币补偿评估总金额5%的停产或停业补偿。"《上海市国有土地上房屋征收与补偿实施细则》第三十五条第一款规定:"因征收非居住房屋造成被征收人、公有房屋承租人停产停业损失的补偿标准,按照被征收房屋市场评估价的10%确定。"

第二,以被征收房屋的建筑面积为标准给予固定标准的停产停业损失补偿。如《连云港市人民政府关于印发连云港市国有土地上房屋征收与补偿若干问题规定的通知》第五条规定:"在市区房屋征收范围内,对因征收房屋造成停产停业直接效益损失的补偿,由征收当事人原则上按照商业用房每平方米200~300元、工矿企业用房每平方米120元、其他经营性用房每平方米150元、2010年7月1日前住宅房屋依法改变为经营性用房每平方米100元的标准协商确定。"《枣庄市人民政府关于进一步规范国有土地上房屋征收与补偿工作的意见》第三部分中规定:"征收非住宅房屋造成停产、停业的,房屋征收部门应当对被征收人支付一次性停产、停业损失补偿费。营业用房按照实际营业房屋面积给予每平方米100元补偿;生产、办公等用房按照实际使用房屋面积给予每平方米70元补偿。"

第三,细化评估标准后设定停产停业期限或固定标准确定补偿。这种方式又分为两种情形。① 设定固定期限情形。如《甘肃省实施〈国有土地上房屋征收与补偿条例〉若干规定》第十四条:"符合下列条件的,应当给予停产停业损失补偿:(一)被征收房屋所有权证书载明为经营性房屋;(二)依法取得工商营业执照;(三)依法取得相关生产经营许可手续。第十五条:停产停业损失补偿的标准,以被征收人提供的近三年纳税证明为依据确定;不足三年的以全部生产经营期间纳税证明为依据确定。停产停业损失补偿,生产经营三年以上的以近三年生产经营效益平均值为计算依据,不足三年的以生产经营期间效益平均值为计算依据。第十六条:停产停业损失补偿期限,商业、服务性行业按半年予以补偿;工业生产行业按一年予以补偿。"类似的还有长春市、齐齐哈尔市等地方政府规章。② 设定固定标准情形。如《南通市人民政府关于贯彻实施〈国有土地上房屋征收与补偿条例〉的若干意见》第十部分中规定:"对因征收非住宅房屋造成停产停业损失的补偿,由征收当事人协商确定;协商不成的,可以委托房地产价格评估机构评估确定。停产停业损失补偿根据房屋被征收前的效益、停产停业期限等因素确定……被征收人擅自将住宅房屋改变为生产、经营性用房的,征收时不给予停产停业损失补偿;擅自改变非住宅房屋用途的,按照原用途计算停产停业损失。被征收住宅房屋于2010年7月1日前已经改变为生产、经营性用房,并取得工商营业执照、持续营业1年以上的,可以结合实际营业年限按照适当比例给予停产停业损失补偿。营业年限在1年(含)以上3年以下的,按照年平均效益的40%给予一次性补偿;3年(含)以上5年以下的,按照年平均效益的60%给予一次性补偿;5年(含)以上的,按照年平均效益的80%给予一次性补偿。"

3. 征收时未登记建筑的确认制度

房屋征收冻结时虽然未进行产权登记的建筑,仍然属于该建筑所有人的财产,但这在旧《城市房屋拆迁管理条例》未得到正面肯定,往往在实践中引发较大争议。《征收条例》第二十四条规定,较旧条例作出很大的改进,是在保护未登记建筑所有人财产权的重要进步。不过,这一制度的施行仍然特别需要地方制度的细化。在2011年地方政府规章与规范性文件中,对于未登记建筑的确认制度主要有如下两大类型。

第一,未确定实体标准,仅细化确认主体与程序。如《上海市国有土地上房屋征收与补偿实施细则》第十四条规定:"区(县)人民政府应当组织有关行政管理部门依法对征收范围内未经登记的建筑进行调查、认定和处理。对认定为合法建筑和未超过批准期限的临时建筑的,房屋征收部门应当给予补偿;对认定为违法建筑和超过批准期限的临时建筑的,不予补偿。"类似的还有《长沙市国有土地上房屋征收与补偿实施办法》第二十七条与《石家庄市国有土地上房屋征收与补偿暂行办法》第十七条规定,只不过后两部规章分别将确认主体规定为"由城乡规划部门会同住房和城乡建设、国土资源、城市管理和行政执法、房屋征收等有关部门"与"市、县级人民政府组织国土资源、城乡规划、房管等相关部门依据各自职能进行调查、认定和处理"。

第二,区分有无审批手续,细化实体标准。即使未进行产权登记,也可能有建设与用地审批手续,这类情形一般确认为合法建筑。如《吉林市城市国有土地上房屋征收与补偿暂行办法》第二十五条规定:"无房屋所有权证,但有规划、土地审批手续,并按照审批事项建设、符合审批位置、面积等的被征收房屋,按照合法建筑补偿安置。"也有建设主管部门追认的情形,如《长春市国有土地上房屋征收与补偿暂行办法》第三十九条规定:"房屋征收范围内未经登记的建筑,经城乡规划主管部门认定为合法的,按照本办法的规定给予补偿。"《开封市人民政府印发关于开封市国有土地上房屋征收与补偿试行意见的通知》第四部分中规定:"未经登记建筑属下列情形之一的,按合法建筑补偿标准给予补偿:1. 经发证机关认定的具有《建设工程规划许可证》(建筑许可证)的建筑。2. 经市规划部门认定的1984年航测图上有标识的砖木或砖混结构的建筑。"

不过,对于无土地与建设审批手续,建设主管部门事后无法追认的未登记建筑,各地的认定标准则较为混乱,目前大致有四种情形。

① 以规划法实施时间为标准。如《广州市人民政府关于广州市国有土地上房屋征收与补偿的实施意见》第十部分规定:"但对1990年4月1日《中华人民共和国城市规划法》实施前建设的住宅房屋,可按照不超过房屋征收决定公告之日被征收住宅房屋房地产市场评估价值的60%给予货币补偿。"类似的还有《本溪市国有土地上房屋征收与补偿办法》第二十二条规定。

② 以土地法、规划法中未构成拆除情形确定标准。如《新疆维吾尔自治区住房和城乡建设厅关于贯彻实施〈国有土地上房屋征收与补偿条例〉的指导意见》第三部分中规定:"(六)……有下列情形之一的,应当认定财产权利,并给予补偿:一是建房时间超过两年的;二是依据城乡规划、土地管理等相关法律、法规规定,尚不构成拆除、没收情形的;三是房屋建筑虽未取得城乡规划、国土资源等部门的批准,但经政府其他部门、基层组织、居民自治组织、农村集体组织等单位批准,城乡规划、土地管理等部门未追究越权批准部门、单位、组织的责任的。"

③ 根据是否具有独立住房确定。如《吉林市城市国有土地上房屋征收与补偿暂行办法》第二十五条规定:"1984年1月5日以前建成的房屋,符合下列规定的,可以无偿安置45平方米住房,房屋所有权归被征收人所有:(一)被征收人提供原单位或者房屋所在地区政府、街道办事处出具的原始证明材料及公安派出所出具的居住证明材料;(二)具有本市户口;(三)无其他房屋居住;(四)在被征收房屋征收范围内公示10日无异议。"

④ 以是否自用为标准确定。如《开封市人民政府印发关于开封市国有土地上房屋征收与补偿试行意见的通知》第四部分中规定:"自建自用房屋未办理建设规划手续且该建筑利益关系人不能提供房屋有关手续的,按下列条款处理:1. 第一层房屋。在房屋征收决定确定的期限内完成搬迁的,按《开封市国有土地上房屋征收补偿安置及补助、奖励标准的暂行规定》附件(以下简称《附件》)相应标准给予补助的同时,再给予500元/平方米的奖励;实行产权调换时,其建筑面积的50%计入应安置面积。2. 第二层房屋。在房屋

征收决定确定的期限内完成搬迁的,按《附件》相应标准给予补助的同时,再给予300元/平方米的奖励;实行产权调换时,其建筑面积的30％计入应安置面积。"

(二)地方政府对被征收人住房权保障的制度落实

《征收条例》第十八条规定:"征收个人住宅,被征收人符合住房保障条件的,作出房屋征收决定的市、县级人民政府应当优先给予住房保障。具体办法由省、自治区、直辖市制定。"这是源于《物权法》四十二条规定的原则性要求。目前,各省级政府对于房屋征收活动中住房权保障规定仍然处于探索状态,较为详细的仅有《上海市国有土地上房屋征收与补偿实施细则》《甘肃省实施〈国有土地上房屋征收与补偿条例〉若干规定》《新疆维吾尔自治区住房和城乡建设厅关于贯彻实施〈国有土地上房屋征收与补偿条例〉的指导意见》与《江苏省人民政府关于印发江苏省贯彻实施〈国有土地上房屋征收与补偿条例〉若干问题规定的通知》等省政府规章与规范性文件。而省级以下地方人民政府的规章与规范性文件则对于住房权保障问题规定较为详细。经过梳理,地方政府规章与规范性文件对于房屋征收活动中的住房权保障制度主要有如下三种类型。

1. 确定最低住房保障标准

根据建筑设计规范或居住人口情形,确定最低住房保障标准。这种情形在各地方政府规章与规范性文件中均得到了体现,只是在住房面积标准、保障方式、保障对象与补差产权归属上各有不同。

① 住房面积标准。有的地方直接一个统一标准,如《长沙市国有土地上房屋征收与补偿实施办法》第三十八条规定:"对享受城市最低社会生活保障待遇且在本市范围内房屋建筑面积合计不足四十五平方米的被征收住宅的所有权人(以房屋所有权证为准,共有产不分开计算),实施最低面积保障,按照四十五平方米给予补偿。"有的地方根据人口确定不同的住房保障面积标准,如《重庆市国有土地上房屋征收与补偿办法(暂行)》第二十六条规定:"征收范围内的个人住宅,经申请并审查公示,以产权户为单位,家庭实际居住且在他处无住宅的,按本办法第二十五条规定实施补足后,家庭人口在2人及以下,被征收住房建筑面积不足30平方米,按建筑面积30平方米给予补偿;家庭人口在3人以上,住房建筑面积不足45平方米,按建筑面积45平方米给予补偿。"

② 尊重被征收人货币补偿意愿根据最低面积标准给予货币补偿。如

《常州市国有土地上房屋征收与补偿暂行办法》第三十条规定:"被征收人仅有一处住宅且获得的货币补偿金额低于征收补偿最低标准的,房屋征收部门应当按照征收补偿最低标准予以补偿。征收补偿最低标准由市房屋征收部门会同房管、物价等部门拟定,报市政府批准后执行。"类似情形还有江苏省淮安市、连云港市、宿迁市的规定。

③ 同时保障被征收房屋的承租人、居住人等使用人。如《上海市国有土地上房屋征收与补偿实施细则》第二十九条中规定:"征收执行政府规定租金标准的公有出租居住房屋,被征收人选择房屋产权调换的,由被征收人负责安置公有房屋承租人,租赁关系继续保持。"《吉林市城市国有土地上房屋征收与补偿暂行办法》第三十九条规定:"无其他住房的被征收人,仅有且自用的浮房被征收时,被征收人应当持浮房证、所在地街道办事处出具的原始证明及公安派出所出具的居住证明,报征收主管部门认定,由监察部门备案、公示。公示后无异议,且在 10 日内(含本数)搬迁的,安置一套 45 平方米的住宅房屋,互不结算差价,房屋所有权归被征收人所有。产权调换房屋层位由征收机构确定,各项补助费按照有合法产权证照房屋补助费标准发放。"《新疆维吾尔自治区住房和城乡建设厅关于贯彻实施〈国有土地上房屋征收与补偿条例〉的指导意见》第十部分中规定:"因房改政策限制,单位职工居住的公房未参加房改,没有取得房屋所有权的,房屋征收时要对房屋居住人进行妥善安置,一是采用产权调换的方式,提供不低于原建筑面积和居住标准的产权调换房屋给被征收人,由被征收人安置居住人继续居住。"

④ 补差产权归属。大多数地方政府规章与规范性文件均规定最低面积产权归属于被征收房屋所有人与使用人,但有也少数地方将补差产权保留于征收部门,如《长春市国有土地上房屋征收与补偿暂行办法》第三十四条规定:"对符合城市居民最低生活保障条件中的城市低保户,且仅有 1 处建筑面积不足 49 平方米住房,无力结算差价的,经民政部门认定后,按照建筑面积 49 平方米的住宅房屋进行安置。超出原建筑面积部分,产权归人民政府所有。"类似的还有《甘肃省实施〈国有土地上房屋征收与补偿条例〉若干规定》第二十一条规定:"安置保障房实行产权置换的,在产权办理时对征收应补偿返还面积在《房屋所有权证》附记栏注明,保留其原产权属性。"

2. 提供改善性住房保障

除了对被征收房屋的所有人与使用人提供最低住房标准保障,在已有地方政府规章与规范性文件中,已出现了改善性的住房保障制度,其中最具代表性的是山东省做法。《山东省人民政府办公厅关于贯彻实施〈国有土地上房屋征收与补偿条例〉有关问题的通知》第三部分中规定:"征收住宅房屋实行货币补偿的,货币补偿金额按照征收决定公告之日被征收住宅房屋所处区位新建普通商品房市场价格评估确定。"正是因为有了山东省办法的统一规定,山东省各地政府对于被征收房屋的货币补偿均依据这一标准进行细化。以同一区位新建普通商品房市场价格确定被征收住宅房屋的补偿,实质上就是对被征收人住房改善的保障。与此类似的《天津市人民政府关于贯彻实施〈国有土地上房屋征收与补偿条例〉有关事项的意见》第二部分中的规定:"被征收房屋价值的补偿,按照房屋征收决定公告之日被征收房屋类似房地产的市场价格评估确定。征收住宅房屋的,除被征收人要求按照类似房地产市场价格补偿外,按照其所处区位的新建普通商品房市场价格评估确定。"

内蒙古自治区规定的"征一补一"政策也属于同一范畴,如《内蒙古自治区人民政府办公厅关于贯彻落实国务院〈国有土地上房屋征收与补偿条例〉有关事宜的通知》第三部分规定:"统一补偿标准,建立和完善住宅房屋'征一还一'补偿制度……经房地产价格评估机关对被征收住宅房屋进行评估,确定房屋补偿金额后,被征收人可以选择'征一还一'补偿方式,即按照房屋产权登记簿标明的建筑面积进行补偿。如被征收人选择货币化补偿方式,应按照房地产价格评估机构确定的同等地段类似新建商品住宅市场价格乘以被征收房屋产权登记簿标明的建筑面积进行补偿;如被征收人选择产权调换方式,作出房屋征收决定的各市、旗县(市)人民政府应当提供改建地段或者就近地段同等面积的住宅房屋,互相不找差价,如果提供其他地段的住宅房屋,应当按照货币补偿金额计算,结清差价。"

3. 赋予优先选择保障性住房的权利

《征收条例》第十八条规定:"征收个人住宅,被征收人符合住房保障条件的,作出房屋征收决定的市、县级人民政府应当优先给予住房保障。"因此,各地方政府普遍对于被征收人购买、租赁保障性住房提供优先选择权,但往往与签订补偿协议或实际搬迁先后顺序挂钩,如《泰州市国有土地上房屋征收与补偿办法》第三十五条规定:"被征收人获得征收补偿后仍符合申请购买经济适用房或者申请廉租住房租赁补贴、租赁廉租住房、租赁公共租赁住房条件的,由市、市(县)人民政府给予优先保障。申请廉租住房租赁补贴的,由住房保障主管部门自被征收人签订补偿协议并实际搬迁后的次月发放廉租住房租赁补贴。申请购买经济适用房、租赁廉租住房或者公共租赁住房的,其保障次序列同期申请的非被征收人之前。对被征收人提供保障性住房的次序,按照签订补偿协议后实际搬迁的先后顺序确定。"而《广州市人民政府关于广州市国有土地上房屋征收与补偿的实施意见》第十三部分也有类似规定:"征收个人住宅,被征收人选择货币补偿后申请购买经济适用房、租住公租房或廉租房,符合申请条件的,住房保障管理部门应当优先安排。"

三、地方政府对被征收人权利保护的制度创新

基于第一部分分析,地方政府在《征收条例》未规范领域对被征收人权利保护的创制主要表现在如下四个方面。

1. 被征收人范围的扩大

除了被征收房屋所有权人之外,地方政府规章与规范性文件扩大保护的被征收人范围主要包括如下三类。

第一,被征收房屋的承租人。这一类型以公房承租人为主,少数地方仍然包括根据市场协议形成的私房承租人。

有地方政府在征收中对于公房承租人一般区分两种情形,即租赁双方达不成解除租赁关系协议,明确对被征收房屋实施产权调换,在产权调换房屋上继续保留原公房屋承租关系,如果双方达成解除租赁关系协议,则按照不同比例对被征收房屋所有人与承租人予以货币补偿。如《长春市国有土地上房屋征收与补偿暂行办法》第三十八条规定:"征收公有房屋,被征收人与公有房屋承租人选择货币补偿的,租赁关系终止。对住宅房屋,应当按照被征收房屋评估金额的20%补偿被征收人,其他相关补偿给付公有房屋承租人;对非住宅房屋,应当按照被征收房屋评估金额的40%补偿被征收人,其他相关补偿给付公有房屋承租人。被征收人与公有房屋承租人对解除租赁关系达不成协议的,市、区人民政府应当对被征收人实行房屋产权调换。产权调换的房屋由原公有房屋承租人承租,被征收人应当与原公有房屋承租人重新订立房屋租赁合同。"

有地方政府规定,对于被征收房屋所有权人与承租人达成安置或补偿协议的,由征收部门对所有权人实施补偿。如《淮安市人民政府关于印发淮安市国有土地上房屋征收与补偿暂行办法的通知》第二十四条规定:"征收历史遗留的房产直管或单位自管公有住宅房屋,被征收人与房屋承租人解除租赁关系的,或者被征收人对房屋承租人进行安置的,房屋征收部门对被征收人给予补偿。"

也有因私房改造政策历史原因形成的租赁关系，地方政府规定参照公房承租人予以安置补偿。如《泰州市国有土地上房屋征收与补偿办法》第三十九条中规定："落实私房改造政策已经发还的房屋，房屋所有人为被征收人；对确因居住困难仍与房屋所有人保持租赁关系的承租人，参照公房承租人处理。"

对于市场协议形成的私房承租人，有少数地方政府同时予以规范，如《南通市人民政府关于贯彻实施〈国有土地上房屋征收与补偿条例的若干意见〉》第九部分中规定："征收按市场协议租金承租的房屋，对被征收人进行补偿。因房屋征收导致租赁合同无法履行的，由租赁双方按照租赁合同的约定或相关法律法规处理。"

第二，被征收房屋中的居住人。在少数情形下，被征收房屋的居住人既非所有权人，也非公房或私房租赁人，而是基于多种原因（如离婚）居住在内，这种情形可以称之为被征收房屋中的居住人。

对于被征收房屋的居住人，已有地方政府规章或规范性文件予以明确保护。如《上海市国有土地上房屋征收与补偿实施细则》第四十四条规定："征收居住房屋的，被征收人取得货币补偿款、产权调换房屋后，应当负责安置房屋使用人；公有房屋承租人所得的货币补偿款、产权调换房屋归公有房屋承租人及其共同居住人共有。"该上海市政府规章第五十一条对"共同居住人"的解释为"指作出房屋征收决定时，在被征收房屋处具有常住户口，并实际居住生活一年以上（特殊情况除外），且本市无其他住房或者虽有其他住房但居住困难的人"。类似还有2012年2月6日锦州市政府颁布的《锦州市国有土地上房屋征收与补偿办法》第二十八条规定："违法建筑和超过批准期限的临时建筑内的使用人，符合住房保障条件的，可以由所在区人民政府优先安排保障性住房。不符合住房保障条件的居住人，具备下列条件的，按照违法建筑或者超过批准期限的临时建筑的重置价格给予购房补助；可以以建筑成本价格出资购买建筑面积48平方米住宅房屋，并纳入经济适用住房管理：（一）持有2001年11月1日前迁入的独立户口；（二）该建筑用于自住；（三）使用人在市内他处无合法房屋居住；（四）建筑檐高2米以上，建筑面积15平方米以上，具备独立生活条件。"

第三，被征收房屋的抵押权人。对于被征收房屋的抵押权人，仅有少数地方政府予以规范，如长沙市与洛阳市。《长沙市人民政府办公厅关于贯彻落实〈国有土地上房屋征收与补偿条例〉有关问题的通知》第四十五条规定：

"征收设有抵押权的房屋,被征收人与区、县(市)房屋征收部门在房屋征收补偿方案确定的签约期限内达成补偿协议的,由抵押权人和抵押人重新设立抵押权或者由抵押人清偿债务后,由区、县(市)房屋征收部门对被征收人给予补偿。征收设有抵押权的房屋,被征收人与区、县(市)房屋征收部门在房屋征收补偿方案确定的签约期限内达不成补偿协议的,由作出房屋征收决定的市、区、县(市)人民政府按照本办法第四十五条规定作出补偿决定,并依法保障抵押权人的合法权益。"《洛阳市人民政府关于国有土地上房屋征收与补偿的意见》第五部分中规定:"征收设有抵押的房屋,被征收人签订补偿协议30日内,不能提前清偿或者变更抵押权的,征收部门应当将相当于债权担保部分的货币补偿金额向公证机关办理公证提存后,实施征收。"

2. 基于被征收房屋(不动产)而产生的土地发展权

如果宽泛的理解基于被征收不动产而产生的土地发展权,前述各地方政府实施的改善被征收人住房条件的货币补偿金额按照征收决定公告之日被征收住宅房屋所处区位新建普通商品房市场价格评估确定与"征一补一"制度,均可纳入土地发展权补偿制度。但是,即使排除上述情形,房屋征收活动中,严格意义上的土地发展权地方制度创新仍然时有表现,主要有两种情形。

第一,集体土地上房屋参照国有土地上房屋实施安置补偿。集体土地上房屋属于受限制财产,如果将其视同国有土地上房屋予以征收补偿,实质上是地方政府将土地性质变更的土地发展权益赋予集体土地上房屋所有人的制度创新,如《新疆维吾尔自治区住房和城乡建设厅关于贯彻实施〈国有土地上房屋征收与补偿条例〉的指导意见》第六部分中规定:"在'城中村'、城乡结合部,由于历史原因,房屋用地性质属于宅基地或者集体建设用地,原农村集体组织不能对被征收人重新调整宅基地或者集体建设用地的,可以适用《征收条例》的规定,按照同区位国有土地上房屋进行补偿,并妥善安排被征收人的生产、生活和社会保障。"

第二,与土地储备联动的土地发展权补偿。有少数地方将城市房屋拆迁(房屋征收)与土地储备制度联动,对于被征收人按照收储后出让土地收益比例补偿。如《济南市城乡建设委员会关于印发〈济南市国有土地上房屋征收与补偿工作暂行规定〉的通知》第十四条规定:"受市房屋征收部门委托的征收实施单位与被征收人在签约期限内按照《征收条例》及《市拆迁办法》《济南市国有土地收购储备办法》(以下简称《市收购储备办法》)的有关规定分别订立征收安置补偿协议。"而《济南市国有土地收购储备办法》(济南市政府230

号令)第十一条规定:"采取土地收益分成方式收购的,收购规划范围内原土地使用权人全部土地使用权时,暂不支付土地及地上建(构)筑物补偿费,按市场机制供地后,政府根据收购的原土地使用权人实际能够出让的土地,在出让土地总价款中扣除土地整理等相关费用,与原土地使用权人按照4∶6比例分成。"

3. 被征收房屋的"住改非"补偿

对于被征收房屋"住改非"的补偿,地方政府的创制性规定主要有两种类型。

第一,按照登记的住宅用途评估,在此基础上适当提高补偿金额。这是各地方对"住改非"房屋补偿的主要类型,但在适当提高补偿金额上又有不同标准。

有的地方根据实际经营用途确定不同补偿比例,如《长春市国有土地上房屋征收与补偿暂行办法》第三十三条规定:"住宅房屋用于经营活动的,按照住宅房屋进行补偿。被征收人在房屋征收部门书面通知有关部门暂停办理相关手续前已依法取得工商营业执照,且依法纳税的,对用于经营的建筑面积部分,按照下列标准给予一次性补助:(一)从事商业、服务业等经营性活动的,按照房屋评估金额的20%补助;(二)从事办公、生产等经营性活动的,按照房屋评估金额的15%补助;(三)从事仓储等其他经营性活动的,按照房屋评估金额的10%补助。"类似的还有《吉林市城市国有土地上房屋征收与补偿暂行办法》第三十四条规定。

有的地方按照改变用途的年限区分不同的补偿比例,如《淄博市人民政府关于印发淄博市国有土地上房屋征收与补偿实施办法的通知》第三十四条规定:"房屋征收公告发布时,利用住宅房屋从事合法经营活动的,对具有营业执照、税务登记证并有纳税记录,且房屋所有权证书、营业执照和税务登记证注明的营业地点一致的住宅房屋,对实际用于营业的建筑面积部分,应当结合实际经营年限在住宅房屋评估价值的基础上,按照下列标准增加补偿:(一)经营期限在1年及以下的,按照房屋评估价值的1%增加;(二)经营期限在1年以上的,每满1年,按照房屋评估价值的1%增加。"

有的地方对符合条件的"住改非"房屋仅提供停产停业损失补偿。如《重庆市国土房管局关于印发〈重庆市国有土地上房屋征收与补偿工作程序的指导意见〉的通知》第二十九条规定:"征收未经规划、国土资源等部门批准,将住宅房屋改为营业用房或其他非住宅用房的,按住宅房屋进行评估补偿;被征收房屋所有权人、房屋坐落与工商、税务登记的证明一致,房屋征收公告发布前连续合法经营,并能够提供2年以上纳税记录的,按规定给予停产停业损失补偿。"类似的还有《重庆市合川区人民政府关于印发合川区国有土地上房屋征收与补偿实施细则的通知》第三十条、《齐齐哈尔市中心城区国有土地上房屋征收与补偿实施办法》第二十一条等。

有的地方依"住改非"房屋经营性用房与住宅房屋评估价的差额确定。如《开封市国有土地上房屋征收补偿安置及补助、奖励标准的暂行规定》第五部分规定："'住改非'适当补偿的标准按其住宅房屋市场评估价与经营性用房市场评估价差额的80%给予适当补偿。"

第二,对符合条件的"住改非"房屋按照经营性用房评估并依不同比例予以货币补偿。这种情况比较少见,如《广州市人民政府关于广州市国有土地上房屋征收与补偿的实施意见》第十六条中规定："拥有合法产权,但被征收人自行'住改商'的住宅房屋,被征收人……选择货币补偿的,按以下方式给予补偿,但不支付停产停业损失补偿:(一)1997年4月1日《广州市城市规划条例》施行前已改变为经营性用房,被征收人能提供合法有效的工商执照、依法纳税证明,并实际正在营业的,房屋征收部门可按照经营性用房房地产市场评估价的60%给予补偿。(二)1997年4月1日《广州市城市规划条例》施行后至2001年市规划行政管理部门颁布的住改商管理规定实施前改变为经营性用房,被征收人能提供合法有效的工商执照、依法纳税证明,并实际正在营业的,房屋征收部门可按照经营性用房房地产市场评估价的50%给予补偿。"

类似的还有《常州市人民政府关于印发〈常州市国有土地上房屋征收与补偿暂行办法〉的通知》第二十三条规定："被征收房屋的用途以房屋所有权证书上标明的用途为准,房屋所有权证未标明用途的,以房屋权属登记档案中记录的用途为准,但对取得工商营业执照并持续营业至政府作出房屋征收决定之日超过一年以上的,应当结合经营年限参照经营用房评估。"

4. 被征收人的程序权利

被征收人的财产权与住房保障系地方制度细化国务院行政法规的重心,但是地方政府在《征收条例》有关被征收人简略的程序权利规定上,仍然有所创新,主要体现在被征收人的同意权、听证权与评估机构的选择权三个方面。

第一,被征收人的同意权。在旧城区改建项目,《征收条例》第一次公开征求意见稿中,曾经规定需要获得90%同意房屋征收才能启动,后来正式的立法未能规定相关内容。不过,少数地方政府如成都市、长春市、上海市则作出类似规定,形成了地方政府的制度创新。《成都市人民政府办公厅关于贯彻落实〈国有土地上房屋征收与补偿条例〉有关问题的暂行意见》第二部分中规定:"因旧城区改建需要征收房屋的,应当充分尊重民意,广泛征求并充分考虑被征收人的意见,做好民意调查工作。大多数被征收人不同意改建的,不得作出房屋征收决定。"《长春市国有土地上房屋征收与补偿暂行办法》第九条第二款规定:"对旧城区改建需要征收房屋的,房屋征收部门应当征求被征收人意见,90%以上的被征收人同意的,旧城区改建方可纳入市、区国民经济和社会发展年度计划。"上海市地方政府规章则对于同意比例、签约比例则作了进一步明确的规定,《上海市国有土地上房屋征收与补偿实施细则》第十二条规定:"因旧城区改建房屋征收范围确定后,房屋征收部门应当组织征询被征收人、公有房屋承租人的改建意愿;有90%以上的被征收人、公有房屋承租人同意的,方可进行旧城区改建。"第二十一条规定:"因旧城区改建需要征收房屋的,房屋征收部门应当在征收决定作出后,组织被征收人、公有房屋承租人根据征收补偿方案签订附生效条件的补偿协议。在签约期限内达到规定签约比例的,补偿协议生效;在签约期限内未达到规定签约比例的,征收决定终止执行。签约比例由区(县)人民政府规定,但不得低于80%。"

第二,被征收人的听证权利。《征收条例》第十二条第二款规定:"因旧城区改建需要征收房屋,多数被征收人认为征收补偿方案不符合本条例规定的,市、县级人民政府应当组织由被征收人和公众代表参加的听证会,并根据听证会情况修改方案。"这里的"多数被征收人"按照权威的解释,应当为50%以上的被征收人。但是,也有少数地方政府将这一比例作了扩大解释。如《安庆市人民政府办公室关于贯彻落实国务院〈国有土地上房屋征收与补偿条例〉的实施意见》第四部分中就规定:"因旧城区改建,超过60%的被征收人认为征收补偿方案不符合《条例》规定的,应当组织由被征收人和公众代表参加的听证会,并根据听证会情况修改方案。"而《福州市人民政府关于印发福州市国有土地上房屋征收与补偿实施意见(试行)的通知》第八部分中规定:"因旧城区改建需要征收房屋,70%以上被征收人认为征收补偿方案不符合规定的,房屋征收部门应组织由被征收人和公众代表参加的听证会,并根据听证会情况修改方案。"

对于听证权利的行使问题,也有地方明确听证会由被征收人代表与公众代表组成,甚至进一步细化公众代表的结构,如《青岛市人民政府关于做好国有土地上房屋征收与补偿工作的通知》第五部分中就规定:"参加听证会的被征收人代表5~7人,公众代表为人大代表、政协委员等具有社会公信力的人员。"而《洛阳市人民政府关于国有土地上房屋征收与补偿的意见》第二部分中也规定:"房屋征收部门应组织由被征收人代表和公众代表参加的听证会,并根据听证会情况修改方案。参加听证会的公众代表可包括:被征收房屋所在地政府代表及基层组织代表、人大代表、政协委员等。"

第三,被征收人对评估机构的选择权。《征收条例》第二十条规定:"房地产价格评估机构由被征收人协商选定;协商不成的,通过多数决定、随机选定等方式确定,具体办法由省、自治区、直辖市制定。"多数地方限于落实这一条规定,即多数决定比例多少,未能实现多数决后如何选定评估机构进行规定,不过,也有少数地方对被征收人的投票份额如何确定作了创制,如《内蒙古自治区人民政府办公厅关于贯彻落实国务院〈国有土地上房屋征收与补偿条例〉有关事宜的通知》第六部分中规定:"征收房屋为住宅的,每个房屋权属证书为1票;征收房屋为非住宅的,按照房屋权属证书标明的建筑面积每100平方米为1票,不足100平方米的按照1票计算。"

5. 其他权利

对于被征收房屋中居住的中小学生,房屋被拆除如何处理其就学事宜,涉及其受教育权利的保障。少数地方通过政府规章或规范性文件予以明确,如《齐齐哈尔市中心城区国有土地上房屋征收与补偿实施办法》第六十条规定:"征收房屋涉及的初中生、小学生可以在原学校或者现居住地就近学校就读。学校不得收取择校费或以非本学区学生为由收取其他费用。"而《锦州市国有土地上房屋征收与补偿办法》第四十二条第二款规定:"房屋征收涉及的中、小学生,已经在学校就读的,可以继续留在原学校就读,也可以转学到现居住地学区学校就读,并作为学区内普通生对待。"

四、结语

通过上述地方政府规章与规范性文件的梳理与分析,可以在一定程度上窥见地方政府对被征收人权利保护的制度努力,不仅在落实《征收条例》已有的被征收人财产权与住房权上重点突出,在《征收条例》未能明确的实体与程序权利的制度创新上也时有亮点,也能在一定程度上揭示地方政府制度建设的方向,为国有土地上房屋征收与补偿的地方立法提供有益参考。不过,毕竟本书的数据仍然基于并不全面的数据基础,甚至对于数据的分析也可能因为方法的欠缺不具有较强的说服力。因此,如何深入探讨地方政府在国有土地上房屋征收与补偿活动中制度创新的动力与机理,将是包括笔者在内的学界推动地方政府通过制度保障被征收人权利的进一步研究重点。

附表 1

1.	长沙市国有土地上房屋征收与补偿实施办法 发布日期：2011.12.06　实施日期：2011.12.06　发文字号：长沙市人民政府令第 116 号 时效性：现行有效　效力级别：地方政府规章
2.	齐齐哈尔市中心城区国有土地上房屋征收与补偿实施办法 发布日期：2011.11.30　实施日期：2012.01.01　发文字号：齐齐哈尔市人民政府令第 5 号 时效性：现行有效　效力级别：地方政府规章
3.	甘肃省实施《国有土地上房屋征收与补偿条例》若干规定 发布日期：2011.11.13　实施日期：2012.01.01　发文字号：甘肃省人民政府令第 86 号 时效性：现行有效　效力级别：地方政府规章
4.	上海市国有土地上房屋征收与补偿实施细则 发布日期：2011.10.19　实施日期：2011.10.19　发文字号：上海市人民政府令第 71 号 时效性：现行有效　效力级别：地方政府规章
5.	长春市国有土地上房屋征收与补偿暂行办法 发布日期：2011.08.03　实施日期：2011.08.03　发文字号：长春市人民政府令第 27 号 时效性：现行有效　效力级别：地方政府规章
6.	石家庄市国有土地上房屋征收与补偿暂行办法 发布日期：2011.06.29　实施日期：2011.08.05　发文字号：石家庄市人民政府令第 177 号 时效性：现行有效　效力级别：地方政府规章
7.	本溪市国有土地上房屋征收与补偿办法［失效］ 发布日期：2011.06.03　实施日期：2011.07.15　发文字号：本溪市人民政府令第 159 号 时效性：失效　效力级别：地方政府规章
8.	齐齐哈尔市中心城区国有土地上房屋征收与补偿办法［失效］ 发布日期：2011.03.25　实施日期：2011.04.15　发文字号：齐齐哈尔市人民政府令第 3 号 时效性：失效　效力级别：地方政府规章
9.	吉林市城市国有土地上房屋征收与补偿暂行办法 发布日期：2011.03.02　实施日期：2011.03.02 时效性：现行有效　效力级别：地方政府规章

附表 2

1.	开封市人民政府印发关于开封市国有土地上房屋征收与补偿试行意见的通知 发布日期：2011.12.30　实施日期：2011.12.30　发文字号：汴政〔2011〕110 号 时效性：现行有效　效力级别：地方规范性文件
2.	北京市住房和城乡建设委员会关于印发《北京市国有土地上房屋征收与补偿中住房保障优先配租配售管理办法》的通知 发布日期：2011.11.02　实施日期：2011.11.02　发文字号：京建法〔2011〕17 号 时效性：现行有效　效力级别：地方规范性文件
3.	重庆市国土房管局关于印发《重庆市国有土地上房屋征收与补偿工作程序的指导意见》的通知 发布日期：2011.10.26　实施日期：2011.10.26　发文字号：渝国土房管办发〔2011〕187 号 时效性：现行有效　效力级别：地方规范性文件
4.	无锡市人民政府关于印发无锡市国有土地上房屋征收与补偿办法的通知 发布日期：2011.10.25　实施日期：2011.10.25　发文字号：锡政规〔2011〕3 号 时效性：现行有效　效力级别：地方规范性文件
5.	南通市人民政府关于贯彻实施《国有土地上房屋征收与补偿条例》的若干意见 发布日期：2011.10.23　实施日期：2011.10.23　发文字号：通政发〔2011〕71 号 时效性：现行有效　效力级别：地方规范性文件
6.	连云港市人民政府关于印发连云港市国有土地上房屋征收与补偿若干问题规定的通知 发布日期：2011.10.09　实施日期：2011.10.09　发文字号：连政发〔2011〕128 号 时效性：现行有效　效力级别：地方规范性文件
7.	淄博市人民政府关于印发淄博市国有土地上房屋征收与补偿实施办法的通知 发布日期：2011.09.30　实施日期：2011.11.01　发文字号：淄政发〔2011〕65 号 时效性：现行有效　效力级别：地方规范性文件
8.	宁波市政府办公厅关于印发宁波市市区国有土地上房屋征收与补偿工作考核办法(试行)的通知 发布日期：2011.09.27　实施日期：2011.09.27　发文字号：甬政办发〔2011〕299 号 时效性：现行有效　效力级别：地方规范性文件
9.	广州市人民政府关于广州市国有土地上房屋征收与补偿的实施意见 发布日期：2011.09.06　实施日期：2011.09.06　发文字号：穗府〔2011〕17 号 时效性：现行有效　效力级别：地方规范性文件
10.	宁波市人民政府关于贯彻实施国有土地上房屋征收与补偿条例的若干意见(试行) 发布日期：2011.09.06　实施日期：2011.10.01　发文字号：甬政发〔2011〕96 号 时效性：现行有效　效力级别：地方规范性文件

续表 2

11.	郑州市人民政府关于国有土地上房屋征收与补偿工作的实施意见 发布日期：2011.09.02　实施日期：2011.09.02　发文字号：郑政〔2011〕85号 时效性：现行有效　效力级别：地方规范性文件	
12.	辽宁省人民政府办公厅关于贯彻落实《国有土地上房屋征收与补偿条例》有关问题的通知 发布日期：2011.09.01　实施日期：2011.09.01　发文字号：辽政办发〔2011〕48号 时效性：现行有效　效力级别：地方规范性文件	
13.	东营市人民政府办公室关于公布东营市中心城国有土地上房屋征收与补偿标准的通知 发布日期：2011.08.15　实施日期：2011.08.15　发文字号：东政办发〔2011〕30号 时效性：现行有效　效力级别：地方规范性文件	
14.	娄底市国有土地上房屋征收与补偿实施办法 发布日期：2011.08.11　实施日期：2011.08.11　发文字号：娄底市人民政府令第33号 时效性：现行有效　效力级别：地方规范性文件	
15.	宁夏回族自治区人民政府办公厅关于贯彻落实国务院《国有土地上房屋征收与补偿条例》的通知 发布日期：2011.08.04　实施日期：2011.08.04　发文字号：宁政办发〔2011〕129号 时效性：现行有效　效力级别：地方规范性文件	
16.	浙江省人民政府关于贯彻实施国有土地上房屋征收与补偿条例的若干意见 发布日期：2011.08.03　实施日期：2011.08.03　发文字号：浙政发〔2011〕57号 时效性：现行有效　效力级别：地方规范性文件	
17.	南阳市人民政府关于印发南阳市中心城区国有土地上房屋征收与补偿暂行办法的通知 发布日期：2011.07.13　实施日期：2011.07.13　发文字号：宛政〔2011〕49号 时效性：现行有效　效力级别：地方规范性文件	
18.	江苏省人民政府关于印发江苏省贯彻实施《国有土地上房屋征收与补偿条例》若干问题规定的通知 发布日期：2011.07.08　实施日期：2011.07.08　发文字号：苏政发〔2011〕91号 时效性：现行有效　效力级别：地方规范性文件	
19.	成都市人民政府办公厅关于贯彻落实《国有土地上房屋征收与补偿条例》有关问题的暂行意见 发布日期：2011.07.07　实施日期：2011.07.07　发文字号：成办发〔2011〕71号 时效性：现行有效　效力级别：地方规范性文件	

续表2

20.	包头市人民政府办公厅关于印发包头市国有土地上房屋征收与补偿暂行办法的通知 发布日期：2011.07.01　实施日期：2011.07.01　发文字号：包府办发〔2011〕128号 时效性：现行有效　效力级别：地方规范性文件
21.	内蒙古自治区人民政府办公厅关于贯彻落实国务院《国有土地上房屋征收与补偿条例》有关事宜的通知 发布日期：2011.06.30　实施日期：2011.06.30　发文字号：内政办发〔2011〕68号 时效性：现行有效　效力级别：地方规范性文件
22.	贵阳市人民政府办公厅关于贯彻落实《国有土地上房屋征收与补偿条例》的通知 发布日期：2011.06.30　实施日期：2011.06.30　发文字号：筑府办发〔2011〕112号 时效性：现行有效　效力级别：地方规范性文件
23.	苏州市人民政府办公室转发关于在全市国有土地上房屋征收与补偿工作中推行"八公开一监督"制度（试行）的实施意见的通知 发布日期：2011.06.28　实施日期：2011.06.28　发文字号：苏府办〔2011〕128号 时效性：现行有效　效力级别：地方规范性文件
24.	长沙市人民政府办公厅关于贯彻落实《国有土地上房屋征收与补偿条例》有关问题的通知 发布日期：2011.06.24　实施日期：2011.06.24　发文字号：长政办发〔2011〕65号 时效性：现行有效　效力级别：地方规范性文件
25.	杭州市人民政府关于贯彻实施《国有土地上房屋征收与补偿条例》的若干意见 发布日期：2011.06.15　实施日期：2011.06.15　发文字号：杭政〔2011〕40号 时效性：现行有效　效力级别：地方规范性文件
26.	重庆市合川区人民政府关于印发合川区国有土地上房屋征收与补偿实施细则的通知 发布日期：2011.06.14　实施日期：2011.06.14　发文字号：合川府发〔2011〕7号 时效性：现行有效　效力级别：地方规范性文件
27.	沈阳市人民政府办公厅关于做好国有土地上房屋征收与补偿工作的通知 发布日期：2011.06.10　实施日期：2011.06.10　发文字号：沈政办发〔2011〕53号 时效性：现行有效　效力级别：地方规范性文件
28.	怀化市人民政府办公室关于印发《怀化市区国有土地上房屋征收与补偿实施办法》的通知 发布日期：2011.06.09　实施日期：2011.06.09　发文字号：怀政办发〔2011〕23号 时效性：现行有效　效力级别：地方规范性文件

续表 2

29.	株洲市人民政府关于印发株洲市国有土地上房屋征收与补偿实施办法的通知 发布日期：2011.06.07　实施日期：2011.06.07　发文字号：株政发〔2011〕12号 时效性：现行有效　效力级别：地方规范性文件
30.	南昌市人民政府关于印发南昌市贯彻国务院《国有土地上房屋征收与补偿条例》的若干意见（试行）的通知 发布日期：2011.06.03　实施日期：2011.06.03　发文字号：洪府发〔2011〕16号 时效性：现行有效　效力级别：地方规范性文件
31.	天津市人民政府关于贯彻实施《国有土地上房屋征收与补偿条例》有关事项的意见 发布日期：2011.06.01　实施日期：2011.06.01　发文字号：津政发〔2011〕20号 时效性：现行有效　效力级别：地方规范性文件
32.	北京市人民政府关于印发北京市国有土地上房屋征收与补偿实施意见的通知 发布日期：2011.05.27　实施日期：2011.05.27　发文字号：京政发〔2011〕27号 时效性：现行有效　效力级别：地方规范性文件
33.	山东省人民政府办公厅关于贯彻实施《国有土地上房屋征收与补偿条例》有关问题的通知 发布日期：2011.05.26　实施日期：2011.05.26　发文字号：鲁政办发〔2011〕25号 时效性：现行有效　效力级别：地方规范性文件
34.	河南省住房和城乡建设厅关于开展国有土地上房屋征收与补偿工作落实情况专项检查的通知 发布日期：2011.05.25　实施日期：2011.05.25　发文字号：豫建住房〔2011〕13号 时效性：现行有效　效力级别：地方规范性文件
35.	河南省住房和城乡建设厅关于印发《2011年河南省纠正国有土地上房屋征收与补偿违法违规问题工作实施意见》的通知 发布日期：2011.05.16　实施日期：2011.05.16　发文字号：豫建〔2011〕84号 时效性：现行有效　效力级别：地方规范性文件
36.	郑州市人民政府关于印发郑州市国有土地上房屋征收与补偿暂行办法的通知 发布日期：2011.05.12　实施日期：2011.05.12　发文字号：郑政〔2011〕31号 时效性：现行有效　效力级别：地方规范性文件
37.	安庆市人民政府办公室关于贯彻落实国务院《国有土地上房屋征收与补偿条例》的实施意见 发布日期：2011.05.12　实施日期：2011.05.12　发文字号：宜政办发〔2011〕11号 时效性：现行有效　效力级别：地方规范性文件

续表 2

38.	四川省人民政府办公厅关于贯彻《国有土地上房屋征收与补偿条例》有关问题的通知 发布日期：2011.05.10　实施日期：2011.05.10　发文字号：川办函〔2011〕103 号 时效性：现行有效　效力级别：地方规范性文件
39.	菏泽市国有土地上房屋征收与补偿暂行办法 发布日期：2011.05.09　实施日期：2011.05.09　发文字号：菏泽市人民政府令第 12 号 时效性：失效　效力级别：地方规范性文件
40.	重庆市人民政府办公厅关于印发《重庆市国有土地上房屋征收与补偿办法(暂行)》《重庆市国有土地上房屋征收评估机构确定办法(暂行)》《重庆市国有土地上房屋征收停产停业损失补偿办法(暂行)》等有关办法的通知 发布日期：2011.05.05　实施日期：2011.05.05　发文字号：渝办发〔2011〕123 号 时效性：现行有效　效力级别：地方规范性文件
41.	湖北省人民政府办公厅关于贯彻落实《国有土地上房屋征收与补偿条例》的通知 发布日期：2011.05.04　实施日期：2011.05.04　发文字号：鄂政办发〔2011〕40 号 时效性：现行有效　效力级别：地方规范性文件
42.	吉林省人民政府办公厅关于贯彻《国有土地上房屋征收与补偿条例》的指导意见 发布日期：2011.05.04　实施日期：2011.05.04　发文字号：吉政办发〔2011〕8 号 时效性：现行有效　效力级别：地方规范性文件
43.	安阳市人民政府关于贯彻落实《国有土地上房屋征收与补偿条例》的通知 发布日期：2011.05.03　实施日期：2011.05.03　发文字号：安政文〔2011〕108 号 时效性：现行有效　效力级别：地方规范性文件
44.	湖南省人民政府办公厅关于贯彻实施《国有土地上房屋征收与补偿条例》有关问题的通知 发布日期：2011.04.29　实施日期：2011.04.29　发文字号：湘政办发〔2011〕23 号 时效性：现行有效　效力级别：地方规范性文件
45.	宿迁市人民政府关于印发宿迁市市区国有土地上房屋征收与补偿暂行办法的通知 发布日期：2011.04.29　实施日期：2011.04.29　发文字号：宿政规发〔2011〕3 号 时效性：现行有效　效力级别：地方规范性文件

续表 2

46.	新疆维吾尔自治区住房和城乡建设厅关于贯彻实施《国有土地上房屋征收与补偿条例》的指导意见 发布日期：2011.04.20　实施日期：2011.04.20　发文字号：新建法〔2011〕17号 时效性：现行有效　效力级别：地方规范性文件
47.	岳阳市人民政府印发关于贯彻落实国有土地上房屋征收与补偿条例若干规定（暂行）的通知 发布日期：2011.04.19　实施日期：2011.04.19　发文字号：岳政发〔2011〕9号 时效性：现行有效　效力级别：地方规范性文件
48.	贵州省人民政府办公厅关于贯彻落实《国有土地上房屋征收与补偿条例》的通知 发布日期：2011.04.18　实施日期：2011.04.18　发文字号：黔府办发〔2011〕53号 时效性：现行有效　效力级别：地方规范性文件
49.	青岛市人民政府关于做好国有土地上房屋征收与补偿工作的通知 发布日期：2011.04.14　实施日期：2011.04.14　发文字号：青政发〔2011〕18号 时效性：现行有效　效力级别：地方规范性文件
50.	江西省人民政府办公厅关于贯彻落实《国有土地上房屋征收与补偿条例》的通知 发布日期：2011.04.14　实施日期：2011.04.14　发文字号：赣府厅字〔2011〕63号 时效性：现行有效　效力级别：地方规范性文件
51.	合肥市人民政府办公厅转发市城乡建委关于合肥市近期国有土地上房屋征收与补偿工作实施意见的通知 发布日期：2011.04.12　实施日期：2011.04.12　发文字号：合政办秘〔2011〕38号 时效性：现行有效　效力级别：地方规范性文件
52.	洛阳市人民政府关于国有土地上房屋征收与补偿的意见 发布日期：2011.04.11　实施日期：2011.04.11　发文字号：洛政〔2011〕49号 时效性：现行有效　效力级别：地方规范性文件
53.	辽源市国有土地上房屋征收与补偿办法 发布日期：2011.04.11　实施日期：2011.04.11　发文字号：辽源市政府令第72号 时效性：现行有效　效力级别：地方规范性文件
54.	常州市人民政府关于印发《常州市国有土地上房屋征收与补偿暂行办法》的通知 发布日期：2011.04.09　实施日期：2011.04.09　发文字号：常政规〔2011〕2号 时效性：现行有效　效力级别：地方规范性文件
55.	安徽省人民政府办公厅关于切实做好《国有土地上房屋征收与补偿条例》贯彻实施工作的通知 发布日期：2011.04.07　实施日期：2011.04.07　发文字号：皖政办〔2011〕24号 时效性：现行有效　效力级别：地方规范性文件

续表 2

56.	厦门市人民政府办公厅关于印发厦门市国有土地上房屋征收与补偿实施意见的通知 发布日期：2011.04.06　实施日期：2011.04.06　发文字号：厦府办〔2011〕75号 时效性：已被修订　效力级别：地方规范性文件
57.	哈尔滨市人民政府关于贯彻实施《国有土地上房屋征收与补偿条例》的意见 发布日期：2011.04.02　实施日期：2011.04.02　发文字号：哈政发〔2011〕5号 时效性：现行有效　效力级别：地方规范性文件
58.	淮安市人民政府关于印发淮安市国有土地上房屋征收与补偿暂行办法的通知 发布日期：2011.03.28　实施日期：2011.04.01　发文字号：淮政规〔2011〕5号 时效性：现行有效　效力级别：地方规范性文件
59.	济南市城乡建设委员会关于印发《济南市国有土地上房屋征收与补偿工作暂行规定》的通知 发布日期：2011.03.21　实施日期：2011.03.21 时效性：现行有效　效力级别：地方规范性文件
60.	苏州市人民政府关于印发苏州市国有土地上房屋征收与补偿暂行办法的通知 发布日期：2011.03.18　实施日期：2011.03.18　发文字号：苏府规字〔2011〕3号 时效性：现行有效　效力级别：地方规范性文件
61.	无锡市人民政府办公室关于贯彻实施《国有土地上房屋征收与补偿条例》切实做好房屋征收与补偿工作的通知 发布日期：2011.03.18　实施日期：2011.03.18　发文字号：锡政办发〔2011〕78号 时效性：现行有效　效力级别：地方规范性文件
62.	许昌市人民政府关于印发许昌市城市规划区国有土地上房屋征收与补偿暂行办法（试行）的通知 发布日期：2011.03.17　实施日期：2011.03.17　发文字号：许政〔2011〕34号 时效性：现行有效　效力级别：地方规范性文件
63.	许昌市人民政府办公室关于印发许昌市城市规划区国有土地上房屋征收与补偿工作流程（试行）的通知 发布日期：2011.03.17　实施日期：2011.03.17　发文字号：许政办〔2011〕29号 时效性：现行有效　效力级别：地方规范性文件
64.	镇江市人民政府办公室关于贯彻落实《国有土地上房屋征收与补偿条例》的通知 发布日期：2011.03.14　实施日期：2011.03.14　发文字号：镇政办发〔2011〕51号 时效性：现行有效　效力级别：地方规范性文件
65.	枣庄市人民政府关于进一步规范国有土地上房屋征收与补偿工作的意见 发布日期：2011.02.28　实施日期：2011.02.28　发文字号：枣政发〔2011〕2号 时效性：现行有效　效力级别：地方规范性文件

续表 2

66.	福州市人民政府关于印发福州市国有土地上房屋征收与补偿实施意见(试行)的通知 发布日期：2011.02.21　实施日期：2011.02.21　发文字号：榕政综〔2011〕13 号 时效性：现行有效　效力级别：地方规范性文件
67.	西安市人民政府关于认真贯彻执行《国有土地上房屋征收与补偿条例》有关问题的通知 发布日期：2011.02.21　实施日期：2011.02.21　发文字号：市政发〔2011〕14 号 时效性：现行有效　效力级别：地方规范性文件
68.	福建省人民政府办公厅关于贯彻落实《国有土地上房屋征收与补偿条例》的通知 发布日期：2011.02.17　实施日期：2011.02.17　发文字号：闽政办〔2011〕39 号 时效性：现行有效　效力级别：地方规范性文件
69.	青海省人民政府关于贯彻《国有土地上房屋征收与补偿条例》的实施意见 发布日期：2011.04.10　实施日期：2011.04.10　发文字号：青政〔2011〕24 号 时效性：现行有效　效力级别：地方规范性文件

二、调整与变革——《征收条例》对国土资源管理工作的新挑战

国务院于 2011 年 1 月 21 日颁布实施《国有土地上房屋征收与补偿条例》(简称《征收条例》)，同时废止 2001 年实施的《城市房屋拆迁管理条例》(简称《拆迁条例》)，实现了《中华人民共和国物权法》第四十二条及全国人大常委会于《城市房屋产管理法》的授权，实现了我国城市房屋拆迁制度向国有土地上房屋征收制度的转变，其意义深远，影响重大。不论是《拆迁条例》，还是《征收条例》，形式上以房屋为标的，但其实质性指向仍然是拆迁或征收范围内的国有土地使用权。因此，无论是在城市房屋拆迁活动中，还是国有土地上房屋征收活动中，国土资源管理工作均发挥着至关重要的作用。值此《征收条例》实施之初，我们有必要依据土地管理法律法规及国土资源管理工作的实践，认真梳理《征收条例》出台引发的调整与变革，以应对《征收条例》对国土资源管理工作的新挑战。

一、《征收条例》引发的调整

(一)建设用地批准行为与房屋征收决定的分离

《拆迁条例》第 7 条规定："申请领取房屋拆迁许可证的，应当向房屋所在

地的市、县人民政府房屋拆迁管理部门提交下列资料：（一）建设项目批准文件；（二）建设用地规划许可证；（三）国有土地使用权批准文件；（四）拆迁计划和拆迁方案；（五）办理存款业务的金融机构出具的拆迁补偿安置资金证明。"因此,拆迁人在申领房屋拆迁许可证之前,必须取得国有土地使用权批准文件。按照《中华人民共和国土地管理法实施条例》第二十二条规定："建设单位持建设项目的有关批准文件,向市、县人民政府土地行政主管部门提出建设用地申请,由市、县人民政府土地行政主管部门审查,拟订供地方案,报市、县人民政府批准；供地方案经批准后,由市、县人民政府向建设单位颁发建设用地批准书。有偿使用国有土地的,由市、县人民政府土地行政主管部门与土地使用者签订国有土地有偿使用合同；划拨使用国有土地的,由市、县人民政府土地行政主管部门向土地使用者核发国有土地划拨决定书。"在城市房屋拆迁中,国土资源管理部门依法向持有建设项目批准文件的拆迁人是其法定职权,也是其法定职责。因此,被拆迁人因为房屋拆迁纠纷,往往对国土资源管理部门作出的建设用地批准行为申请行政复议和提起行政诉讼。这类行政案件在国土资源法律事务占了较大的比例。如南京市国土资源局2008年直接办理42件应诉、复议案件（含代表市政府应诉的涉及收回国有土地使用行为案件）,有7件建设用地批准行为案件,2009年办理的应诉、复议案件63件,也有涉及建设用地批准行为案件7件。两年共14件涉及建设用地批准行为案件,占总案件数的13％。所有案件均为被拆迁人因拆迁纠纷,转而起诉国土资源管理部门向拆迁人颁发的建设用地批准文件,以寻求纠纷解决。但是,房屋拆迁纠纷的关键在于拆迁启动是否真正符合公共利益需要,以及对被拆迁人的补偿是否公平,被拆迁人试图通过质疑建设用地批准行为合法性问题,寻求实质性的拆迁纠纷的解决,不仅为国土资源管理工作带来不必要的应诉工作,在一定程度上也造成了正常房屋拆迁程序的迁延。

新实施的《征收条例》中,国土资源管理部门并不具有房屋征收活动过程中的行政管理权,而房屋征收活动也脱离了国土资源管部门建设用地批准行为的前置程序。国土资源管理部门即使参与房屋征收活动,也仅限于一定级别的指导作用与一定程度的参与工作,具体表现在省级国土资源管理部门"对房屋征收与补偿实施工作的指导"（条例第六条第二款："国务院住房城乡建设主管部门和省、自治区、直辖市人民政府住房城乡建设主管部门应当会同同级财政、国土资源、发展改革等有关部门,加强对房屋征收与补偿实施工作的指导。"），以及市县级国土资源管理部门在市县级人民政府的组织下参与征收补偿方案的论证（条例第十条第二款："市、县级人民政府应当组织有关部门对征收补偿方案进行论证并予以公布，征求公众意见。"）。

《征收条例》区分了房屋征收活动与建设行为，如条例第二十七条第三款明确规定"禁止建设单位参与搬迁活动"，因此，房屋征收活动与建设行为完全分离。在《征收条例》所设定的国有土地上的房屋征收活动中，国土资源管理部门依据《中华人民共和国土地管理法实施条例》相关规定实施的建设用地管理工作，已恢复其常态管理，并不存在与房屋征收活动形成法律上的勾连。《征收条例》在事实上起到了正本清源的作用，也为国土资源管理工作脱离房屋征收活动的不正常干扰，确定了非常有利的条件。

（二）国有土地使用权收回决定与房屋征收决定的合二为一

《拆迁条例》所确立的城市房屋拆迁制度，其实质是以取得拆迁范围的国有土地使用权开展新的建设活动，但是整个制度设计围绕"房屋"为对象，并未处理与房屋不可分割的"土地"问题，进而在确定拆迁补偿时，又造成对拆迁范围内国有土地使用权因素的忽略。在城市房屋拆迁活动中，国土资源管理部门为了完成《拆迁条例》所未处理的土地问题，必须收回拆迁范围内国有土地使用权并重新出让或划拨。国土资源管理部门依照《中华人民共和国土地管理法》相关规定，收回拆迁范围内的国有土地使用权并重新出让或划拨，就成了市、县级国土资源管理部门于城市房屋拆迁活动中的重要工作。

市、县级国土资源管理部门为了处理城市房屋拆迁活动未能完结的土地问题，需要依照《中华人民共和国土地管理法》第五十八条第一款第（一）项、第（二）项规定，在经同级人民政府批准后，决定收回国有土地使用权。在开展该项工作时，市县级国土资源管理部门面临着诸多巨大的法律障碍：一是何时收回国有土地使用权。因为在房屋拆迁活动未完结（补偿确定或事实上的拆除）时收回国有土地使用权，有违房地产权利一致原则，即被拆迁房屋所有权尚属被拆迁人，而其占地范围内的国有土地使用已经收归国有，甚至在毛地出让的情形下，已经由其他民事主体所拥有。二是收回国有土地使用权时是否补偿及由谁补偿的问题。《中华人民共和国土地管理法》第五十八第二款规定："依照前款第（一）项、第（二）项的规定收回国有土地使用权的，对土地使用权人应当给予适当补偿。"1995年9月4日国务院法制局对建设部《关于拆迁城市私有房屋土地使用权是否予以补偿问题的函》曾规定："拆迁城市私有房屋应当严格执行现行有关法律和《城市房屋拆迁管理条例》,并按照规定对拆迁的房屋进行安置补偿。"也就是说,国务院法制局的权威解释是通过拆迁房屋时解决私有房屋的土地使用权补偿问题,而《土地管理法》直接规定了土地使用权人的收回补偿,两者之间仍然存在区别。因此,市、县级国土地资源管理部门在收回土地使用权的决定中,往往规定"土地使用权由拆迁人补偿"或者不提及补偿问题。但是,由于并无权威部门的法律解释,市、县级国土资源管理部门为配合解决房屋拆迁问题,依据《土地管理法》上述规定收回拆迁范围的国有土地使用权时,是否需要补偿仍然在实践中存在争议,甚至有法院在终审判决中要求国土资源管理部门对已经兑现拆迁补偿的被拆迁人的担保债务承担补偿责任。

《征收条例》第十三条第三款规定:"房屋被依法征收的,国有土地使用权同时收回。"这一规定正视了房屋征收的实质目的,即取得被征收房屋占地范围的国有土地使用权。按照这一规定,作出房屋征收决定时,即应在房屋征收决定中同时表述国有土地使用权收回的内容,并不需要国土资源管理部门处理房屋征收活动未能完结的土地问题,从而在程序与实体上合二为一,即程序上通过房屋征收决定同时处理房屋所有权征收与土地使用权收回问题,在实体上一并解决房地产价值补偿问题,将房地产权利一致权利原则贯穿于房屋征收活动中,也在法律上与事实上排除了国土资源管理部门于城市房屋拆迁活动的最大障碍。

(三)市、县级国土资源管理部门应当及时解决《征收条例》未能处理的物权变动问题

如前所述,不论是城市房屋拆迁活动,还是国有土地上的房屋征收活动,其实质指向仍然为房屋占地范围内的国有土地使用权,直接目标是利用土地开展新的建设。也就是说,虽然建设单位被禁止参与房屋征收活动,但是建设单位如何取得征收范围内的国有土地使用权仍然是国土资源管理部门需要配合的本职工作。

我们理解,根据房屋征收活动的真正目标系取得征收范围内的国有土地使用权,并非消灭被征收房屋的所有权及其占地范围的土地使用权,因此,房屋征收活动实质是一种物权创设行为。《中华人民共和国物权法》第二十八条规定:"因人民法院、仲裁委员会的法律文书或者人民政府的征收决定等,导致物权设立、变更、转让或者消灭的,自法律文书或者人民政府的征收决定等生效时发生效力。"这一条规定表示征收决定具有公示公信的物权变动效

力。但是,我们认为,该物权变动不限于被征收房屋所有权的灭失,同时也意味着产生新的建设用地使用权。在这个意义上,域外征收法律制度中,因为用地人参与征收活动,征收决定的物权变动效力直接为用地人创设物权。

《征收条例》禁止用地单位参与房屋征收活动,因此房屋征收决定仅仅处理被征收房屋所有权与及其占地范围建设用地使用权的物权灭失问题。《征收条例》未能处理的物权变动问题,就是国土资源管部门的本职工作。因为建设单位一旦依照《中华人民共和国土地管理法实施条例》规定取得建设用地批准书后,国土资源管理部门即有及时向其颁发国有划拨土地使用权证书或者在签订国有土地使用权出让合同后颁发国有土地使用权证书的需要,否则对于后续用地单位正常开展建设活动必然造成迟延,并不能有效地实现房屋征收活动的最终目的。

国土资源管理部门依法向用地单位颁发土地使用权证书,与房屋征收活动消灭被征收房屋所有权与征收范围内国有土地使用权,是一个硬币的两个方面。这个所谓的"硬币"就是物权变动问题。因此,我们认为,《物权法》第二十八条设定征收决定的物权变动过程,其法律效力即表现为物权灭失与物权创设,在房屋征收活动中,市县级人民政府作出的房屋征收决定生效后,被征收房屋的所有权及占地范围的建设用地使用权消灭,同时可以创设建设单位的建设用地使用权。这也就意味着,市、县级国土资源管理部门应当在房屋征收决定生效后及时向用地单位颁发建设用地使用权证书,从而积极配合房屋征收活动最终目标的实现,推动公益建设的顺利进行。不过,基于无补偿则无征收的基本法理,房屋征收决定应在补偿确定时(征收补偿协议签订或征收补偿决定作出时)产生物权变动的效力,如果在将房屋征收决定公告时即向用地单位颁发建设用地使用权证书,仍然将陷入与房地产权利一致原则相悖的法律困境。

二、《征收条例》引发的变革

《征收条例》的实施,不仅意味着国土资源管理部门与房屋征收活动有关工作的调整,同时也对国土资源管理法律法规所确立的国土资源管理工作产生重大影响,因此需要国土资源管理部门提前部署并及时参与相关法律的修改。

(一)独立的国有土地使用权收回制度的存废问题

《征收条例》中的房屋征收决定制度,将国有土地使用权收回决定合二为一,在很大程度上解决了国土资源管理部门被动适用《土地管理法》第五十八条第一款第(一)项、第(二)项规定的法律障碍。但是,作为我国的基本土地法律制度,《土地管理法》第五十八条设定的国有土地使用权收回制度仍然具备其独立的法律地位,因此有些地方国土资源管理部门直接适用该条规定收回国有土地使用权,同时处理房屋与土地补偿问题的事宜,在《拆迁条例》之外实际性的开展房屋拆迁活动。

在《土地管理法》第五十八条中,收回土地使用权主体为土地行政主管部门,而《征收条例》第十三条中,收回土地使用权主体市、县级人民政府。因此,两者存在一定的区别。不过,《土地管理法》第五十八条第一款第(一)项、第(二)项规定的收回土地使用权行为,真正的批准权主体属于人民政府,与《征收条例》第十三条规定中市县级人民政府在很多情况时具有同一性,而且收回土地使用权的理由系"为公共利益需要""为实施城市规划进行旧城区改建需要",这与《征收条例》第八条第一款规定的公共利益标准及该条第一款第(五)项规定的"由政府依照城乡规划法有关规定组织实施的对危房集中、基础设施落后等地段进行旧城区改建的需要"存在着一致性。

我们认为,国土资源管部门适用《土地管理法》第五十八条规定收回国有土地使用权时,实质意味着对权利人财产权的剥夺,应当属于财产征收行为。依照《中华人民共和国立法法》第八条、第九条规定,涉及非国有财产的征收应当制定法律或者由全国人大常委会授权国务院制定行政法规。也就是说,国务院经全国人大常委会授权制定的《征收条例》,应当属于财产征收的特别立法,涉及国有土地上的房屋所有权及其占地范围内的国有土地使用权的财产征收,只能适用《征收条例》进行。因此,《土地管理法》第五十八条规定,因其具有对国有土地使用权及之上的房屋所有权等财产权的征收性质,在《征收条例》出台后,其独立的制度意义已经丧失,任何收回国有土地使用权的行为因其涉及财产权的征收,均应适用《征收条例》。

(二)土地储备工作的延续问题

城市房屋拆迁实践中,土地储备机构通过土地储备项目拆房卖地,是我国各地"经营城市"理念的具体体现。虽然土地储备方式为我国各地城市的发展特别是在推动旧城改造的过程中发挥了积极的作用,但是土地储备项目是否符合房屋征收的公共利益标准,是《征收条例》出台后不得不面对的一个尖锐的问题。

《征收条例》第八条明确了启动房屋征收的公共利益事项。其中,与旧有土地储备工作模式接近的在于该条第一款第(五)项——"由政府依照城乡规划法有关规定组织实施的对危房集中、基础设施落后等地段进行旧城区改建的需要"。我们认为,正是这一规定,表明《征收条例》强调了旧城区改建的公共利益性质。

在《征收条例》第一次征求意见稿中,曾经规定因危旧房改造需要征收房屋的,须事先进行民意征询,经90%以上被征收人同意,政府方可作出房屋征收决定,未达到90%被征收人同意的,不得作出房屋征收决定。正式出台的《征收条例》删除了该条款,我们认为实际上是政府职责的回归。不论被征收人是否同意,政府均有对"危房集中、基础设施落后"地段进行旧城区改建的责任,这也是政府启动房屋征收程序推动旧城改造的公共利益目的之所在。《征收条例》同时规定了人大审定与公众正式参与的听证程序,以确定"旧城改造"的公共利益性。如《征收条例》第九条规定"旧城区改建,应当纳入市、县级国民经济和社会发展年度计划";第十一条规定"因旧城区改建需要征收房屋,多数被征收人认为征收补偿方案不符合本条例规定的,市、县级人民政府应当组织由被征收人和公众代表参加的听证会,并根据听证会情况修改方案"。也就是说,"旧城区改建"中依法对被征收人实施补偿与安置,即为该项目公共利益性的体现。

现行《征收条例》解决的是因公共利益需要征收房屋、收回国有土地使用权的问题,至于房屋征收完成后,征收范围内的土地使用权如何利用,《征收条例》没有刚性的约束。《征收条例》第八条第一款第(五)项规定,并没有排除通过土地储备方式实施旧城区改建的空间。因此,市、县级人民政府为推进旧城区改建工作,仍然可能继续沿用旧城市房屋拆迁活动开展土地储备项目的有益经验,通过房屋征收程序收回符合旧城区改建要求地段内的国有土地使用权后再行将其出让,以推动城市发展。

(三)集体土地及农村房屋的征收问题

国务院法制办负责人在《征收条例》公布的新闻发布会上,曾表示:"从我们调查了解的情况看,现在矛盾突出的确实主要在集体土地征收方面,但国有土地上的房屋征收和集体土地征收是分别由条例和土地管理法调整的,通过行政法规对征收集体土地作出规定是超越立法权限的。我们将会同有关部门抓紧对土地管理法有关集体土地征收和补偿的规定作出修改,由国务院尽早向全国人大常委会提出议案。"这里所说的"有关部门"主要指的就是国土资源管理部门。2011年1月30日,中央农村工作领导小组副组长、办公室主任陈锡文在国新办举行的"三农工作和水利改革发展"新闻发布会上指出,

《征收条例》中的一些重要原则,对于下一步修改土地管理法中涉及征收农村集体土地的问题有很强的指导意义。由此可见,《征收条例》出台后,推动《土地管理法》有关集体土地征收与补偿部分的修改就成了国土资源部门的当务之急。

我们认为,《土地管理法》在调整其征收与补偿部分时,应当着重考虑如下四大方面。

第一,集体土地上的征收问题包括土地征收与房屋征收。集体土地征收指的是因公共利益的需要将集体土地所有权征为国有,同时对土地所有权人及其他权利人实施补偿的活动。而集体土地上的房屋征收,指的是在不改变集体土地所有权情况下,基于公共利益需要,对农民房屋所有权实施征收并收回其宅基地使用权,同时予以补偿的活动。目前,集体土地上的房屋拆迁,不限于因集体土地征收时的房屋拆迁,也包括收回宅基地使用权的房屋拆迁行为,如《北京市集体土地房屋拆迁管理办法》就将农村房屋拆迁区分为征收拆迁与占地拆迁(该办法第二条,"在本市行政区域内因国家建设征用集体土地(以下简称征地)或者因农村建设占用集体土地(以下简称占地)拆迁房屋,并需要对被拆迁人补偿、安置的,适用本办法"),从2005年在我国各地开展的建设用地指标增减挂钩试点过程中,为了取得建设用地指标拆除农村房屋并复垦宅基地时,也系于对农村房屋的征收等等。根据《中华人民共和国立法法》第八条规定的"非国有财产的征收"事项"只能制定法律"的要求,涉及农村房屋的征收问题,只能制定法律,因此,在修订《土地管理法》有关征收补偿问题时,应当同等处理征地拆迁问题与集体土地上的房屋征收问题,特别对当前各地开展的建设用地指标增减挂钩试点涉及的房屋征收正当事由、安置补偿及相关程序予以法律细化,以规范、制约试点过程中出现的大拆大建、侵害农民权益现象。

第二,征收集体土地及房屋的补偿问题。征收集体土地及农村房屋的补偿,是否沿用市场原则,这既是一个现实的问题,也是一个法律的问题。由于集体土地所有权在我国依法不能自由流转,其市场价值并不存在,而宅基地也只能在有限范围内的流转,通过何种方式确定其市场价值并实施补偿存在操作上与法律上的困难,因此,集体土地征收及房屋征收补偿不能简单照搬《征收条例》的市场定价原则。我国现有的土地管理法律法规中,注重的是对被征地拆迁农民的居住安置与生存保障,被征收人的财产性损失则采用适当补偿标准,无法采取量化公平的补偿标准,也往往引发诸多的征地拆迁纠纷。

我们认为,随着我国社会主义市场经济的日益发展,特别是我国国力的日渐增强,过去通过政府低价征地高价卖地,推动城市工业化城市化的模式已经没有继续存在的必要。中共中央多次发布的一号文件,既体现了高度重视农村发展的精神,也表现出了对城市反哺农村的强烈意愿。集体土地征收与房屋征收补偿问题的关键在于改变土地性质及用途时,是否将其收益全部或部分返还给农民的问题。而这在土地法律理论上,实际是一个土地发展权问题。因此,我国修改《土地管理法》时,不应仅限于征收部分的条文调整,同时也应该配套考虑土地管理法的其他制度,为解决征收补偿问题计,我们认为确定农民的土地发展权并由享受因此而产生的收益该问题的核心。

第三,征地撤组后农村房屋的征收问题

因为房屋拆迁的困难,集体土地征收时往往将宅基地范围排除于征收范围之外,同时,又因为农用地的减少,相关村组可以依照相关政策规定转为城市建制,各地因此出现了不少"城市居民"集中的农村。不少地区将该类农村集体土地直接转有国有土地,纳入国有土地管理体系内。但是,对于该类房屋拆迁时,各地的做法却存在较大的差异,多数地方直接适用《拆迁条例》及地方制定的城市房屋拆迁管理办法实施拆迁,有些地方则在部分程序及补偿问题上仍然适用征地拆迁政策。国务院法制办公室、国土资源部《关于对〈中华人民共和国土地管理法实施条例〉第二条第(五)项的解释意见》(国法函〔2005〕36号)曾经指出:农村集体经济组织土地被依法征收后,其成员随土地征收已经全部转为城镇居民,该农村集体经济组织剩余的少量集体土地可以依法征收为国家所有。也就是说,对于该类剩余的集体土地,仍然需要通过法定征收程序进行。但是,当下各地方对市区内的征地撤组后农村房屋的拆迁,大都适用城市房屋拆迁法规,《征收条例》出台后是否仍然具有适用的空间,需要在《土地管理法》修改时作出明确回应。

第四,集体土地及房屋征收模式的多样化问题。一般情况下,土地征收应与具体建设项目对应,方能确定其公共利益性。但是,在某些情形下,如"城中村"的治理,类似《征收条例》中的旧城改造,作为其手段的土地征收即具备公共利益的主要目的。因此,对"城中村"的征收改造,应当设定专门的征收模式,采用多种方式方法以实现"城中村"的系统改造,在某些情况下,甚至不排除商业主体主导的改造活动。同时,城市新区的建设,也往往只有通过前期对集体土地的统一征收后,方能在后期由政府主导推动新城建设,因此也可以借鉴在我国台湾地区已有的"区段征收"模式,推动城市新区的有序发展。考虑到全国各地区有其不同的具体情况,《土地管理法》修订征收部分时,应当在设定集体土地征收或房屋征收的一般模式后,同时针对具有特殊性且又在实践中问题已经较为突出的情形设定特别的征收模式,以灵活处理纷繁复杂的集体土地与房屋征收问题。

三、论我国房屋征收社会稳定风险评估机制的功能定位及其架构[1]

导言:苏州"通安事件"中的社会稳定风险

2003年以来,苏州市高新区为推动地方经济发展,通过大规模的征地拆迁方式取得建设用地。2010年年初,高新区调整征地拆迁补偿政策,明确规定了独立的宅基地补偿费,且数额较大,达到了被拆迁村民每户近40万元的标准。由于此前取得的拆迁补偿中无该项独立费用,通安镇已拆迁村民认为政府工作人员有克扣、贪污补偿费用的嫌疑,并要求增加历史上的补偿费。2010年7月14日,上千村民聚集在通安镇镇政府,反映其诉求。由于与镇政府工作人员言语产生冲突,村民打砸了部分办公设备,并在此后两日内占据镇政府办公室,走上马路,封堵312国道,最多时聚集人数上万。21日,苏州市虎丘区政府紧急宣布通安镇暂停拆迁,镇党委书记王军和镇长孟晓瑜就地免职,安抚民心。不料,通安镇领导被撤职似乎"鼓励"了数个邻镇被拆迁户,21日当晚,一场大雨过后,浒墅关镇数千名村民聚集浒墅关镇政府门口,通安镇华金路至312国道路段再次聚集近万名群众。其间,东清镇亦出现数千群众聚集的现象。经多方面努力,各地聚集人群逐渐散去,"通安事件"得以平息。7月28日,苏州市委宣布,"报省委同意",苏州高新区党工委书记、虎丘区委书记王竹鸣就地免职。[2]

"通安事件"发生地苏州素有"上有天堂、下有苏杭"之誉,近些年来经济与社会发展水平一直居长三角乃至全国前沿地位,被免职的王竹鸣于2002年就任高新区区委书记后推行"工业向园区集中,住宅向社区集中,农民向城区集中"政策,也曾经创造了发达地区落后乡镇快速发展的"浒墅关模式"。

---

[1] 本书发表于《江苏行政学院学报》2011年第6期。
[2] 《'苏州通安事件'善后》,《南风窗》2010年第17期。

但是,通安事件中,被人们认为性格平和的苏州人竟然采取如此破坏性的方式来表达诉求,苏州经济高速发展的社会脆弱性一下子展露无遗,引起了强烈的社会震动。

根据现行征地拆迁法律法规规定,宅基地使用权并不存在单独补偿的空间,如《物权法》规定宅基地使用权在征收时应当补偿,也仅只是强调依法补偿,而相关法律依据也未明确单独的宅基地补偿费用。[1] 因此,苏州市高新区调整征地补偿政策时将宅基地补偿费用单独列明,应是当地在《物权法》精神要求下的前瞻性举措,但未料到出台后竟然引发已被拆迁农民聚集的群体性事件,而第一次"就地免职"作为平息群体性事件的行政措施,竟然又导致聚集事件的漫延,进而引发第二次"就地免职"的问责。这一事件反映征收活动影响社会稳定的不可控性及风险控制对策的不确定性,风险环环相扣并呈递归状态,充分表明在我国的土地或房屋征收领域已经形成了系统的社会稳定风险,需要通过制度化的渠道予以化解。因此,本书拟从风险规制的行政法视角,以《国有土地上房屋征收与补偿条例》(简称《征收条例》)第十二条规定为重心,试对我国房屋征收社会稳定风险评估机制的功能定位及架构作一探讨。

一、我国房屋征收社会稳定风险评估机制的起源及发展

(一)社会稳定风险评估的"遂宁模式"

2005年初,针对当时最易引发群体性事件的国企改制、旧城改造、土地征用等重大建设工程,四川省遂宁市建立了重大工程稳定风险评估制度,在全国率先出台了《重大工程建设项目稳定风险预测评估制度》,明确规定新工程项目未经稳定风险评估不得盲目开工,评估出的严重隐患未得到妥善化解不得擅自开工。2005年9月,遂宁市在总结前期工作经验的基础上,将风险评估机制逐渐应用到关系群众切身利益的各项决策。2006年2月,颁布《遂宁市重大事项社会稳定风险评估化解制度》,要求在重大政策、重大改革措施和其他事关人民群众切身利益的办法出台之前,均要认真组织开展风险评

---

[1]《物权法》第一百二十一条规定:"因不动产或者动产被征收、征用致使用益物权消灭或者影响用益物权行使的,用益物权人有权依照本法第四十二条、第四十四条的规定获得相应补偿。"这一条规定仍然是一个转适用条款,而《物权法》第四十二条规定的集体土地征收补偿也仅只"土地补偿费、安置补助费、地上附着物和青苗的补偿费等费用"。《江苏省土地管理条例》第二十六条规定中的土地补偿也没有涉及宅基地补偿费用。

估,尽可能增强决策的科学性,尽可能避免和减少因决策失误或时机不成熟而给社会稳定带来的冲击。[1]

遂宁市探索推行的社会稳定风险评估机制,在理念上实现了从"保稳定"到"创稳定"的转变,取得了良好的经济社会效果。在落实社会稳定风险评估机制方面,遂宁渐渐摸索出"五步工作法",形成了社会稳定风险评估的"遂宁模式"[2]:"首先是确定评估对象,全面掌握情况,对拟订的每个重大事项,深入调查,广泛征求意见,掌握社情民意;二是分析预测,对可能出现的不稳定因素进行逐项分析预测,必要时邀相关专家和各方人士,召开稳定风险评估会和听证会;三是制定预案,落实措施,推行因重视不够、工作不力而发生影响稳定重大问题的责任追究办法;四是编制评估报告,分级按规报送;五是审查评估报告,严格管理目标。根据评估结论,作出实施、暂缓实施或暂不实施的决定,并及时发现、化解项目实施过程中出现的问题。"

四川省在遂宁经验基础上,在全省范围内推广重大决策社会稳定风险评估机制,并于2010年12月1日施行《四川省社会稳定风险评估暂行办法》(四川省人民政府令第246号),在全国范围内首次通过省政府规章的形式规范社会稳定风险评估制度。在该办法第五条中,规定应当开展社会稳定风险评估的重大事项就包括"涉及职工分流或职工利益变动的国有企业(国有控股企业)改制、重组、上市、拆迁等事项""城市基础设施建设、旧城改造中的拆迁补偿、居民安置等政策重大调整""涉及农村土地经营权流转及农民土地征收征用、拆迁、补偿、安置和移民安置等方面重大政策和改革措施"部分。目前,国务院也正在组织制定《关于建立健全重大决策社会稳定风险评估机制的指导意见》,房屋征收就被明确列入该指导意见确定的评估范围。[3]

(二)独立的城市房屋拆迁社会稳定风险评估机制

随着社会稳定风险评估机制在全国范围内的不断推行,特别是由于城市房屋拆迁作为影响社会稳定的重要活动,城市房屋拆迁风险评估机制逐渐有

---

[1]《四川遂宁推行社会稳定风险评估从源头上化解矛盾》,法制网(四川频道)2009年8月12日。http://www.legaldaily.com.cn/dfjzz/content/2009-08/12/content_1137237.htm?node=7480(2011年4月27日访问)

[2]《中央维稳办推广遂宁社会稳定风险评估经验》,《领导决策信息》2007年第28期,第18页。

[3] 国务院法制办公室农林城建资源环保法制司,住房城乡建设部法规司,房地产市场监管司编著:《国有土地上房屋征收与补偿条例释义》,中国法制出版社2011年版,第48-49页。

着独立发展的趋势。少数地方制定了独立的城市房屋拆迁社会风险评估制度,如南京市房产局于 2009 年 8 月 14 日颁布的《南京市城市房屋拆迁社会稳定风险评估办法》。2010 年 5 月 15 日,国务院办公厅印发《关于进一步严格征地拆迁管理工作切实维护群众合法权益的紧急通知》(国办发明电〔2010〕15 号),该通知明确规定,"拆迁项目立项前要组织专家论证,广泛征求社会各界特别是被拆迁人的意见,并进行社会稳定风险评估。对于没有经过社会稳定风险评估或群众意见较大的项目,一律不得颁发房屋拆迁许可证"。正是因为国务院的明确要求,一些省市开始在原有的社会稳定风险评估制度之外,通过城市房屋拆迁主管部门出台独立的城市房屋拆迁社会稳定风险评估制度。(具体详见下表)

序号	颁布主体	颁布时间	名　称
1	南京市房产管理局	2009.8.14	南京市城市房屋拆迁社会稳定风险评估办法
2	枣庄市人民政府办公室	2010.5.31	枣庄市人民政府办公室关于建立城市房屋拆迁社会稳定风险评估制度的指导意见
3	无锡市建设局	2010.7.7	无锡市城市房屋拆迁社会稳定风险评估暂行办法
4	铜陵市房屋拆迁管理办公室	2010.7.28	铜陵市城市房屋拆迁项目社会稳定风险评估办法
5	石家庄市建设局	2010.11.2	石家庄市建设局关于实施城市房屋拆迁社会稳定风险评估的意见
6	常州市城乡建设局	2010.11.2	常州市城乡建设局社会稳定风险评估工作实施方案(试行)
7	乐昌市住建局	2010.11.25	乐昌市城市房屋拆迁社会稳定风险评估暂行规定

从各地相关制度的内容看,城市房屋拆迁社会稳定风险评估主要包括对拆迁政策的风险评估和对项目实施的风险评估。对拆迁政策风险评估报告,一般由各地拆迁管理部门或者当地政府负责编制,项目实施的风险评估由拆迁人负责编制,但对风险评估的主要表现形式仍然存在较大的不同。如有些地方规定评估报告要明确风险级别,进而由拆迁主管部门确定项目实施、暂

缓实施或不实施[1];有些地方未规定在评估报告中要明确风险级别,但要求拆迁项目审批单位应当根据评估报告内容作出不同的处理措施[2];也有些地方只是规定评估结论要明确社会稳定风险控制措施,未能明确评估结论对项目实施的制约作用,如江苏省南京市、无锡市以及安徽省铜陵市相关规定。

(三)房屋征收社会稳定风险评估机制法律地位的确立及发展重点

2011年1月21日国务院颁布实施《征收条例》,同时废止2001年10月1日实施的《城市房屋拆迁管理条例》,表明旧城市房屋拆迁制度已为新的国有土地上房屋征收制度代替。《征收条例》第十二条规定:"市、县级人民政府作出房屋征收决定前,应当按照有关规定进行社会稳定风险评估。"第一次通过立法形式确立了房屋征收社会稳定风险评估机制的法律地位,即房屋征收决定作出前,必须进行社会稳定风险评估,成为房屋征收决定的法定程序。

随着《征收条例》的实施,房屋征收社会风险评估机制的法律地位不限于征收决定中的程序意义,其具体制度的构建已经或必将被纳入征收法制建设的重要发展方向。但是,就目前已有的风险评估制度分析,有关社会稳定风险评估机制的功能定位不明,在很大程度上影响了该制度的建设与发展。

目前各地已有的城市房屋拆迁社会稳定风险评估制度以及最新的房屋征收社会稳定风险评估制度,主要存在着两种不同功能定位。一是预防型评估,即分析具体项目有可能引发社会稳定风险的可能,并制定相关对策。如《无锡市城市房屋拆迁社会稳定风险评估暂行办法》第十六条就规定"评估报告"主要内容应当包括:"拆迁项目实施中可能引发的矛盾问题制定相应的措

---

[1]《乐昌市城市房屋拆迁社会稳定风险评估暂行规定》第六条(6):"拆迁人(建设单位)将房屋拆迁社会稳定风险评估报告交市住建局审核,确定风险级别,签署可实施、暂缓实施或不实施的意见。"《常州市城乡建设局社会稳定风险评估工作实施方案(试行)》:"5.作出评估结论。在充分调查分析、科学预测、完善措施的基础上,邀请有关专家进行论证,由评估小组根据风险大小和可控程度提出评估意见,责任主体单位对评估报告进行审核并作出实施、暂缓实施、暂不实施的评估结论,提交局领导办公会议审议。"

[2]《石家庄市建设局关于实施城市房屋拆迁社会稳定风险评估的意见》"(六)积极运用风险评估成果。房屋拆迁行政主管部门应将城市房屋拆迁社会稳定风险评估结果作为审批事项的主要依据之一。对存在较小社会稳定风险或风险隐患在可控范围内的审批事项,准予实施或分步实施;对未经评估或经评估存在重大风险隐患的审批事项,不予实施或暂缓实施"。《枣庄市人民政府办公室关于建立城市房屋拆迁社会稳定风险评估制度的指导意见》"(六)积极运用风险评估成果。房屋拆迁行政主管部门应将城市房屋拆迁社会稳定风险评估结果作为审批事项的主要依据之一。对存在较小社会稳定风险或风险隐患在可控范围内的审批事项,准予实施或分步实施;对未经评估或经评估存在重大风险隐患的审批事项,不予实施或暂缓实施"。

施和方案。特别是对在拆迁中可能形成的大规模群体性上访事件中和可能引发的恶性事件,需制定切实可行的紧急事件处理预案。"二是化解型评估,即在评估过程中实现社会稳定风险的化解。如最早启动重大项目社会稳定风险评估机制的遂宁市,就强调社会稳定风险的化解,实现"保稳定"到"创稳定"的转变,其具体的制度也明确为"社会稳定风险评估化解制度",化解型评估与预防型评估在形式上的最大不同就是在评估报告中明确项目能否实施或暂缓实施。不同功能要求反映了不同地区对社会稳定风险评估机制的不同定位,也是由社会稳定风险基本理念的不同所致。因此,为了房屋征收社会稳定风险机制的完善与发展,有必要在理论上予以厘清。

二、我国房屋征收社会稳定风险评估机制的功能定位

(一)认识论转换——以风险规制为目标的行政法学研究趋势

国内行政法学界对风险规制的研究,起源于对紧急状态的应急法制研究。而以《突发事件应对法》为代表的立法强调应急管理的预防原则,则将风险规制引入研究者的视野,国外有关风险社会的理论成果,同时也对风险规制的行政法学研究产生了基础性的影响。[1]随着研究的深入,有少数学者逐渐深入探讨风险规制背后的认识论基础,推动了行政法学研究在该领域内的转向。如有学者在反思风险规制研究的认识论基础后,就将风险概念区分为建构主义与实证主义两大模式,认为两者在风险本质的认识、判断风险否定性后果的因素及确定风险否定性后果的方法三大方面均存在重大差别,进而提出超级风险规制机构的设计,以实现两类风险概念模式所要求的理性与科学、民主与公平等价值目标。[2]也有学者根据德国学者卢曼的社会系统理论,认为风险问题与决策机制以及法律的正当性问题存在密切联系,而法律作为规范预期的重要系统,并不能彻底解决风险的复杂性问题,规范预期不得不相对化,规范不得不通过自我反省的机制调整法律形式与客观事实之间的关系,从法社会学角度切入风险规制问题。[3]

不论是国内早期应急法制的研究,还是基于风险社会理论开展的风险规

---

[1] 参见赵鹏:《风险规制的行政法问题——以突发事件预防为中心》,中国政法大学2008年博士论文,第一章"从事件到风险:突发事件预防法律制度的中心"。

[2] 参见戚建刚:《风险概念的模式及对行政法制之意蕴》,《法学研究》2009年第5期。

[3] 参见季卫东:《依法风险管理论》,《山东社会科学》2011年第1期。

制研究,处理的问题大多与科学技术在现代社会的风险问题有关。现代科学技术如原子技术、生物技术等为现代社会带来物质进步的同时,也为人类社会带来现代科学技术难以控制的系统风险。即使科学技术面对自身带来的风险问题,也无法提供"科学"的答案,从而陷入了哥德尔所证明的"悖论"世界。因此人们不由得反思科学研究方法论的弊端,进而对社会科学研究的认识论基础产生冲击,出现了否定认识过程主客二元同一性的建构主义转变。"认识主体对于认识对象及其所处环境固然会产生各种影响及不同程度的改变效果,但认识过程本身永远只发生在主体的范围内。"[1]

我国房屋征收领域的社会稳定风险,是人类行为而非科学技术活动引发的社会风险,这与核技术灾难、食品安全危机等与科学技术有关的社会风险相较,更属于典型的人为建构所致。房屋征收活动引发的社会稳定风险,不仅通过类似苏州通安事件的群体性事件表现出来,同时也通过不受现有法律秩序(包括信访制度)所约束的大量上访现象暴露无遗,而且当前中国社会因为拆迁问题上的不同看法,已经形成的严重价值对立,属于最深层次的社会稳定风险。当前,在拆迁问题上的价值冲突已是如此严重,人们提及拆迁二字时,似乎就与暴力相关,并充斥着被拆迁人的血泪与火焰,政府工作人员参与拆迁活动也似乎存在某种原罪,通过拆迁活动产生的社会与经济发展成果在上述价值图景下显得喑哑无声。[2]

(二)重塑合法性——我国房屋征收社会稳定风险评估机制的功能定位

在我国的城市房屋拆迁制度下,社会稳定风险虽然与城市房屋拆迁活动有关,却不受城市房屋拆迁法律制度的规制,如前述苏州通安群体性事件虽由征地补偿政策调整所引发,但在现有征地拆迁法律及政策系统仍属无解,只能依靠行政的手段解决。而大量城市房屋拆迁活动引发的正常或非正常上访,已经逸出于拆迁法律规制之外,成为威胁社会稳定的严重问题。因此,国务院多次通过发布文件的方式,在既有的拆迁法律之外,宣布有关城市房屋拆迁或征地拆迁政策,其中就包括明确城市房屋拆迁社会稳定风险评估程

---

[1] 高宣扬:《鲁曼社会系统理论与现代性》,中国人民大学出版社2005年版,第22页。

[2] 比较突出的表现有江西宜黄自焚案后有官员致书媒体,认为"没有强拆,就没有新中国",引发社会一片哗然。参见宜黄官员分析拆迁事件:没有强拆就没有新中国》,《南方周末》2010年10月12日。也有官员因与关注拆迁问题学者观点相左,发出"没有拆迁,你们知识分子吃什么"的感慨事例。参见《江西万载县委书记:我们不拆迁知识分子吃啥》,《南方周末》2010年11月2日。

序的《关于进一步严格征地拆迁管理工作切实维护群众合法权益的紧急通知》。[1]同时,城市房屋拆迁活动引发的社会稳定风险,已经成了各级领导关心的重要议题,因此,包括城市房屋拆迁在内的拆迁活动引发上访及群体性事件后,地方政府领导往往承担着巨大的政治风险。[2]而最早创设社会稳定风险评估机制的遂宁市制定的五种责任追究措施中,就包括三种政治责任:"一是检查述职。发生逾300人群体性事件和辖区群众赴省50人以上、赴京6人以上集体上访等情况的,辖区或部门党政主要负责人要作专题述职及书面检查。二是一票否决。凡发生重大群体性事件的,取消责任部门、县区及主要领导当年评优、评先资格。三是组织处理。发生重大不稳定事件造成严重后果的,主要领导应引咎辞职。"[3]

卢曼的社会系统理论的重要前提,就是人类已经进入一种前所未有的风险社会的判断,而风险社会的基本特征就是它的极度复杂性。这种极度复杂性是人为的有组织的复杂性,但它又吊诡地超出了人的控制能力,成为时时可能威胁人类本身的变量。因此,不论是法律系统还是宗教系统,在面对其环境的极度复杂性时,就存在"将系统及其环境的复杂性尽可能简化"的"技术主义"原则和方法,其宗旨就在于保障系统本身各主要功能,尽可能地在不受环境干扰的情况下,持续地稳定贯彻下去。[4]以上述社会系统理论观之,当拆迁法律无法解决拆迁活动引发的社会稳定风险,却又因为政治系统的要求,必须在系统内部处理相关社会稳定问题,因此社会稳定风险评估机制应

---

〔1〕 其他比较典型的有2003年9月19日发布的《国务院办公厅关于认真做好城镇房屋拆迁工作维护社会稳定的紧急通知》(国办发明电〔2003〕42号)、2004年6月6日发布的《国务院办公厅关于控制城镇房屋拆迁规模 严格拆迁管理的通知》(国办发〔2004〕46号)、2004年12月21日发布的《国务院关于深化改革严格土地管理的决定》(国发〔2004〕28号),2010年5月15日《国务院办公厅关于进一步严格征地拆迁管理工作切实维护群众合法权益的紧急通知》(国办发明电〔2010〕15号),而国务院办公厅2010年12月27日发布的《国务院关于严格规范城乡建设用地增减挂钩试点切实做好农村土地整治工作的通知》(国发〔2010〕47号),也主要规范的是农村房屋的拆迁活动。

〔2〕 如通安群体性事件中政府采取的"就地免责"措施,还有领导明确征地引发群体性事件,对相关责任人也采取就地免职措施,参见《只要引发群体性事件就免职 张德江就征地补偿撂下三句硬话》,《人民日报》2006年1月6日。

〔3〕 《四川遂宁推行社会稳定风险评估从源头上化解矛盾》,法制网(四川频道)2009年8月12日。http://www.legaldaily.com.cn/dfjzz/content/2009-08/12/content_1137237.htm?node=7480(2011年4月27日访问)

〔4〕 高宣扬著:《鲁曼社会系统理论与现代性》,中国人民大学出版社2005年版,第33-35页。

运而生。《征收条例》将社会稳定风险评估机制纳入房屋征收决定的必经程序,即是法律系统对于政治领域对社会稳定要求的内在反应。

按照卢曼社会系统理论,法律系统与政治系统之间的关系,仍然属于一种系统与环境的关系,房屋征收法律处理政治系统有关社会稳定目标要求,需要采取技术主义的优化原则,方能符合系统对环境的复杂性化约机制。也就是说,当房屋征收社会稳定风险评估作为法律系统的内部组成要素时,并不直接接受政治系统的规律与话语模式,需要将社会稳定问题转化为法律系统的核心媒介或符码,方能符合法律系统的运作规律。这一媒介或符码按照卢曼的认识,即为合法/非法的符码。"操作性封闭系统的分化要求系统在次级观察的层面上运作,并且这不是偶然的而是经常的情况。法律系统的所有运作都是在这个层面受到控制,包括那些第一次的区分以及因此仅仅交流涉及预期的失望。凡是不能置于合法/非法控制图式的一切都不属于法律系统,而属于其内部或外部的社会环境。"[1]

在《征收条例》出台前的城市房屋拆迁制度中,规范城市房屋拆迁活动的最高法律依据系国务院于2001年10月1日实施的《城市房屋拆迁管理条例》(简称"《拆迁条例》"),但是《拆迁条例》在为具体的拆迁许可提供合法性支持方面,仍然存在严重的依据不足问题:一方面公益性拆迁与商业拆迁之间往往混淆,导致在本质上属于财产征收的拆迁活动与《宪法》及《立法法》有关要求之间存在重大的缺失,进而引发社会的普遍质疑;另一方面,即使符合公共利益需要的建设活动,也并不完全需要通过拆迁活动进行,因此这里存在征收必要性问题,但不论是《拆迁条例》还是拆迁司法审查活动中,有关拆迁许可的必要性问题,均很难适用传统的行政法合理性原则或公法上的比例原则予以审视,进而导致拆迁权的滥用。在四川遂宁等地创设的社会稳定风险评估机制,适用于城市房屋拆迁领域取得了良好的社会效果,正是因为注重了现有拆迁法律体系未能解决的上述合法性问题。而2010年5月15日《国务院办公厅关于进一步严格征地拆迁管理工作切实维护群众合法权益的紧急通知》(国办发明电〔2010〕15号)出台后,各地出台的独立的城市房屋拆迁社会稳定评估机制,其重心也往往就在拆迁政策及拆迁许可的合法性方面,即反映了拆迁法律内化政治系统稳定需求的运作模式。

---

[1] Niklas Luhmann: Law as a social system, Oxford university Press, 2004, P94.

因此，虽然《征收条例》第十二条仅仅将房屋征收社会稳定风险评估机制作为房屋征收决定的程序环节，并未细化其具体内容，但依法律系统与其环境（这里主要指政治系统）之间运作逻辑，重塑征收活动的合法性应当内在于其所属法律系统的功能定位，因而房屋征收的社会稳定风险评估机制应当紧紧围绕这一点而展开。

三、我国房屋征收社会稳定风险评估机制的主要架构

（一）凝聚价值共识——房屋征收社会稳定风险评估机制的程序进路

中国当前的社会问题已经是一个多元化的社会问题，而在房屋征收领域尤其如此。一方面是城镇化工业化的现代化发展要求，另一方面是被征收人对于财产权神圣不可侵犯的根本诉求，同时，也有拆迁作为影响被征收人适足住房权的主要活动，进而引发国际性关注的问题。[1] 作为法律系统的征收活动面临着卢曼所述社会系统的时间视阈，过去、未来与现在的问题均在征收过程中纷至沓来，多种价值选择需要在征收时予以决断。正如季卫东教授所说："中国所面临的恰好是前现代、现代、后现代并存的一种状况，这给我们的制度设计、给价值选择确实带来这样或者那样的问题。但是，这些问题我们需要有一个制度框架把它们统一起来，这样的制度框架，又可以看到很难按照某一种实质性的价值标准进行一以贯之的设计，这就是我们所面临的问题。"[2]

如前所述，我国城市房屋拆迁活动中的社会稳定问题，群体性事件或不断的上访或自焚事件仅仅是其表象，内在影响社会系统的稳定因素是其中所包含的严重价值冲突。《征收条例》出台后，仍然没有排斥征收活动中的商业开发活动[3]，

---

[1] 参见顾大松：《论房屋征收适足住房权保障原则》，《行政法学研究》2011年第1期。

[2] 参见季卫东教授2010年11月20日上午于清华大学中国法学创新论坛第4讲所作题为"法制重构的新程序主义进路：怎样在价值冲突中实现共和"的演讲文字实录，网址：http://www.publiclaw.cn/article/Details.asp? NewsId=3060&classid=3&classname=公法讲坛（2011年4月30日访问）。

[3] 国务院法制办公室在《征收条例》的释义中就提出，"保障性安居工程建设和旧城区改建，与广大城镇居民生活、工作密切相关，这些项目的实施既改善了城镇居民居住、工作条件，又改善了城市环境，提升了城市功能，不能因为其中包含必要的商业服务设施等商业开发，就将其置于公共利益范畴之外"。参见国务院法制办公室农林城资源环保法制司、住房城乡建设部法规司、房地产市场监管司编著：《国有土地上房屋征收与补偿条例释义》，中国法制出版社2011年版，第34-35页。

同时也没有将征收必要性原则的合理性问题上升为原则性要求[1],导致前述城市房屋拆迁中两大合法性问题仍然不可能通过传统的法律运作机制予以解决。因此,如何完成传统法律机制未能完成的整合价值冲突的任务,就构成房屋征收社会稳定风险评估机制的迫切任务。

按照季卫东教授所持的新程序主义观点,关于共同体道德的价值取向,主要表现为基于承认的政治伦理,因此,房屋征收中不同价值冲突,应当在程序中实现共和,即形成价值共识。这实际上是一种对房屋征收制度程序正义的期望。但是,在房屋征收领域冲突最激烈的旧城区改建领域,《征收条例》第一次征求意见稿曾经要求三分之二被征收人同意的制度设计,在正式出台的《征收条例》中仅只表现为多数被征收人不同意征收补偿方案时,由政府再行组织听证会决定,一方面征收的公益性与征收补偿的公正性混淆,另一方面则将被征收人的决定权变更为参与权,将原有的多数同意的法律程序修正为多数人参与的程序机制,并没有真正实现价值共识的程序正义机制,仍然将会为后续的房屋征收活动特别是旧城区改建活动引发社会冲突留下伏笔。因此,作为响应外在环境(主要是政治系统)基于社会稳定对于法律系统的要求而形成的内在机制,房屋征收社会稳定风险评估机制有必要在承继以遂宁模式为代表的风险评估机制基础上,以重建价值共识为目标,强化被征收人自愿同意的程序制度建设。

(二)扩大公众参与——房屋征收社会稳定风险评估机制的重心

房屋征收活动的社会稳定风险来源于被征收人及社会公众主观上的价值冲突,并通过群体性事件或通过法律机制之外的上访等方式表现出来,因此消弭房屋征收活动社会稳定风险的重心仍然在于房屋征收活动中持有不同价值观的公众与政府之间的有效沟通,因此公众参与就构成社会稳定风险评估机制的重心所在。

一旦纳入房屋征收活动,被征收人最为关心的问题就在于补偿是否公平。因此,《征收条例》在设计被征收人参与程序时,特别注重征收补偿方案的征求意见程序、听证程序等,在很大程度上弥补了《拆迁条例》对于被拆迁人参与不足及对补偿方案的意见表达问题,也在一定意义上直接通过传统行政法的机制解决了征收活动中的价值共识问题。但是,这并不意味着房屋征

---

[1]《征收条例》规定"为了保障国家安全、促进国民经济和社会发展等公共利益的需要,有下列情形之一,确需征收房屋的,由市、县级人民政府作出房屋征收决定"的"确需"要求表现,详见该条例第8条相关规定。

收社会稳定风险评估机制在这一领域内无所作为。

无论古今中外,补偿始终是征收的重点也是难点。《征收条例》设计的被征收人参与补偿意见征集程序,虽然实现了被征收人的普遍参与,但仍然存在公众参与不足的缺陷,需要在房屋征收社会稳定风险评估机制的建设过程中予以弥补,方能实质性地推进房屋征收活动社会和谐。

第一,避免征收补偿方案征求意见程序的虚置。

征收补偿方案作为实现被征收人之间补偿公平的重要依据,在房屋征收活动中发挥重要作用,是市、县级人民政府作出补偿决定的依据,同时也是征收补偿协议签订的基础。但是,《征收条例》对于征收补偿方案的内容并未细化,有可能导致补偿方案征求被征收人意见程序流于形式,进而在追求统一补偿标准的同时侵害被征收人的合法权益。如《征收条例》第十九条规定:"对被征收房屋价值的补偿,不得低于房屋征收决定公告之日被征收房屋类似房地产的市场价格。被征收房屋的价值,由具有相应资质的房地产价格评估机构按照房屋征收评估办法评估确定。"这一条规定在实际操作中往往就是评估机构对被征收房屋评估价格出台后,被征收人对补偿方案的意见只能在评估异议程序中表达意见,并不能在补偿方案征求意见程序得到有效回应。因此,房屋征收评估机构应当重点收集被征收人对征收补偿方案意见,进而为后续的征收补偿方案调整时实质回应被征收人的补偿要求。

第二,解决以被征收人为对象的公平标准范围狭窄问题。

房屋征收活动,其根本目的在于促进公共利益,而公共利益的受益主体同时具有广泛性,不仅包括社会公众,也应包括被征收人。但是,如果仅以被征收房屋于"房屋征收决定公告之日被征收房屋类似房地产的市场价格"补偿被征收人,即使在被征收人间统一补偿,实现了被征收人间的"公平",但在更为广泛的社会层面上仍然有可能形成新的不公平。在实践中,一旦通过征收活动完成公共利益项目如教育、科技等公用事业建设完成,由于环境、配套等因素的改变,周边未纳入征收范围的房地产市场价格就会骤然上升,而被征收人仅以征收决定公告之日的类似房地产市场价格补偿,其获得的补偿却不能在同样的地段买到同样的房屋了,这又很难说是公平的。而在旧城区改造的征收活动中,如果政府将住宅由于原有地段规划变更,征收活动完成后新建房地产价格翻倍上升,被征收人按照征收决定公告之日的类似房地产市场价格补偿,两者之间构成明显差距,这也往往成为征收纠纷的重要来源。甚至对于同样性质的补偿,因为时间不同的政策调整,也可能会造成新的不公平。因此,房屋征收社会稳定风险评估机制应当重点解决以被征收人为对象衡量公平补偿的范围狭窄问题,重点将同一时期不同地段的征收项目、征收范围的周边居民及历史上的被征收人纳入统一的评估范围,以实现征收活动在《征收条例》范围之外的更为广义的补偿公平。[1]

(三)注重反思理性——房屋征收社会稳定风险评估机制的形式

在法治比较完善的国家及地区,包括房屋征收在内的财产征收活动引发的社会冲突已经不再明显,法律已经在很大程度上通过自创机制在系统内解决价值共识问题,但是在我国,房屋征收活动却面临着过去、未来与现在的所有问题,进而引发强烈的价值冲突,并逐渐形成系统的社会风险。但是,通过房屋征收活动实现城镇化、工业化目标仍然是当前的立法选择,因此社会稳定的政治要求,只能通过倒逼的方式在法律系统内促成风险评估机制,这实际上是主导征收进程的政府在社会稳定风险面前的理性选择,也是政府官员在政治问责背景下的内在约束机制,符合风险社会理论所反映的理性反思要求。[2]因此,房屋征收社会稳定风险评估机制应当通过理性反思的形式予以表现。

第一,由房屋征收实施主体出具风险评估报告。

在城市房屋拆迁制度下,城市房屋拆迁社会稳定风险评估机制中的评估主体存在两种模式,一是由项目建设单位即拆迁人实施,二是由拆迁主管部门实施。而《征收条例》颁布后,由于条例对项目建设单位参与征收程序的淡化,对于评估主体则有征收实施单位与中介机构的不同认识。[3]在项目建设单位或中介机构实施社会稳定风险评估的情况下,其建设需要必然与风险评估的反思作用形成冲突,而项目建设单位与中介机构与征收活动引发的社

---

[1] 已有的城市房屋拆迁社会稳定风险评估机制已经普遍注意到了这一问题。如《南京市城市房屋拆迁社会稳定风险评估办法》第四条、第十三条规定的评估范围就包括"拆迁政策是否对政策出台前的拆迁项目产生重大影响""拆迁项目的实施是否会引起拆迁片区内或周边居民的严重不满,拆迁补偿是否与同类地区的项目存在明显的不公平"等内容。

[2] 如贝克就认为,风险社会时代人类面临的焦虑不再是"我饥饿",而是"我害怕"。"我害怕"本质上就一种最强烈的风险意识,它强化了人类作为一个焦虑共同体的存在。"我害怕"意味着人们在行动中要考虑到实践的后果,要为自身实践的后果负责任。参见刘岩:《风险意识启蒙与反思性现代化——贝克和吉登斯对风险社会出路的探寻及其启示》,《江海学刊》2009年第1期。

[3] 如2011年4月11日颁布实施的《洛阳市国有土地上房屋征收社会稳定风险评估暂行办法》第四条就规定:"县级人民政府确定的房屋征收部门负责组织本行政区域内的风险评估工作。"而多年来专注拆迁法律业务代理的王才亮则主张由地方律师协会主持评估。

会稳定风险之间并无政治问责关系,如果由项目建设单位或中介机构主导风险评估机制,必然带来风险评估过程的虚化,不能达到《征收条例》设定该机制的效果。相反,如果由房屋征收实施主体主导风险评估程序,并由其出具风险评估报告,因为房屋征收部门的行政机关属性,能够从政府角度慎重考虑征收活动的社会稳定风险,进而实现真正的理性反思。

第二,风险评估报告应当明确风险级别。

在建设社会主义和谐社会的大目标下,中央政府在政治层面上已经不容许地方政府房屋征收活动引发群体性事件或者上访事件,因此在地方政府实施房屋征收社会稳定风险评估时,只能通过评估过程中政府与被征收人之间的沟通,以推进价值共识的形成,进而消弭社会稳定的风险。因此,当主要以征收补偿方案为沟通对象时,被征收人与作为征收人的政府之间存在严重的分歧,实际上就已经预示着价值冲突的存在,并有可能形成后续的社会稳定风险。因此,房屋征收实施部门或政府作出的社会稳定风险评估报告应当在掌握被征收人反对意见的比例后,明确征收项目的社会稳定风险级别,甚至为政府作出同意实施、暂缓实施、暂不实施的审查审核建议。

余论:网络信息传导机制的社会稳定风险问题

房屋征收社会稳定风险具有典型的社会建构意义,而从风险建构的社会过程来看,构成社会放大组成部分的信息系统及公众反应的特征是决定风险及规模的根本因素。[1] 目前,引发社会普遍关注的征收事件大都通过网络传导。[2] 而网络特别是新兴的推特(twitter)模式,对于负面信息的征收事件有着倍增器的放大作用。传统社会中影响社会稳定的个案,一旦进入网络信息系统,往往脱离客观事件而形成自己的生命在系统内传播并成倍放大,产生滚雪球一般的效应,正如人们讨论风险社会时经常所举的蝴蝶效应事例,一只南美洲亚马逊河流域热带雨林中的蝴蝶,偶尔扇动几下翅膀,可能在两周后在美国德克萨斯引起一场龙卷风。当前,我国正以不可遏阻的速度进入网络时代,而房屋征收活动引发的维权活动也正日益向网络扩展,因此,作为重塑合法性的房屋征收社会稳定风险评估机制,不仅承担着法律系统沟通

---

[1] 参见刘岩:《风险的社会建构:过程机制与放大效应》,《天津社会科学》2010年第5期。

[2] 最近比较典型的有江西宜黄自焚案通过微博系统传播,浙江钱云会案件中的微博网友组织"围观"的事例。

政治系统的作用,同时在网络等信息传导机制面前,也不得不高度重视每个房屋征收项目的社会风险问题。

四、《征收条例》的异化与克服

一、问题的提出

2011年1月21日,《国有土地上房屋征收与补偿条例》(简称《征收条例》)颁布施行,2001年11月1日施行的《城市房屋拆迁管理条例》(简称2001年《拆迁条例》)同时废止。这一立法进程意味着我国旧有的城市房屋拆迁法律制度已被新的国有土地上房屋征收法律制度所代替。由于城市房屋拆迁问题近些年来一直是我国社会生活中的焦点、难点,代替2001年《拆迁条例》的《征收条例》的立法也一直受到社会的高度关注,正式文本出台前几易其稿、历经四年、两次公开征求公众意见。但是,《征收条例》是否解决了2001年《拆迁条例》的症结问题?能否有效化解城市房屋拆迁实践中的疑难问题?即使法律文本尘埃落地后,法学界仍然有反思的必要。国家法官学院吴光荣副教授于《法学研究》2011年第3期发表的《征收制度在我国的异化与回归》(简称吴文)即是学界反思成果的代表。

吴文认为:《城市房屋拆迁管理条例》(似应包括国务院分别于1991年3月22日与2001年11月1日施行的两部同名行政法规)使我国的征收制度异化为解决城市发展所需用地的手段。《征收条例》有从征收本质的异化到回归的表现,但仍然存在未能区分公益用地与商业用地的局限。因此,解决问题的办法通过非征收的法律解决非公益性用地的需求,如通过集体利益限制个人利益的机制设计,从而实现征收制度的真正回归。[1]

吴文的切入点是一个国内法学界很少关注的城市房屋拆迁或国有土地上房屋征收活动中的建设用地取得问题。不论是1991年《拆迁条例》还是2001年《拆迁条例》,均规定城市房屋拆迁许可证颁发的要件包括"建设项目的批准文件""建设用地规划许可证"及"国有土地使用权批准文件"(分别规定在两行政法规的第九条、第七条),拆迁人取得了上述三项批文,就表明其在拆迁范围的建设手续已通过其他法律途径完成,一旦房屋拆迁完毕,就可

---

[1] 参见吴光荣:《征收制度在我国的异化与回归》,《法学研究》2011年第3期。

以开展建设活动。《征收条例》虽然未明确规定作为征收人的市、县级人民政府或征收部门是否需要取得上述三项批文,但该法规第九条"确需征收房屋的各项建设活动,应当符合国民经济和社会发展规划、土地利用总体规划、城乡规划和专项规划"的规定,实际上也反映房屋征收活动与建设用地取得的密不可分关系。因此,把握住了城市房屋拆迁及国有土地上房屋征收活动与建设用地取得之间的内在联系,无异于抓住了问题的"牛鼻子",这反映了著者敏锐的观察力。

但是,不论是2001年《拆迁条例》还是《征收条例》,均未在法律上处理建设用地的取得问题。首先,2001年《拆迁条例》第七条中规定的"国有土地使用权批准文件",由于被拆迁人仍然拥有拟拆迁房屋占地范围的国有土地使有权,根据"一物一权"原则,拆迁人在申领拆迁许可时不可能取得该土地权利,因此实践中该拆迁许可证发放要件一般是要求拆迁人取得国土部门发放的建设用地批准文书。其次,虽然《征收条例》第十三条第三款规定:"房屋被依法征收的,国有土地使用权同时收回。"但该法规仍未处理新的建设单位取得征收范围内建设用地使用权问题,甚至基于严格区分征收与建设环节的立法意图,将1991年、2001年《拆迁条例》中处于重要地位的建设单位排斥在外。因此,在法律上并不存在吴文所论证的我国征收制度向建设用地取得制度的"异化",因而也无"回归"问题。

不过,吴文的论证不能成立,并不否定从建设用地取得角度反思《征收条例》的重大理论意义。[1]《中华人民共和国物权法》(简称《物权法》)第二十八条规定:"因人民法院、仲裁委员会的法律文书或者人民政府的征收决定等,导致物权设立、变更、转让或者消灭的,自法律文书或者人民政府的征收决定等生效时发生效力。"这说明作为基本民事法律的《物权法》,并不排斥在房屋征收决定中引入新建设用地主体的物权变动模式。因此,本书的论证也将遵循上述《物权法》规定揭示的逻辑,以《物权法》的制度伦理为重心,从建设用地取得角度切入,力求全面讨论《征收条例》的异化与克服问题。

---

〔1〕 有学者已经以集体土地征收制度为切入点,关注了这一问题并提出了非常独特的解决思路。如汪进元教授在区分用地的公益性与经营性后,提出集体土地作公益性建设用地的,采用征收制度,而将集体土地用于国有和私营企业经营性建设的,则由政府和用地人联合采购,以实现集体土地的真正价值。参见汪进元:《论经营性建设用地的政府采购——城市化进程中集体土地流转之法理思考》,《法商研究》2011年第3期。

二、《征收条例》的制度正义

如前所述,吴文建议通过非公益性建设用地取得的另行立法,以解决征收制度的异化,虽然视角独到,但是论证却存在诸多缺陷,既不能回答《拆迁条例》与《征收条例》均未在法律上处理建设用地取得的问题,也未能准确理解制度异化问题。因为吴文对于制度异化的逻辑就是:《拆迁条例》本质上是征收制度,因此应当回归到征收制度,回归的具体思路就是非经营性建设用地的另行立法。这种结论显然无法回答这样的追问:拆迁制度为什么是征收制度?我们为什么需要征收制度?早些年依据1991年《拆迁条例》实施的城市房屋拆迁,在很大程度上得到了社会公众的普遍欢迎,其中的道理又是什么呢?[1] 因此,讨论征收制度特别是以《征收条例》为核心的我国国有土地上房屋征收制度的异化问题,其重心在于制度伦理及制度实效关系的探寻,即《征收条例》的制度正义之所在及相应机制设计能否实现正义的问题。

美国哲学家、伦理学家罗尔斯在其名著《正义论》中开宗明义指出:"正义是社会制度的首要价值,正像真理是思想体系中的首要价值一样。""某些法律和制度,不管它们如何有效率和有条理,只要它们不正义,就必须加以改造和废除。"[2] 这就是伦理学上探讨的制度伦理问题,与制度"好"与"不好"的价值判断直接相关。"尽管广义的'好'与'应当'之间并不一定具有蕴含关系,但就道德实践而言,'什么应当做',与'什么是善'之间却存在着内在的一致性:只有值得做(有价值)的事,才'应当'去做;换言之,唯有对善与恶有所认定,才能进而形成何者当为,何者不当为的行为规范。"[3]《拆迁条例》应当废止,在制度伦理上就是因为《拆迁条例》"不好",《征收条例》取代《拆迁条例》,就是因为它"好",否则仍然是不正义的。因此,本书立论的重心,就在于

---

[1] 如刘恒所著《贫嘴张大民的幸福生活》(华艺出版社1999年版)描述张大民家拆迁时的情形"另一件好事却不同,张大民先是震惊,随后便心花怒放,整夜没睡踏实,中间笑醒了好几次。居民区要拆迁了。"而早年拆迁中"钉子户"也不具备当下社会普遍同情的维权形象。如孙宪忠教授就回忆:"钉子户"最初是一个"彻头彻尾的贬义词",最早源于电影《夕照街》一个自私自利的被拆迁户形象塑造。参见孙宪忠教授2011年3月16日在北京理工大学题为"城市房屋拆迁中的物权问题"演讲文字实录,网址:http://www.lawinnovation.com/html/zgfx50rlt/4542.shtml(2012年3月15日最后访问)。

[2] [美]约翰·罗尔斯著,何怀宏等译:《正义论》,中国社会科学出版社1988年版,第3页。

[3] 杨国荣:《伦理与存在——道德哲学研究》,上海人民出版社2002年版,第77页。

力求揭示《征收条例》的制度正义问题。

同时，法律制度系规范行为的规则体系，即使制度出台之时有着符合制度伦理的良好追求，但缺乏符合正义的规则及良好的机制保证，也无法实现其目标，进而无法要求人们严格遵守制度。邓小平同志曾经说过："我们过去发生的各种错误，固然与某些领导人的思想、作风有关，但是组织制度、工作制度方面的问题更重要。这些方面的制度好可以使坏人无法任意横行，制度不好可以使好人无法充分做好事，甚至会走向反面。"[1]有了好的价值追求，没有好的规则与机制设计，也可能导致目标实现偏差，出现制度异化现象，其结果就是人们不是去遵守制度，而是去规避、对抗制度。而且，在当前复杂易变的社会中，粗略的规则已经远远不能应对分工的细化和利益多元带来的行为、权责边界的交叉与重叠，因此，就需要设定精细的规则及通过相称机制实现规则间的有机联系，使得制度产生实效。本书从机制设计角度探讨《征收条例》的异化问题，就是深入到具体规则及促成规则间有机联系的机制层面考察制度的有效运转问题，进而提出克服制度异化的调整方案。

（一）公共利益观点的辩驳

在要求废止2001年《拆迁条例》的强烈呼声中，人们大多认为该条例将商业利益与公共利益混淆，因此区隔商业利益，以公共利益为标准启动征收就在很大程度上成为人们探究《征收条例》制度正义的源泉，学界在城市房屋拆迁立法及《征收条例》立法中有关公共利益的界定、分类等方面的研究上，不吝投入最大热情与资源，也有不少富有启发性的成果，如吴文通过非公益性用地法律的设计，以实现征收制度的回归就是其中的典型代表。有学者就从伦理学角度直接作出这样的论断："征收制度的正当性就是征收要符合绝大多数人的利益。"[2]

但是，这种有关公共利益的制度伦理认识不仅与现实立法存在冲突，同时因其功利主义的固有缺陷，无法回应人们对以《征收条例》为核心的国有土地上房屋征收法律制度正当性的不断追问，并不成立。

首先，《征收条例》有关征收必要性的要求，表明公共利益并非征收启动的充要条件。《征收条例》第八条规定："为了保障国家安全、促进国民经济和社会发展等公共利益的需要，有下列情形之一，确需征收房屋的，由市、县级

---

[1]《邓小平文选》第2卷，第333页。
[2] 方兴，田海平：《公共利益的伦理判定与国家征收制度之正当性探析——以〈物权法〉第四十二条的法律解释为例》，《南京社会科学》2008年第8期。

人民政府作出房屋征收决定。"这里的"确需"表明,启动征收程序,不仅要有公共利益的需要,同时也符合公共利益的"确实需要",这里存在着行政法上必要性原则的间接表现。也就是说,符合公共利益的建设需要,如果通过其他方式如买卖、置换等方式能够获得该建设用地,不一定就通过启动征收程序完成。《征收条例》第一次公开征求意见稿曾经将"国家机关办公用房建设"作为启动房屋征收的公共利益事由之一,后来在正式立法中予以删除。立法者指出,删除该项规定"并不意味着否认了国家机关办公用房建设的公共利益属性"。[1]也就是说,即使是公共利益的建设需要,也可以通过其他方式实现。

其次,公共利益的制度伦理存在功利主义的固有缺陷。多年来,在城市房屋拆迁实践中,不论是政府、被拆迁人还是社会公众,人们均认同这样的观点,因为公共利益的需要(甚至就是国家建设的需要),被拆迁人可以作出牺牲。因此,城市房屋拆迁立法及安置补偿政策可以区分公益与私益建设项目并设定不同的安置补偿标准。在拆迁许可的法定要件中,取得建设项目批文在很大程度上就是公共利益的外在表现。但是,这种以国家建设需要甚至公共利益建设需要作为牺牲被拆迁人利益的正当性,随着社会主义市场经济建设日渐深入,在住房商品化改革的大潮中,日渐显露其不足,城市房屋拆迁领域中的"钉子户"已经从"绝对的自私自利的贬义词"转化成拆迁维权英雄的现象即充分说明了这一变化。同时,以公共利益为征收制度的正当性理据,存在着以被拆迁人(被征收人)为手段而非目的的功利主义固有缺陷。功利主义理论曾经在强调人的主体地位,使人们从各种外在的束缚状态摆脱出来发挥极大的历史作用,但是功利主义理论的推演及制度的发展最后走向了自己的反面,以大多数人的利益否定少数人的利益,形成多数人对少数人的暴政,导致本来作为目的的人的主体地位在制度中异化,甚至公共利益渐渐异化成既得利益者分享发展利益的漂亮借口。因此,罗尔斯对功利主义的追问极具洞见:"问题是:对一些人的损害是否能够被一种其他人享受的较大的利益总额绰绰有余地抵消,或者,正义是否要求一种对所有人的平等的自由,且只允许那些有利于所有人的经济和社会的不平等存在。"[2]借用罗尔斯论

---

[1] 国务院法制办公室农林城建资源环保法制司,住房城乡建设部法规司,房地产市场监管司编著:《国有土地上房屋征收与补偿条例释义》,中国法制出版社2011年版,第40页。

[2] [美]约翰·罗尔斯著,何怀宏等译:《正义论》,中国社会科学出版社1988年版,第33页。

证制度正义的"无知之幕"工具,我们也可以进行这样的设问:假如你是被拆迁人,是否愿意为公共利益作出牺牲?!

最后,服从公共利益只是一种作为美德的伦理而非制度的伦理。受集体主义影响较强的社会群体,对公共利益有种天然的服从,我国旧城市房屋拆迁实践中人们愿意为公共利益作出牺牲的表现即证明了这一点。但是在伦理学上,服从公共利益只是一种个人的德性,而非制度的伦理。而在个人德性与制度伦理的关系上,现代社会日渐表现出这样的特点:当且仅当制度符合正义时,方能促进个人德性的生长,"正义美德固然重要,不过,随着德性伦理逐渐式微而规则或制度伦理日益凸显其重要性,在西方伦理学界,作为道德中心概念的公正,日益地从对个体道德的评价向对社会制度的评价转移"[1]。在个人德性与制度伦理的关系上,制度正义更具有优先的地位,这也就是罗尔斯所强调的"正当对善的优先"。不过,本书所探讨的《征收条例》制度伦理虽与服从公共利益需要的个人德性具有很大的不同,但制度正义的实现对于促成我国社会公众原有的服从公共利益德性的回归与发展,仍然具有至关重要的推动作用。

(二)《征收条例》的制度正义——财产权的平等保障

按照罗尔斯的观点,虽然许多不同的事物均可说成正义或不正义的,制度正义却是一个社会正义的问题,即有关社会的基本结构,是"社会主要制度分配基本权利和义务,决定由社会合作的产生的利益之划分的方式"[2]。因此,以《征收条例》为核心的国有土地上房屋征收制度是否当前我国社会的基本结构有可能还有争议,能否上升到制度正义的层面讨论这一法律制度尚存疑义。不过,罗尔斯也承认,"现在公认的社会基本结构的概念多少有些含混,哪些制度及其成分要包括进来并不总是很清楚的,但现在为这个问题烦恼还略嫌过早。现在我要着手讨论的是应用于凭直觉就可确知是属于基本结构的制度的原则"。

根据我国城市房屋拆迁实践中表现出来的诸多矛盾、冲突,被拆迁人的激烈抗争,以及《征收条例》立法过程中社会公众普遍的参与,依凭直觉也可以作出这样的判断:《征收条例》关涉公民财产权保护与公共利益需要之间的平衡,属于社会的基本结构,因此需要一种正义的伦理。而《征收条例》的

---

[1] 易军:《法律行为制度的伦理基础》,《中国社会科学》2004年第6期,第119页。
[2] [美]约翰·罗尔斯著,何怀宏等译:《正义论》,中国社会科学出版社1988年版,第7页。

制度伦理,就主要表现为被征收人财产权在公共利益需要时如何保护的问题。

1. 房屋征收中被征收人的财产权损失需要制度保障。

任何事物,包括人们的自由与权利,往往在失去时弥感珍贵。而房屋征收事涉被征收人的房屋所有权及土地使用权的剥夺,二者均系重要财产权利,对于利用被征收房屋居住功能的被征收人而言,甚至包括"居有其所"的"住房权"属性,因此,人们对其宝而贵之。被征收人对城市房屋征收启动的根据、程序及补偿安置均极为重视,遭遇不公时甚至以死抗争。在我国城市房屋拆迁时代,早期以国家建设促进经济与社会发展的城市房屋拆迁活动,因为人们服从公共利益的集体主义道德观影响,加之居民住房大多属于公有住房并在拆迁中享受改善居住条件的安置,并未存在大规模的拆迁矛盾。但是,随着市场经济建设的日渐深入,特别是住房商品属性凸显以来,房屋已经不再是政府的福利,普遍具备了财产权属性,人们的财产权意识也逐渐强化,城市房屋拆迁通过房地产开发模式大力推行,就往往引发被拆迁人财产权保护与商业利益之间的冲突,进而引发了大量的拆迁悲剧。不论是废止2001年《拆迁条例》的强烈呼吁,还是《征收条例》立法过程中的公众热议,被拆迁人与社会公众均表达了这样的财产权保护意愿,即商业利益应当被隔绝于城市房屋拆迁活动之外,作为平等主体的房地产开发业者不能凭借拆迁强制实现其商业目的,这实际就是一种在城市房屋拆迁领域要求对财产权实施平等保护的民众期待。

不过,社会公众的共同呼声转换为法律制度的保护,仍然需要宪法的安排。2000年《中华人民共和国立法法》(简称《立法法》)第八条中规定"对非国有财产的征收"只能制定法律,说明我国宪法性法律已经关注了征收领域的私有财产保护问题,实际上已经设定了城市房屋拆迁制度调整为征收制度的立法原则。不过,由于当时我国宪法并未明确私有财产权与国有财产处于同等地位保障,因此在有关2001《拆迁条例》是否违宪的讨论中,有关部门组成专家讨论后的意见仍然认为:《中华人民共和国土地管理法》(简称《土地管理法》)已经规定政府可以依法收回城市房屋占地的国有土地使用权,因此房屋拆迁只是土地依法收回后的附带事务,并不存在违法违宪的问题。[1]这一逻辑也符合我国旧有宪法精神与法理,即国家财产保护优于私有财产

---

[1] 王才亮:《推倒拆迁制度:两条战线上的抗争》,《南方都市报》2010年1月31日。

保护,城市房屋拆迁是国家行使所有者权能的表现,因此与私有财产的平等保护无关。2004年3月14日,我国第二十二条宪法修正案的颁布,将合法私有财产权保护纳入专门的条款,并在该修正案中写入财产征收条款,才在宪法层面上明确了《立法法》第八条财产征收立法保留原则的私有财产保护意义,也在很大程度上宣示了私有财产与国家财产平等保护的意义。

不过,即使宪法已经宣告合法私有财产受到法律保护,但是在2001年《拆迁条例》未被废止时,因为城市房屋拆迁过程中财产受损,直接依据宪法有关财产权保护条款请求补偿,仍然缺乏法律依据,面临着有宪法无法律的局面。[1] 这实际上就是一个财产权的制度保障问题[2],因此,顺应2004年宪法修正案的要求,废止2001年《拆迁条例》代之以新的征收法律制度就成了一个非常迫切的任务。

2.《征收条例》的制度正义源于《物权法》的物权平等伦理

2004年第二十二条宪法修正案颁布以后,国内公法学界对于城市房屋拆迁与财产征收的关系的研究日渐深入,也有学者提出2001年《拆迁条例》应当按照征收性质予以重构,但更多是一种公法的管理思维,在物权法草案征求意见之初,公法学界还有人提出:"征收、征用"系公法行为,作为民事法律的《物权法》不宜对其作出规定。[3] 但是,真正在立法上产生影响并直接推动《征收条例》的出台,却是因为民法学者影响在《物权法》立法过程中的一次悄然变革。[4] 笔者认为,正是《物权法》的"催生",使得《征收条例》的"基

---

[1] 如城市房屋拆迁实践中,被承租人往往因为与产权人签订的租赁协议约定"拆迁时协议解除,损失不补"的条款,导致城市房屋拆迁时其财产损失无法向拆迁人要求补偿,而依宪法上财产权保护本义,任何人因公共利益征收而导致的财产权损失,应当获得补偿。两者之间就形成了冲突,在江苏盐城建湖郭宗宏一案中,作为承租人的郭宗宏就援引第二十二条宪法修正案起诉政府要求补偿,但因其无法律依据,在该案中显然无原告资格。参见"江苏建湖法院院长带队拆迁拘人 事主拿宪法维权",中央电视台新闻频道《社会记录》2004年4月26日23:40首播。

[2] 德国学说及理论上,宪法上的财产权保障效果体系包括制度性保障,也包括个别性保障。"所谓的'财产权制度性'保障,是针对'立法者'而为。"这也是我国《立法法》第八条设定"非国有财产征收"立法保留的意义。陈新民:《德国公法学基础理论》(增订新版上卷),法律出版社2010年版,第454页。

[3] 傅蔚冈:《物权法中不应该规定财产征收征用制度》,《新京报》2005年8月11日。

[4] 参见顾大松,史笔:《城市房屋拆迁行为法律属性研究 以物权法草案拆迁条款的重新调整为视角》,《法律适用》2006年第9期。

因"中即带有《物权法》的物权平等伦理,就此奠定了《征收条例》的制度正义,即被征收人财产权的平等保障。

《物权法》出台之前,我国立法对于物权保护的模式采用的是"三分法",即按照所有制划分,将所有权区分为国家、集体和私人三种类型分别予以规定。"三分法"的做法起源于前苏联的法学理论和苏俄民法典,它突出了公有制的神圣地位,强调把国家、集体、个人的财产权利做明确区分并给予不同的地位与保护。这一观念后来被我国法学界所接受,并成为支配我国法学和立法的指导性意识形态。[1]虽然在《物权法(草案)》公开征求意见期间,有强烈反对国有财产与私人财产平等保护的呼声,但最终出台的《物权法》第四条仍然规定:"国家、集体、私人的物权和其他权利人的物权受法律保护,任何单位和个人不得侵犯。"虽然该条规定没有明确物权平等保护的表述,但根据王兆国副委员长在2007年3月8日第十届全国人民代表大会第五次会议上所作的《关于〈中华人民共和国物权法(草案)〉的说明》,该说明第三部分对"平等保护国家、集体和私人的物权"的宪法依据、具体内容特别予以说明,在立法理由中已经清楚表明了《物权法》的物权平等保护精神。这实际上就是我国2004年第二十二条宪法修正案蕴含的私有财产与国有财产平等保护要求在法律制度中的落实。因此,有学者就指出:"'平等保护'体现了《物权法》的伦理本质,也是社会主义市场经济条件下社会伦理生活的基本前提。"[2]

对于《征收条例》而言,《物权法》的物权平等伦理有两方面的重要意义:一方面将被征收人的私人财产置于国家财产、集体财产平等地位,使得基于经济理由,要求被征收人服从国有企业、集体经济组织利益需要启动房屋征收,在制度伦理上不能成立。也就是在此意义上,吴文提出的"以集体利益限制个人利益"实现征收制度回归的立法思路,未能准确把握《物权法》上的物权平等伦理,提出的解决征收制度异化的方案与《物权法》确立物权平等原则背道而驰。另一方面,在实质上动摇了国家以国有土地所有者身份,通过单方、强制的收回国有土地使用权进而实施房屋征收的可能。按照《物权法》的制度伦理,被征收人即使只拥有国有土地上的使用权,也因其对包括房屋与

---

[1] 孙宪忠:《我国物权法中所有权体系的应然结构》,《法商研究》2002年第5期,第20页。

[2] 李建华,张善燚:《利益关系格局的制度伦理调控——对我国〈物权法〉的伦理解读》,《哲学研究》2010年第8期。

占地在内的"建设用地使用权"享有物权,按照物权平等原则,国家也只能依据《征收条例》相关规定实施房屋征收,而不能基于《土地管理法》第五十八条第一款第(一)(二)项规定实施土地收回。因此有学者就指出:"物权'平等保护'的对象不仅是所有权,更重要的是使用权。对物权的'平等保护'最明显的变化莫过于对私有财产征收征用的法律规定。……表明征收征用正在由强制性朝着平等性、法律性过渡。"[1]

由是可知,《物权法》上的物权平等要求,直接构成了《征收条例》的制度伦理,要求对被征收人的房屋所有权及房屋占地的国有土地使用权一并实施平等保护,换言之,《征收条例》制度正义即为被征收人财产权的平等保障要求。

不过,《征收条例》财产权平等保障的制度伦理,并不表明国有土地上房屋征收活动在事实上已经是平等、自由协商的行为,只是表明征收活动应从单方、强制的模式向平等、协商的模式转换,《征收条例》的机制设计也应当围绕着这一转换调整,而不能与之相悖。

三、《征收条例》的异化

正义应当是一种看得见的正义。《征收条例》因为《物权法》的"催生",孕育了追求财产权平等保障的制度正义追求,但是,制度正义也需要正义的规则及良好的机制予以实现。如果具体的规则与机制设计违背了制度伦理要求,仍然有可能导致制度欲求的反面,构成制度的异化。《征收条例》虽然在确立被征收人财产权公平补偿规则方面殚精竭虑,也有不少亮点,对作为弱势群体的被征收人实施安置保障,也体现了《征收条例》制度正义的差别原则。但是,《征收条例》的补偿确定机制却强调行政性而非平等性,导致"输入"的是平等要求,"输出"的却是不平等结果,走向平等保护制度伦理的反面,构成了制度的异化。

(一)《征收条例》设计良好的公平补偿规则

不论是城市房屋拆迁实践中,还是《征收条例》立法过程中,补偿问题始终是人们关注、热议的焦点,如《征收条例》第一次征求意见稿公布到意见征集截止日的3月3日,社会各界对此共提出65601条反馈意见中,就有13332

---

[1] 李建华,张善燚:《利益关系格局的制度伦理调控——对我国〈物权法〉的伦理解读》,《哲学研究》2010年第8期,第119页,第120页。

条意见集中在补偿问题上。最终出台的《征收条例》也在补偿公平的规则体系上精心设计,体现了《征收条例》保障被征收人财产权的努力,呈现了不同于2001年《拆迁条例》的诸多亮点。

1. 确立了"公平补偿"的法律原则地位

2010年1月29日国务院法制办向社会公开征求意见时,草案第四条曾经将"补偿公平"确立为原则,只是在第二次公开征求意见稿中才将"公平补偿"剥离,单独在第二条(也就是正式条例的第二条)中规定:"征收国有土地上单位、个人的房屋,应当对被征收房屋的所有权人给予公平补偿。"现行《征收条例》第三条中并没有规定公平补偿原则,但是这并不意味着公平补偿并非征收法律原则。按照国务院法制办相关人士对于《征收条例》的解释,"从立法用意来讲,为了加重补偿一定要公平的分量,立法时故意把它放到了第二条,公平补偿与上述三个原则共同构成了一个整体,贯穿于房屋征收与补偿的整个工作过程"[1]。也就是说,《征收条例》完成了我国宪法未能完成的任务,明确了公平补偿的法律原则地位,并在整个房屋征律原则体系中处于重要的地位。

2. 强调"物"的平等——对被征收房屋明确按照"类似房地产"价格进行补偿

在我国,由于2001年《拆迁条例》第二十四条的规定,城市被拆迁房屋的补偿以其市场评估价格为基础,实际上就已确立了公平补偿规则。建设部2003年颁布的《城市房屋拆迁估价指导意见》(建住房〔2003〕234号)第十一条第三款规定:"拆迁估价的价值标准为公开市场价值,不考虑房屋租赁、抵押、查封等因素的影响。"第十六条也明确规定:"拆迁估价一般应当采用市场比较法。不具备市场比较法条件的,可以采用其他估价方法,并在估价报告中充分说明原因。"这两条规定明确被拆迁房屋按照公开市场上同等房屋价值予以补偿,与域外法制中的公平补偿并无二致。如德国普通法院判例中所确定的公平补偿"重新筹措理论",与《房地产估价规范》(GB/T 50291-1999)对市场比较法的界定也无太大的区别,即"将估价对象与在估价时点近期有过交易的类似房地产进行比较,对这些类似房地产的已知价格作适当的修正,以此估算估价对象的客观合理价格或价值的方法"(2.0.12)。《征收条

---

[1] 国务院法制办公室农林城建资源环保法规司,住房城乡建设部法规司,房地产市场监管司编著:《国有土地上房屋征收与补偿条例释义》,中国法制出版社2011年版,第40页。

例》第十九条规定:"被征收房屋价值的补偿,不得低于房屋征收决定公告之日被征收房屋类似房地产的市场价格。"这是对《拆迁条例》第二十四条规定的继承,也是对《估价规范》有关市场比较法要求的直接表现。[1] 城乡建设部2011年6月3日新颁布的《国有土地上房屋征收评估办法》也进一步在技术标准上细化了这一"物"的平等标准,该办法第十一条规定:"被征收房屋价值是指被征收房屋及其占用范围内的土地使用权在正常交易情况下,由熟悉情况的交易双方以公平交易方式在评估时点自愿进行交易的金额,但不考虑被征收房屋租赁、抵押、查封等因素的影响。"

3. 强调"人"的平等——以征收补偿方案作为补偿的统一标准

在城市房屋拆迁实践中,不仅存在着补偿不足的普遍问题,也存在"先签协议吃亏、后搬迁得利",在被拆迁人之间形成新的不公平情形。而《征收条例》为了解决城市房屋拆迁实践中的这一难点问题,通过强化征求被征收人意见后的征收补偿方案的约束力,以促进被征收人之间的公平。《征收条例》第十三条规定:"市、县级人民政府作出房屋征收决定后应当及时公告。公告应当载明征收补偿方案和行政复议、行政诉讼权利等事项。"第二十六条规定:"房屋征收部门与被征收人在征收补偿方案确定的签约期限内达不成补偿协议,或者被征收房屋所有权人不明确的,由房屋征收部门报请作出房屋征收决定的市、县级人民政府依照本条例的规定,按照征收补偿方案作出补偿决定,并在房屋征收范围内予以公告。"也就是说,征收补偿方案经意见征求程序后,经过政府的批准,即可作为同一征收范围内的补偿标准,进而实现被征收人之间补偿公平。

(二)《征收条例》异化的表现——补偿机制的行政化

任何立法上的实体规则,均需要程序机制予以落实。与实体补偿规则强调公平形成强烈反差的是,《征收条例》中确定补偿的程序机制却存在明显的行政化取向,与《征收条例》财产权平等保障的制度伦理要求之间,存在着质的不同。具体表现在如下几方面:

1. 限缩协商空间的征收补偿方案行政批准程序

征收补偿方案作为市、县级人民政府作出补偿决定的依据,同时也是

---

[1] 不过,2001年《拆迁条例》第二十四条规定被拆迁房屋的市场评估具体方法由省、自治区、直辖市人民政府制定,而《征收条例》第十九条第三款规定房屋征收评估办法由国务院城乡建设主管部门制定,这反映了立法者力求避免旧城市房屋拆迁实践中评估行政化弊端的意图。

征收补偿协议签订的基础,有着统一被征收人间公平补偿的积极作用。但是,《征收条例》对于征收补偿方案的内容并未细化,有可能导致补偿方案征求意见程序流于形式,进而在追求统一补偿标准的同时侵害被征收人的合法权益。如《征收条例》第十九条规定:"对被征收房屋价值的补偿,不得低于房屋征收决定公告之日被征收房屋类似房地产的市场价格。被征收房屋的价值,由具有相应资质的房地产价格评估机构按照房屋征收评估办法评估确定。"这一条规定在实际操作中往往就是评估机构对被征收房屋的评估价格出台,被征收人对补偿方案的意见只能在评估异议程序中表达意见,并不能在补偿方案征求意见程序得到有效回应。但是,《征收条例》第十三条规定:"市、县级人民政府作出房屋征收决定后应当及时公告。公告应当载明征收补偿方案和行政复议、行政诉讼权利等事项。"这说明,在征收决定程序经政府批准的征收补偿方案,同样具有征收决定同等的拘束力,在征收补偿方案意见征求程序被虚化时,政府对征收补偿方案批复的行政性质,反而限缩了被征收人与征收人之间就补偿安置方案展开协商的空间。

2. 行政化的补偿协商程序

《征收条例》与2001年《拆迁条例》在体制上最大的区别,就是将建设单位排除于征收法律关系主体之外,由市、县级人民政府既行使行政决定权,又承担补偿职责。立法者在说明其调整理由时,指出:"按照原拆迁条例的规定,取得房屋拆许可证的建设单位是拆迁人,这是由当时的历史条件所决定的。从近几年的实践看,由于拆迁进度与建设单位的经济利益直接相关,容易造成拆迁人与被拆迁人矛盾激化。因此,本条例改变了以前由建设单位拆迁的做法,规定市、县级人民政府是征收与补偿的主体,由房屋征收部门组织实施房屋征收与补偿工作。"[1]

体制上的变化促成了法律关系的变化,加之征收补偿方案经行政批准形成的法律约束力,被征收人与征收人之间就补偿问题的协商空间受到影响,呈现了行政化的倾向。因此在对于征收补偿协议的性质问题,学界与实务界

---

[1] 国务院法制办公室农林城建资源环保法制司,住房城乡建设部法规司,房地产市场监管司编著:《国有土地上房屋征收与补偿条例释义》,中国法制出版社2011年版,第20页。

甚至有将其纳入行政合同的明显倾向。[1]

3. 单方、强制的政府补偿决定程序

2001年《拆迁条例》规定,作为平等民事主体的拆迁人与被拆迁人未能协商签订安置补偿协议,任何一方均可向拆迁主管部门申请行政裁决,通过行政机关的居中裁决解决安置补偿纠纷。《征收条例》基于征收人既是征收决定作出者,又是补偿职责承担者的体制,摒弃了2001年《拆迁条例》的行政裁决机制,在其第二十六条中规定:"房屋征收部门与被征收人在征收补偿方案确定的签约期限内达不成补偿协议,或者被征收房屋所有权人不明确的,由房屋征收部门报请作出房屋征收决定的市、县级人民政府依照本条例的规定,按照征收补偿方案作出补偿决定,并在房屋征收范围内予以公告。"

从行政裁决向行政决定的变化,反映补偿确定机制在终局意义上的行政性,也就是说,制度异化的极致表现,就是作为征收人的政府可以自行启动征收程序,自行确定补偿标准,单方决定补偿结果。《征收条例》通过行政性的补偿确定机制,将《征收条例》设计良好的公平补偿规则,变异为单方的、强制的行政定价,走向平等保障被征收人财产权制度伦理的反面。而制度异化必然导致悖论的出现。因此,当市、县级人民政府既作为征收补偿职责承担者,又作为征收补偿决定者出现时,就很难回应被征收人与社会公众对其既作"裁判员"又作"运动员",进而根据《征收条例》第三条规定的程序正当原则对其违反公正基本要求的诘问。

四、《征收条例》异化的克服

《征收条例》设定的公平补偿规则,经过行政化的补偿确定机制,完全可能出现不公平的结果,这就是《征收条例》制度异化的表现。因此,《征收条例》的补偿确定机制,有必要作符合其制度伦理的调整。不过,制度异化的调整需要人为的干预,而人为的干预往往就存在认识不足及诸多环境因素的制约,因此,制度异化的调整方案往往并非"回归",而只是一种"克服"。本书认

---

[1] 如本人在与江苏省高级法院史笔、朱嵘法官合作撰写对《征收条例》的解读著作,就在征收补偿协议的法律属性产生了激烈的争论。史笔法官认为该协议属于行政合同(参见史笔顾大松,朱嵘著:《房屋征收与补偿司法实务》,中国法制出版社2011年版,第73-76页。)本人则持相反观点。而在前最高人民法院法官、现中山大学教授王达出版的《〈国有土地上房屋征收与补偿条例〉条文理解与适用》,也将征收补偿协议的性质界定为行政合同。

为,基于路径的不同,《征收条例》异化的调整方案存在着内部与外部的两种克服方式。

(一)内部克服

1. 现实基础

任何一部法律颁布之初,亟需稳定实施,方能通过实施效果验证立法目的,即使《征收条例》存在异化的可能,也不宜急于通过修法解决这一问题。因此,较好的解决方案之一,在于现有的制度中探寻已有资源,以求务实解决。在已有的城市房屋拆迁实践中,拆迁疑难问题的解决并不限于拆迁法律机制发挥作用,而且,因为《拆迁条例》存在法律上的重大缺失,相关拆迁法律机制也往往只是拆迁当事人解决问题的一种平台,被拆迁人通过上访维权,乃至激烈的自焚抗争,反而是促进公权力机关解决城市房屋拆迁问题的最大动力。也就是说,法外的信访制度、维稳机制更能发挥解决拆迁矛盾的作用。《征收条例》的立法,对于旧城市房屋拆迁实践中旧有法外拆迁矛盾解决方式也有突出反映,集中的表现就是在《征收条例》第十二条中设定了社会稳定风险评估程序。

《征收条例》第十二条规定,市、县级人民政府作出房屋征收决定前,应当按照有关规定进行社会稳定风险评估。这一条规定中的社会稳定风险评估程序,在本质上是政治稳定的法外要求所致,如最早设定社会稳定风险评估机制的遂宁市,在其2006年2月实施的《遂宁市重大事项社会稳定风险评估化解制度》中规定的五种责任追究措施中就包括三种政治责任:"一是检查述职。发生逾300人群体性事件和辖区群众赴省50人以上、赴京6人以上集体上访等情况的,辖区或部门党政主要负责人要作专题述职及书面检查。二是一票否决。凡发生重大群体性事件的,取消责任部门、县区及主要领导当年评优、评先资格。三是组织处理。发生重大不稳定事件造成严重后果的,主要领导应引咎辞职。"[1]这一社会稳定风险评估程序,实际上就是一个政治稳定要求的法律化过程,被拆迁人或被征收人的上访、群体性事件,甚至强制搬迁中的激烈抗争,将会反过来促进征收主体在房屋征收过程中,高度重视征收补偿的公正问题,有利于克服补偿机制行政化引发的制度异化问题。

---

[1]《四川遂宁推行社会稳定风险评估从源头上化解矛盾》,法制网(四川频道)2009年8月12日。http://www.legaldaily.com.cn/dfjzz/content/2009-08/12/content_1137237.htm?node=7480(2012年3月15日访问)。

2. 运作逻辑

德国学者卢曼认为,法律系统与政治系统之间的关系,属于一种系统与环境的关系,因此,当房屋征收法规处理政治系统有关社会稳定目标要求时,需要采取一种技术主义的优化原则,方能符合系统对环境的复杂性化约机制。也就是说,当房屋征收社会稳定风险评估作为法律系统的内部组成要素时,并不直接接受政治系统的规律与话语模式,需要将社会稳定问题转化为法律系统的核心媒介或符码,方能符合法律系统的运作规律。这一媒介或符码按照卢曼的认识,即为合法/非法的符码。"操作性封闭系统的分化要求系统在次级观察的层面上运作,并且这不是偶然的而是经常的情况。法律系统的所有运作都是在这个层面受到控制,包括那些第一次的区分以及因此仅仅交流涉及预期的失望。凡是不能置于合法/非法控制图式的一切都不属于法律系统,而属于其内部或外部的社会环境。"[1]

在《征收条例》出台前的城市房屋拆迁制度中,规范城市房屋拆迁活动的最高法律依据系国务院于2001年11月1日实施的《拆迁条例》,但是《拆迁条例》在为具体的拆迁活动特别是拆迁许可提供合法性支持方面,仍然存在严重的依据不足问题:一方面,拆迁法规未能严格区隔公益性拆迁与商业拆迁,导致在本质上属于财产征收的拆迁活动与《中华人民共和国宪法》(简称《宪法》)及《立法法》有关要求之间存在重大的缺失,进而引发社会的普遍质疑;另一方面,即使符合公共利益需要的建设活动,也并不完全需要通过拆迁活动进行,这里存在主管部门作出拆迁许可时需要进行必要性判断的要求。不论是拆迁的公共利益标准还是必要性要求,均属于宽泛意义上的合法性问题。但是不论是拆迁主管部门颁发拆迁许可证,或者司法机关审查拆迁许可的合法性,均很难涉及前述两个方面,加之拆迁补偿争议的难解,进而导致我国拆迁活动存在普遍的合法性危机。

前述四川遂宁市等地创设的社会稳定风险评估机制,适用于城市房屋拆迁领域取得了良好的社会效果,正是因为注重了现有拆迁法律体系未能解决的上述合法性问题。而2010年5月15日《国务院办公厅关于进一步严格征地拆迁管理工作切实维护群众合法权益的紧急通知》(国办发明电〔2010〕15号)出台后,各地出台的独立的城市房屋拆迁社会稳定评估机制,其重心也往往就在拆迁政策、拆迁许可的合法性以及征收补偿的公正性方面,这就反映

---

[1] Niklas Luhmann: Law as a social system, Oxford University Press, 2004, P94.

了拆迁法律内化政治系统稳定需求的运作模式。

因此,虽然《征收条例》第十二条仅仅将房屋征收社会稳定风险评估作为房屋征收决定的程序环节,并未细化其具体内容,但依法律系统与其环境(这里主要指政治系统)之间运作逻辑,通过房屋征收决定作出之前的社会稳定风险评制度的具体建设,通过完善的房屋征收社会稳定风险评估程序,由征收主体强化《征收条例》已有的公平补偿规则的适用,真正实现房屋征收决定作出时符合"公共利益的确需",每一项具体征收补偿决定在"上访""群体性事件"等社会稳定风险的"倒逼"压力下,真正反映被征收房屋客观的市场价值,在被征收人之间"一碗水端平",准确贯彻《征收条例》中公平补偿规则的要求,这不失为克服征收补偿机制行政化的有效方式,从而实现《征收条例》异化的内部克服。

(二)外部克服

《中华人民共和国立法法》第十一条规定:"授权立法事项,经过实践检验,制定法律的条件成熟时,由全国人民代表大会及其常务委员会及时制定法律。法律制定后,相应立法事项的授权终止。"《征收条例》系全国人大常委会的授权立法,依上述《立法法》要求,从长远来看,仍然有必要上升为法律。而《征收条例》的异化问题,就可以在人大立法时予以调整。因此,通过人大立法的方式,是《征收条例》异化克服的最终方案。

1. 切入点

《征收条例》异化的立法克服方案,应当以"建设用地取得"为切入点。因为"建设用地取得"隐含的"平等"意义,有利解决征收补偿机制行政化的问题。

"建设用地取得"是一个主语缺省的词组,因此实际上存在"为谁取得"的隐含意义,即存在着一个为"用地人"从被征收人处"取得建设用地"问题。在现行法律体系下,不论是公益性用地还是非公益性用地,建设用地使用权人或者是国土资源管理部门行政划拨的相对人或招拍挂方式的另一民事主体,无论是行政机关办公用地,还是公用事业占地,从用地角度而言,其用地主体仍然属于民事主体。因此"用地人"与作为原用地人的"被征收人"之间,均属民事主体,二者之间具有平等的地位。

同时,不论是被征收人对土地的利用,还是征收后新用地主体对原范围土地的利用,均属于"建设用地"。由于征收后在原土地上发生的规划变动,即使静态的同一块土地,由于规划条件的变动,征收前后的财产价值也有产生较大的差异。因此,以"建设用地取"角度切入,使得我们会进一步关注征收中规划变动引发的物权平等伦理问题。

2. 具体方案

第一,在征收法律关系中明确"用地人"的主体地位,进而由其启动房屋征收程序。

征收程序的启动者,我国台湾地区称之为"需用土地人",在日本则称为"起业者"。而在我国,根据房屋征收的物权创设性质,申请人以"用地人"名称最为适合。

申请人以"用地人"名之,一方面可以明确房屋征收创设的物权属性,另一方面也可以避免城市房屋拆迁制度下拆迁人拆除房屋后将土地出卖的大量现象。

城市房屋拆迁制度下,启动拆迁程序申请者为"拆迁人"。而拆迁人的身份,则有从"建设单位与个人"到"单位"的变迁过程。1991年《拆迁条例》第三条一款规定:"本条例所称拆迁人是指取得房屋拆迁许可证的建设单位或者个人。"也就是说,只有具有建设需要的单位与个人,才有可能取得拆迁许可,作为拆迁人启动拆迁程序。2001年重新颁布的《拆迁条例》则改变了旧条例的限制,在其第四条第二款中规定:"本条例所称拆迁人,是指取得房屋拆迁许可证的单位。"将1991年条例中"建设单位"变更为"单位",实际上就包含了取消拆迁人具备项目建设需要的限制。因此,有些地方就在"经营城市"的名目下,通过拆迁方式实现其土地财政目标。而所谓拆迁人申领拆迁许可时提交的立项批文,则五花八门,有"环境改造前期开发",也有"城市绿化综合项目",不一而足,大多是在拆除房屋后将土地出让开发。

因此,将房屋征收的启动者确定为"用地人",同时也是对2001年《拆迁条例》第四条规定为土地财政大开方便之门弊端的纠正。

第二,由被征收人共享征收后同一"建设用地"上形成的土地发展权益,进一步完善征收补偿公正规则。

在《征收条例》立法征求意见过程中,不少人特别是被拆迁人往往提出,房屋征收后土地的升值同时应予补偿,如湖南长沙市民浣铁军等人提交的有7 000多长沙民众签名的"公民建议书"就提出:"货币补偿的金额,包括被征收拆迁房屋的经济补偿和其占有的土地使用权的经济补偿。根据被征收拆迁房屋的区位、用途、建筑结构、新旧程度、建筑面积、升值比率及土地使用权升值等因素,以房屋及土地使用权的市场价格确定。"[1]而国内多年来专注于房屋拆迁法律服务的王才亮律师事务所十五位律师的建议书中,就提出:"被征收房屋的房地产市场评估价格……不得低于房屋征收决定生效之日同一地段的商品房的市场销售价格。"[2]

最终出台的《征收条例》并未采纳上述建议。在立法者看来,被征收房屋的市场价格就是补偿的公平标准所致,因此该条例第十九条规定:"对被征收房屋价值的补偿,不得低于房屋征收决定公告之日被征收房屋类似房地产的市场价格。"但是,房屋征收活动以取得征收范围土地使用权重新建设为目标,而在城市房屋拆迁活动中,政府通过规划变更后重新出让土地,取得的出让金与对被征收人的补偿反差巨大,也是房屋征收活动中的焦点矛盾之一。

房屋征收完结后,政府通过规划途径变更土地性质或用途重新出让,实际上已经实现土地发展权益的自我分配。而所谓土地发展权是"改变土地用途、提高土地利用集约度以及增加对土地的投入而产生的发展性利益的权利归属和利益分配"。[3]当前,房屋征收过程中由政府独享土地发展权益的机制排斥了被征收人共享利益,这与公共利益与个人利益的均衡理念并不契合,也不利于房屋征收补偿矛盾的解决,因此有必要以建设用地在征收前后的价值变化为基础,在房屋征收制度中探讨建立被征收人共享土地发展权益的补偿机制,进一步推动征收补偿公平的实现。

---

[1]《两民间万言书拟今日送国务院建言征收条例》,《新京报》2010年12月29日。

[2]《我和朋友们的不动产征收征用法(立法建议稿)》,见王才亮博客 http://wangcailiang.blshe.com/post/559/626620。(2012年3月15最后访问)

[3] 刘国臻:《土地发展权研究》,广东省普通高校人文社会科学"十五"规划研究项目研究报告,第3页。